Ottmar Schneck | Felix Buchbinder

Eine Welt ohne Geld

Ottmar Schneck | Felix Buchbinder

Eine Welt ohne Geld

Alternativen zum bisherigen Geldsystem

UVK Verlagsgesellschaft Konstanz · München

Die Autoren

Prof. Dr. Ottmar Schneck ist Professor für Bankwirtschaft an der ESB Business School der Hochschule Reutlingen. Er ist in Deutschland als Buchautor und Experte für Bankenregulierung und Ratingsysteme bekannt. **Felix Buchbinder** ist Absolvent der ESB Business School und Alumni der Bildungsinitiative Teach First Deutschland.

Bibliografische Information der Deutschen Bibliothek
Die Deutsche Bibliothek verzeichnet diese Publikation in der Deutschen Nationalbibliografie; detaillierte bibliografische Daten sind im Internet über <http://dnb.ddb.de> abrufbar.

ISBN 978-3-86764-601-7 (Print)
ISBN 978-3-86496-923-2 (E-PUB)
ISBN 978-3-86496-924-9 (E-PDF)

FSC® www.fsc.org
MIX
Papier aus verantwortungsvollen Quellen
FSC® C083411

Lektorat: Rainer Berger
Einband: Susanne Fuellhaas, Konstanz
Einbandmotiv: © R. Scheiwiller – fotolia.com
Druck und Bindung: CPI – Ebner & Spiegel, Ulm

UVK Verlagsgesellschaft mbH
Schützenstr. 24 · D-78462 Konstanz
Tel. 07531-9053-0 · Fax 07531-9053-98
www.uvk.de

Vorwort

Liebe Leserinnen und Leser,

das Buch soll Ihnen Ideen und Impulse für die Diskussionen rund um die allgegenwärtigen Themen Geld, Währung und Verschuldung geben, die über den alltäglichen Tellerrand hinausgehen. Die Darstellung dieser Ideen soll dabei so verständlich wie möglich sein, das heißt, wir haben nicht den Anspruch einer wissenschaftlichen Arbeit oder eines Lehrbuches verfolgt. Diese allgemeine Verständlichkeit schließt aber eine wissenschaftlich systematische Struktur und Herangehensweise keineswegs aus. Theorien werden benannt und zitiert, Meinungen kenntlich gemacht und Behauptungen begründet.

Für eine leichte Einführung haben wir zu Beginn ein eingängiges und zugleich tiefgründiges Beispiel von Robinson Crusoe ausgewählt: Er lebt auf seiner Insel und überlegt, wie viele Fische er täglich fangen muss, um eventuell auch welche für schlechtere Zeiten anzusparen. Er denkt deshalb darüber nach, wie er die Fische zählen, ihren Bestand berechnen und sie bewerten kann, und entwickelt ein Geldsystem. Wer dieses Beispiel auf sich etwas wirken lässt, wird schnell feststellen, dass ohne Fischfang bzw. Arbeit Wohlstand nicht möglich ist und Geld nicht vom Himmel fällt. Außerdem wird dabei auch schnell klar, wie weit unser ungedecktes Papier- und Giralgeldsystem von der Realwirtschaft abgekoppelt ist und wie es durch seine Funktionsweise die darin ablaufenden Prozesse systematisch verzerrt.

Wenn Sie als nachdenkender Leser und Leserin nun den Drang haben, sofort zu den alternativen Geldsystemen zu springen, können Sie sogleich mit → Kapitel 3 durchstarten. Die Teile sind nicht zwingend aufeinander aufbauend, sodass Sie in diesem Buch jederzeit und zu jedem Thema beliebig einsteigen können, ohne jeweils die vorigen Abschnitte gelesen zu haben. Überschneidungen und

Wiederholungen sind somit bewusst eingebaut und sollten Sie nicht stören.

Um die Kritik am aktuellen und sogenannten Fiatgeldsystem zu verstehen, ist ein Blick in → Kapitel 2 letztlich aber unerlässlich. Hier sollen Sie zum Nachdenken angeregt werden, um bestehende Systeme kritisch hinterfragen zu lernen oder zumindest nicht als alternativlos zu bezeichnen. Selbst bei Abwägungen der Alternativen oder Beibehaltung von Bestehendem ist ein Blick über den Tellerrand stets sinnvoll.

Wir wünschen Ihnen in jedem Fall reichlich Spaß, viele neue Anregungen zum Denken und letztlich auch genügend Kraft, ausreichend Fische zu fangen. Aber dies werden Sie spätestens verstehen, wenn Sie die Einführung über Robinson Crusoe gelesen haben.

Reutlingen, im Juli 2015

Prof. Dr. Ottmar Schneck
Felix Buchbinder

Inhalt

1. Die Funktion des Geldes

Für ein besseres Verständnis der Geldfunktionen soll zu Beginn dieses Buches das Beispiel des bekannten Robinson Crusoe vorgestellt werden. Dieser lebt gestrandet auf seiner Insel und ernährt sich vom Fischfang. Um sein Vermögen messbar zu machen, seine Zukunft besser planen und seine Zeit entsprechend einteilen zu können, entwickelt er ein Geldsystem, das für ihn schnell zum Verhängnis wird.

1.1 Robinson Crusoe im Glück

Stellen wir uns zunächst ein Wirtschaftssystem vor, in dem es nur einen einzigen Marktteilnehmer gibt. Dieser lebt auf einer Insel und ernährt sich von Fischen. Nennen wir diesen Marktteilnehmer Robinson Crusoe, der zum Überleben fischen muss und seinen Tagesablauf bewusst strukturiert:

Die erste Hälfte des Tages verwendet er für den Fischfang, nachmittags entspannt er sich am Strand und genießt seine Beute bei einem Lagerfeuer. Da Robinson früh merkt, dass er die Fische leichter mit einem Netz fängt als mit bloßer Hand, verzichtet er nach einigen Wochen Handfischens auf Freizeit und bastelt sich ein einfaches Netz aus Palmfäden. Dieses produzierte Werkzeug hilft ihm nun, einfacher zu fischen und weniger Zeit für die eigentliche Arbeit des Fischens aufzuwenden. Allerdings merkt er schnell, dass das Netz nicht dauerhaft hielt und er wiederum freie Zeit investieren musste, um sein Netz regelmäßig zu reparieren. Die Investition war also nicht einfach vorhanden, sondern er musste ständig reinvestieren, um mit seinem Netz einfacher als von Hand Fische zu fangen.

An manchen Tagen fischte Robinson also nicht. Um aber trotzdem jeden Tag gleich viele Fische essen zu können, musste er dafür an den restlichen Wochentagen eine Stunde länger fischen und mehr Fische fangen, als er zum jeweiligen Tagesgebedarf benötigte. Er fing also an, Fische zu bevorraten bzw. zu sparen, um in Investitionszeiten, in denen er nicht fischen konnte, ebenfalls Fische konsumieren zu können.

Da Robinson leider keinen Kühlschrank oder genügend Salz besaß, um seine Fische zu konservieren, bewahrte er die gefangenen und aufgesparten Fische in einem kleinen trüben Erdteich im Inneren der Insel auf. Die Fische sollten so vor Dieben geschützt sein und gleichermaßen frisch bleiben, um sie zu einem späteren Zeitpunkt konsumieren zu können.

Geld als Rechen- und Zähleinheit

Da der Teich aber zu dunkel war, um darin die schwimmenden Fische immer mal wieder genau zählen zu können, musste sich Robinson eines kleinen Tricks bedienen. Er fing an, neben dem Teich kleine Steine anzusammeln, denn Papier zum Notieren stand nicht zur Verfügung. Jedes Mal, wenn er einen Fisch in den Teich warf, legte er also einen zusätzlichen Stein auf seinen Steinevorrat. Wenn er hingegen einen Fisch aus dem Teich nahm und ihn aß, entfernte er einen Stein aus der Sammlung. Die Steine übernahmen nun die Funktion einer Rechen- und Zähleinheit, während die Fische weiterhin als reale Güter gespart und aufbewahrt wurden. Die Steine waren also das Geld von Robinson, mit dem er die reale Produktion aufwog, zählen und berechnen konnte.

Nehmen wir nun an, dass Robinson die Insel nicht alleine bevölkerte, sondern sie mit einer Bande arglistiger Affen teilen musste. Die Affen griffen Robinson zwar persönlich nicht an, aber beobachteten ihn bei seinem vermeintlichen Steinchenspiel. Sie freuten sich darauf, ihm bald einen Streich zu spielen: Kurze Zeit später, sobald Robinson außer Reichweite war, fingen die Affen an, willkürlich weitere Steinchen zum Vorrat hinzuzufügen. Die Steine repräsentierten also nicht mehr die realen Fische, das heißt, Robinsons Geld entsprach nicht mehr der realen Produktion. Die Affen inflationierten also die Geldmenge von Robinson, ohne dass sich an der Realwirtschaft irgendetwas verändert hätte.

Robinson merkte von all dem nichts und eines Tages fiel ihm lediglich auf, dass seine vermeintliche Sparquote von realen Fischen, gemessen an seiner Geldeinheit Steinen, viel höher als sonst ausgefallen war. Er konnte sich nur schwerlich daran erinnern, ob er tatsächlich so viel real gefischt und gearbeitet und damit angespart hatte, verließ sich aber auf den Steinhaufen und freute sich an seinem in Steinen gemessenen Vermögen im Teich. Da er glaubte, mehr Fische im Vorrat zu haben, als tatsächlich vorhanden waren, entscheidet er sich diesen vermeintlichen Überschuss mit kurzfristigen Wohlstandsfördermaßnahmen zu kompensieren. Anstatt sechs Tage in der Woche eine extra Stunde zu angeln, um für seinen Reparaturtag vorzusorgen, nahm er sich vermehrt Pausen und aß dazu noch mehr Fische als üblicherweise. Anstatt zu sparen, konsumierte er also vermehrt und aß mehr Fische in einer Woche, als er fing. Er glaubte, ausgehend von den Steinen auf seinem Haufen, noch ausreichend Vorräte zu haben.

Die Gefahr einer Geldillusion

Geblendet durch seinen Scheinreichtum entschied sich Robinson eine neue Hütte zu bauen und investierte jeden Tag einige Stunden für die Realisierung dieses Projektes. Dafür musste er natürlicherweise auch seine Angelaktivitäten weiter reduzieren. Da er glaubte, noch ausreichend ersparte Fische im Teich zu haben, um diese Investitionszeit zu überstehen, machte er sich ans Werk. Sein Gespür für die Anzahl des tatsächlich vorhandenen Fischvorrats verlor er nun gänzlich und frönte dem schönen Leben. Die vielen Steine, die die Affen auf den Haufen warfen, gaben ihm die Illusion, reich zu sein. Dass Steine letztlich nicht reich machen, sondern nur reale Fische, entschwand nun ebenfalls aus seinem Blickfeld.

Zum Teil ereilte ihn inzwischen sogar ein gewisses Glücksgefühl, wenn er Steine sah. Die günstige Gelegenheit, nun eine aufwändige und luxuriöse Hütte zu bauen und das Fischen zu vernachlässigen, empfand er nicht als Fehlinvestition oder Fehlallokation seiner Arbeitszeit, sondern als Wohlstandssteigerung. Die schöne Hütte hatte immerhin auch den Nutzen, sein Wohlbefinden zu erhöhen, auch wenn sie zum produktiven Fischfang nichts beitrug.

Als nun der Tag kam, an dem Robinson wieder einmal seine Angelausrüstung pflegen musste und seinen Vormittag damit verbrachte, erwartete ihn am Nachmittag eine böse Überraschung. Am Teich angekommen, um sich sein Mittagessen abzuholen, musste er feststellen, dass dort gar keine Fische mehr herumschwammen. Und das, obwohl er immer noch einen beträchtlichen Vorrat an Steinchen hatte. Während er offenbar seinen kompletten Fischvorrat aufgebraucht hatte, haben die von den Affen zusätzlich beigelegten Steine keine Vergrößerung seines Realvermögens oder der Sparquote dargestellt. Nun musste er seine Steinchenillusion erkennen und war enttäuscht über sein Arbeits- und Konsumverhalten. Er merkt in diesem Moment auch, dass er die Steine nicht essen konnte, das heißt, seine Zähl- und Recheneinheit ermöglichen ihm keinen realen Konsum.

Er war nun gezwungen, seinen Konsum deutlich einzuschränken und real zu sparen. Er überlegt sogar, ob er einen „Steineschnitt" vornehmen soll, das heißt, alle Steine als wertlos zu definieren und mit anderen Einheiten, wie beispielsweise Muscheln oder Federn, eine neue Recheneinheit zu definieren. An seiner Hütte konnte er jetzt auch nicht weiterarbeiten, da er ja fischen musste, um überhaupt zu überleben. Andere Inselbewohner waren nicht da, die ihm Fische borgen oder ihn hätten retten können. Es kommt sogar so weit, dass er freitags nun erzwungenermaßen fastet, um sein Netz zu reparieren. Das Netz verfallen zu lassen, um wieder von Hand zu fischen, kommt für ihn zunächst allerdings nicht in frage. Dieses Werkzeug will er erhalten, auch wenn das zunächst Konsumverzicht bedeutet.

Die noch im Bau befindliche Hütte, an der er nun aus Zeitmangel aber immer weniger arbeiten kann, verfällt nun zunehmend. Er erkennt, dass er wieder mehr arbeiten und fischen muss, um sich solche Vermögensgegenstände aufbauen und leisten zu können. Er überlegt sich sogar, keine Fische mehr anzusparen und von nun an einfach nur noch von der Hand in den Mund zu leben, um den trügerischen Auswirkungen des Steinchengeldsystems nicht mehr verfallen zu können. Allerdings bliebe ihm durch diese Maßnahme die Verwirklichung anderer Projekte versperrt. Eine schöne Hütte und damit Vermögen hätte er nach einem arbeitsreichen Tag schon gerne. Allein die Aussicht auf Krankheit, niedrigen Wohlstand und das Altern lassen ihn also neben weiterem Konsumverzicht mehr arbeiten und aus der Erfahrung der Verschwendung Lehren ziehen.

Sie erkennen leicht, dass Robinson Crusoe als Ein-Personen-Wirtschaftssystem gearbeitet, gespart, konsumiert und investiert hat. Weiterhin deutlich wurde, dass auch bei einem einfachen Wirtschaftssystem Recheneinheiten und Zähleinheiten notwendig sind, um einen Überblick über die Wirtschaftsleistung zu erhalten. Dass dieses Geld reine Illusion ist, wenn es keinem realen Wirtschaftswert entspricht und entsprechend gesteuert wird, leuchtet ein. Wenn also eine Zentralbank Geld auf den vorhandenen Geldhaufen legt, ohne dass die reale Wirtschaft gleichermaßen wächst, entsteht eine sogenannte Geldillusion, die den Konsum von Erspartem anregt oder am Ende zu einer Entwertung des Geldes führt. Natürlich kann ein Fisch auch mit zwei statt einem Stein bewertet werden. Dass aber allein durch die Ausweitung der Anzahl an Steinen die Fische im Teich nicht mehr werden, wird niemand bezweifeln.

Die Entkoppelung des Geldes und die Krisengefahr

Das Beispiel soll aufzeigen, dass wir aktuell in einem Wirtschaftssystem leben, in dem die Zentral- und Geschäftsbanken die Geldmenge ständig ausweiten und diese Ausweitung längst nicht mehr an der realen Wirtschaftskraft ausgerichtet ist. Geld wird zur Illusion und regelmäßig auftauchende Geld- bzw. Finanzkrisen, die beim Platzen dieser Illusionen (Blasen) auftreten, sind ein Zeichen für die Entkopplung des Geldes vom Realwirtschaftssystem. Währungsschwankungen, Geldmarktturbulenzen, Schnitte bei verschuldeten Staaten, die letztlich zum gänzlichen Verlust von Geldforderungen bei Gläubigern führen, haben sich schon fast zum Normalzustand entwickelt. Die Frage nach der Verlässlichkeit von Geld als Wertaufbewahrungsmittel steht damit auf der Tagesordnung, auch wenn Geld als Rechen- und Zähleinheit weiterhin nötig sein wird.

1.2 Die Achterbahnfahrt der Wirtschaft

Wie wir bereits bei unserem einführenden Robinson-Beispiel sahen, ist eine Wirtschaft mit einem Geldsystem, das die realen Werte nicht immer widerspiegelt und beliebig vermehren kann, in Auf- und Abschwünge, sogenannte Boom- oder Bust-Phasen, einteilbar.

Chancen und Risiken des Teilreservebanksystems

Boom-Phasen, in denen Märkte einen starken Aufschwung erleben, entstehen in unserer gegenwärtigen Marktordnung unter anderem dadurch, dass die bestehende Geldmenge durch krediterzeugtes Geld künstlich erhöht wird. Kredite beruhen nicht auf bereits vorhandenen Ersparnissen, sondern werden mithilfe des sogenannten Teilreservebanksystems und dem sogenannten Geldmengenmultiplikator der Geschäftsbanken aus dem sprichwörtlichen „Nichts" erzeugt (→ Kapitel 2.8). Ein Teilreservebanksystem ist dabei ein System, bei dem die ausgegebenen Kredite nur zu einem Teil mit Erspartem hinterlegt sein müssen, und ein Geldmultiplikator drückt diesen Sachverhalt von der Einnahmenseite aus, das heißt, wenn eine Bank einen Euro durch Sparer oder die Zentralbank einnimmt, kann sie ein Mehrfaches, also multiplikativ davon als Kreditgeld ausgeben. Dieses System wird später in → Kapitel 2 noch ausführlich erläutert.

Zentralbank hat auf Geldschöpfung das Monopol.

Das bedeutet also, Boom-Phasen entstehen heutzutage nicht nur durch kluge Investitionen eines bereits vorher angesparten Wohlstandes, sondern auch aus künstlich erzeugten Billigkrediten in Billigzinsphasen. Der Preis des Kreditgeldes wird durch den Zinssatz ausgedrückt. Den Zinssatz diktieren in unserem System nicht die Sparer und Konsumenten auf einem Geldmarkt, sondern in erster Linie die Zentralbanken, die aktuell monopolitisch das Recht auf Geldproduktion, die sogenannte Geldschöpfung, haben. Geschäftsbanken leihen sich dann Geld bei der Zentralbank zu einem von ihr festgelegten Preis und leihen es zu einem höheren Zins und um ein Mehrfaches als Kredit weiter aus.

Eine Erhöhung der Kreditgeldmenge schafft nur kurzfristig eine Illusion von Reichtum.

Ein niedriger Zinssatz der Zentralbank erlaubt es den Geschäftsbanken, auch relativ niedrige Zinsen für ihre Kredite von deren Kunden zu verlangen. Zweck der Zinspolitik der Zentralbank ist es, den Preis für Geld zu steuern und somit auch die Wirtschaft mit mehr oder weniger Geld zu versorgen und damit die Konjunktur mit viel oder wenig Liquidität anzukurbeln bzw. abzubremsen. Allerdings macht die reine Erhöhung einer Kreditgeldmenge eine Bevölkerung langfristig keineswegs wohlhabender oder produktiver, wie wir am Beispiel von Robinson bereits sehen konnten. Im besten Fall kann sie eine in Rezession geratene Volkswirtschaft wieder in Schwung bringen, aber meistens erzeugt sie nur kurzfristige Illusionen von Reichtum, Produktivität und Wohlstand, bevor die künstliche Boom-Phase wieder dort endet, wo sie begonnen hat. Parallel zum Schein der wachsenden Konjunktur bei reiner Erhöhung der Kreditgeldmenge laufen aber auch diverse Prozesse in der Gesellschaft ab. Unternehmen wie auch Privatpersonen verschulden sich bei niedrigen Zinsen und billigem Zentralbankgeld, das die Märkte flutet. Spargelder verlieren real an Wert, wenn sie niedrig verzinst werden, und umgekehrt. Fehlinvestitionen in der Wirtschaft sind bei billigem Geld, das nun auch riskant angelegt werden kann, keine Seltenheit. Es kommt zu Umverteilungen von Geld- zu Sachwerten und von weniger riskanten zu riskanten Investitionen.

Wenn nicht die Zentralbank, sondern der Markt die Zinssätze regeln würde und kein zusätzlich frisch geschöpftes Geld von Zentralbanken zur Verfügung gestellt werden würde, wären niedrige Zinsen Ausdruck einer hohen Sparquote und damit frei verfügbarem Kapital, das nun investiert werden könnte. Hohe Zinsen hingegen wären Ausdruck von bereits hoher Investitionsquote und damit dem Anreiz, wieder zu sparen, um Geld für spätere Investitionen zur Verfügung zu haben.

Sobald also in diesem Marktmodell Geld günstig ist, bedeutet dies, dass die Volkswirtschaft genügend Kapital aufgebaut hat und es viele potenzielle Kunden gibt, die nun ihre vorhandenen Ersparnisse ausgeben können. Somit werden in Zeiten niedriger Zinssätze die Unternehmensressourcen in neue Projekte gelenkt. Vor allem werden sie auch in kapitalintensivere Prozesse investiert, die für die Realisierung von Gewinnen meistens einige Jahre brauchen. Die im Hintergrund motivierende Logik dabei begründet stets, dass die gegebene Marktsituation die besten Möglichkeiten für erfolgreiche Investitionen und die Umsetzung langfristiger Projekte bietet. Dies gilt aber nur, wenn sich ein Zinssatz durch die Marktwirtschaft regelt und nicht von einer marktübergeordneten Instanz, wie einer Zentralbank, diktiert wird.

Billiges Geld feuert die Wirtschaft an, bläst sie aber auch auf.

Bei der Ausweitung einer Geldmenge durch eine ungedeckte Kreditgeldschöpfung ist in der Volkswirtschaft zwar keine angesparte Geldbasis vorhanden, die einen nachhaltigen Wohlstand finanzieren könnte, aber der Anschein wird dennoch erweckt. Mit einem einfachen Zugang zu billigen Krediten wird die Wirtschaft sprichwörtlich angefeuert und aufgeblasen. Dieser Vorgang erzeugt unausweichlich Verzerrungen in den Produktionsstrukturen der Unternehmen, während sich diese vermehrt für Investitionen entscheiden, die sich nach kurzer Zeit als Fehler entpuppen. Die Fehlinvestitionen werden zusätzlich dadurch verstärkt, wenn die Zinssätze der Zentralbank weiterhin künstlich tiefgehalten werden, um ein mögliches Abrutschen in eine Rezession zu vermeiden.

Boom- und Bust-Phasen sind aber keineswegs unnatürliche Erscheinung, die ausschließlich durch Geldmengenausweitungen in überhitzten Wirtschaftssystemen auftreten. Sie können in jeder Wirtschaftsform und bei jeder Art der Geldordnung vorkommen und sicher auch andere Ursachen haben. Allein die Verhaltenstheorie liefert uns vielfältige Begründungen für Auf- und Abschwünge aufgrund von irrationalen Erwartungen von Menschen. Dass aber gerade die Politik des billigen Geldes und damit eine Überflutung der Märkte mit günstigem Geld Auslöser von überdurchschnittlich starken Auf- und Abschwüngen sein kann, wird heute niemand mehr bezweifeln.

Zinssatz hat als Indikator an Aussagekraft verloren.

Da der von der Zentralbank bzw. den Geschäftsbanken gestellte Zinssatz eine wichtige Signalfunktion für Unternehmen darstellt, spielt er also bei der Auslösung von Boom-Phasen eine entscheidende Rolle. Indem der Zinssatz in unserer Wirtschaftsordnung nicht durch die Marktteilnehmer, sondern durch die Zentralbank und die Geschäftsbanken vorgegeben wird, hat dieser Preismechanismus für Unternehmen seine Zuverlässigkeit als Indikator für volkswirtschaftliche Zustände weitgehend verloren. Sparer, Kreditnehmer oder Investoren können sich in der aktuellen Geldpolitik nicht mehr darauf verlassen, dass niedrige Zinsen Ausdruck hoher Sparquoten sind und umgekehrt, sondern lediglich Ausdruck einer speziellen Zentralbankpolitik. Dass diese Geldpolitik abhängig von den Zentralbankpolitikern ist, leuchtet ein und auch hier gibt es vielfältige Theorien, welche Geld- bzw. Währungspolitik für eine Wirtschaft gut sei. Dass die Zentralbanken weltweit fast unisono die Politik des billigen Geldes verfolgen und damit der Geldliquidität vor Geldwertstabilität Priorität einräumen, wird ebenfalls niemand bezweifeln.

Durch eine Senkung des Zinssatzes der Zentral- und Geschäftsbanken wird dann die Kreditgeldmenge einer Volkswirtschaft rasch und günstig ausgeweitet und das hohe Geldangebot täuscht die Unternehmen und Konsumenten auf ähnliche Art und Weise, wie auch Robinson durch die beträchtliche Anzahl seiner Steinchen getäuscht wurde. Tatsächlich aber sind in der Volkswirtschaft viel weniger Ersparnisse vorhanden, als dies durch das billige Geld signalisiert wird, wobei die Unternehmen und Menschen sich oft erst mal verschulden müssen, um vermehrt zu produzieren bzw. zu konsumieren. Der Fischteich aus dem Robinson-Beispiel ist also längst nicht so gut gefüllt, wie uns das viele Geld auf dem Markt vorgaukelt.

Die mittel- bis langfristigen Konsummöglichkeiten der Kunden sind weitaus eingeschränkter als von vielen Unternehmen angenommen und die Überschwemmung der Märkte mit billigem Geld bringt nur anfänglich neuen Schwung in die Wirtschaft. Die tiefen

Zinssätze am Anfang der Boom-Phase sowie die positive Grundstimmung einer solchen Situation verleiten viele Unternehmen dazu, langfristige und kostenintensive Projekte anzugehen. Außerdem werden zum Teil Produktionskapazitäten erhöht, um die anfänglich höheren Nachfragen bedienen zu können. Ebenfalls investieren viele Unternehmen in einer solchen Situation in die Entwicklung neuer Projekte, die ihre Rentabilität erst in einigen Jahren versprechen. Unternehmen gehen bei niedrigen Zinssätzen tendenziell davon aus, dass die Bevölkerung folglich konsumfreudiger sein wird, Geld im Überschuss besitzt oder zumindest einen einfacheren Zugang zu mehr Geldmitteln hat.

Billiges Geld und kreative Bezahlvarianten feuern den Konsum weiter an.

Die Gehälter, Löhne und Bonuszahlungen von Angestellten, nicht nur aus der Finanzindustrie, werden erhöht und neue Arbeitsplätze werden vielerorts geschaffen. Während das Geld fließt und der Scheinwohlstand wächst, leisten sich viele Menschen mit dem günstigen Kreditgeld neue Wohnungen, Autos und andere Wohltaten, die sie mit der realen Kaufkraft ihrer Gehälter sich zu alten Marktkonditionen nicht leisten hätten können. Sie verfallen der Robinson-Illusion und essen ausgiebig weiter Fische, fangen an, ihre Zeit für den luxuriösen Hüttenbau einzusetzen, und stellen dabei das Fischen immer mehr ein. Das festliche Klima von Wohlstand und Konsum breitet sich während der Boom-Phase in so gut wie allen gesellschaftlichen Ebenen und Wirtschaftsbereichen aus. Luxusprodukte, Autos, Möbel, Handyverträge, Urlaubsreisen, Häuser und andere Konsumgüter werden vermehrt angeboten und auch gekauft. Dass die Fische nicht von alleine in den Vorratsteich gelangen, wird dabei leicht übersehen, und diese Situation wird dabei auch noch durch die kreativen Bezahlvarianten von Leasingverträgen über die Möglichkeiten, Gegenstände in günstigen Raten zu beziehen oder vollständig auf Kredit zu konsumieren, zusätzlich unterstützt.

Die letzte Finanzkrise, angefangen ab dem Jahr 2007, ausgelöst durch Niedrigzinsen für Immobilienkredite in den USA, ist hier ein prägendes Beispiel.

Durch die angeheizte Konsumstimmung und den Glauben, dass es auch in Zukunft viele Abnehmer für die neuen Produkte und Dienstleistungen geben wird, bauen viele Unternehmen ihre Produktionsprozesse und Angebote, oftmals mithilfe neuer Kredite und manchmal auch kombiniert mit dem Aufbrauchen angesparter Reserven, weiter aus. Neben den Unternehmen wird auch die normale Bevölkerung durch das billige Geld dazu ermutigt, ein verstärktes Konsumverhalten an den Tag zu legen. Sparen lohnt sich in einer wirtschaftlichen Aufschwungsphase mit tiefen Zinssätzen einfach nicht mehr. Oftmals erleiden hartnäckige Sparer und Menschen, die sich von der Boom-Phase nicht beeindrucken lassen wollen, durch die darauffolgende Geldentwertung und die niedrigen Zinsen sogar reale Verluste ihres angesparten Vermögens.

Sparer werden bestraft, da Zinsen geringer als die Inflationsrate sind.

Auf der anderen Seite ist es bei Geldpreisen, die weit unter ihrem eigentlichen Marktwert liegen, sogar möglich, durch billige Kreditaufnahme höhere Profite zu erzielen und seine Altverschuldung relativ günstig abzubauen. Boom-Phasen, die auf reiner Geldmengenerweiterung basieren, bestrafen also Menschen, die ihr Geld lieber sparsam verwalten und weniger konsumieren oder investieren möchten. Sie erleiden einen realen Kaufkraftverlust ihres vorhandenen Vermögens, und wenn sie ihr Geld nicht in Sachwerte angelegt oder investiert haben, sondern einfach auf dem Girokonto liegen lassen, bekommen sie dafür auch nur noch Zinszahlungen, die meist unter der tatsächlichen Inflationsrate liegen.

Während der Boom-Phase zeigt sich die Geldentwertung am deutlichsten an den Aktienmärkten. Die Börsenmärkte weisen fantastische Höhen auf und während dieser Aufschwungsphase ist es sogar möglich, mit relativ wenig Börsenvorkenntnissen vermeintlich gute Entscheidungen zu treffen. Die Wohlstandsillusion drückt sich ebenfalls in ständig steigenden Vermögenswerten sowie inflationierten Preisen vor allem auch auf den Immobilienmärkten aus. Die Preise der Aktienmärkte aber reagieren bei Erhöhungen der Kreditgeldmenge tendenziell am schnellsten. Dies liegt auch daran, dass der Großteil des neu erzeugten Geldes an den Börsen unterkommt. Bestes Beispiel für diese typische Reaktion ist der 25-prozentige Anstieg des Deutschen Aktienindex DAX im ersten Quartal des Jahres 2015 aufgrund der drastischen Geldmengenausweitung der Europäischen Zentralbank (EZB) in dieser Zeit und der Ankündigung des Zentralbankpräsidenten *Mario Draghi*, die Geldmenge bis 2016 auf über 1 Billion Euro zu erhöhen (→ Kapitel 2.11). Dass die Affen auf Robinsons Insel sich einen Spaß aus der Anhäufung wertloser Steine machten und Robinson erst beim Blick in den Teich mit den realen Fischen merkte, dass er Steine nicht essen kann, wurde im einleitenden Beispiel deutlich.

Menschen verlieren ihre Zurückhaltung und entwickeln eine Gier.

Bei Boom-Phasen ist es deutlich erkennbar, dass so gut wie alle Aktienpreise, zwar unterschiedlich schnell, aber systematisch aufwärts steigen. Während dieses Gipfelwettlaufs bekommt die Situation schnell eine sich selbstständig verstärkende Eigendynamik und erhöht die Möglichkeiten immer größerer Spekulationen. Auch der menschliche Faktor Gier darf hierbei nicht unterschätzt werden. In Zeiten, in denen der Geldpreis künstlich sehr tief gehalten wird, verlieren Menschen schnell ihre Zurückhaltung und entwickeln einen Ehrgeiz, immer höhere Profite erzielen zu wollen. Dies ist durchaus verständlich und auch die einzig rationale Entscheidung, denn wenn es viel zu verdienen gibt, wäre es vermeintlich unverständlich, nicht mit dem Strom zu schwimmen und die Überliquidität nicht am Aktienmarkt anzulegen. Dieser Zustand jedoch kulminiert nicht selten in Überbewertungen unterschiedlichster Marktsektoren und trägt zur Bildung von Blasen bei, die später zu einem meist unbekannten Zeitpunkt platzen. Speziell Aktien und andere Wertpapiere sind in einem Boom überteuert und spiegeln nicht die realen Werte wider.

Für diejenigen, die sich nicht an den Börsenmärkten engagieren, also die große Mehrheit der Bevölkerung, wirkt sich die Geldmengenerhöhung und die darauffolgende Geldentwertung eher negativ aus. Während das Geld beständig an Wert verliert, steigen die Preise der Rohstoffe, Immobilien, Aktien und weiterer Anlageobjekte an den Börsenmärkten kontinuierlich. Auch die Gehälter und Boni werden zuerst in den Sektoren erhöht, die von der Geldmengenausweitung am frühesten profitieren. Falls die Normalverbraucher nun aber doch an dem Börsenfeuerwerk mitmachen wollen, müssen sie feststellen, dass sie eigentlich schon von Anfang an ausgeschlossen worden sind. Denn dort sind die Preise, im Vergleich zu ihren Gehältern, sehr viel schneller angestiegen, wodurch sich ein verspätetes Einsteigen immer seltener lohnt bzw. immer schwieriger zu bezahlen ist.

Ohne Realvermögen droht Wertverlust.

Der langfristige Kaufkraftverlust des Geldes bzw. des Nominalvermögens im Vergleich zu den Realvermögen aber betrifft schlussendlich alle Menschen. Wer es während einer Boom-Phase versäumt, sein Geld in Realvermögen zu tauschen, erleidet langfristig einen Wertverlust. Denn nach einer unbestimmten Zeit eines durch billiges Geld finanzierten Booms fällt sozusagen der Schleier der Geldillusion und es wird offensichtlich, dass der Aufschwung nicht durch reale Ersparnisse, sondern durch dieses billige Kreditgeld finanziert wurde. Steine finanzieren eben langfristig keinen Hüttenbau und satt wird Robinson nur durch reale Fische.

Die Verzerrungen der Wirtschaftsstrukturen werden meistens dann aufgedeckt, wenn sich die Geldmengenerweiterung durch abnehmende Nachfrage verlangsamt oder die Zentralbank einfach den Zinssatz wieder anhebt, was nicht rational, sondern lediglich politisch begründet sein mag. Sobald die Inflationierung der Geldmenge ihren Höhepunkt erreicht hat, wendet sich auch das konjunkturelle Blatt und die anfängliche Euphorie der Wirtschaftsteilnehmer verwandelt sich in Unsicherheit über die weitere wirtschaftliche Entwicklung, die sich häufig in einem Umschwung der Aktienkurse niederschlägt. Der Umschwung kann auch durch eine Zinserhöhung der Zentralbank verursacht werden, die wiederum das Sparen und damit aus Sicht der Zentralbank den Geldentzug aus dem System zum Ziel hat.

Wenn die Zentralbank den Leitzins erhöht, müssen auch die Geschäftsbanken den Preis für Kreditgeld wieder erhöhen. Unternehmen erfahren durch gesunkenes Konsumverhalten aufgrund der zunehmenden Sparneigung in der Bevölkerung Gewinneinbrüche und können sich in der veränderten Marktlage auf einmal nicht mehr genügend Finanzierungsmittel leisten, um ihre gestarteten Projekte auch erfolgreich abzuschließen. Da die meisten Konsumenten während der Boom-Phase gar keine realen Ersparnisse hatten und sich den hohen Lebensstandard nur durch erhöhte Schulden leisten konnten, sind sie durch die steigenden Zinssätze nun gezwungen, ihr Konsumverhalten wieder herunterzuschrauben und Abstriche in ihrem Lebensstil zu machen. Ebendies hat ja auch unser Robinson im Eingangskapitel bitter erfahren müssen, als er merkte, dass er zum Überleben wieder arbeiten und sparen musste bzw. die Steine ihm nur einen illusorischen Wohlstand verschafft hatten.

Verfehlte Geldpolitik ist der Grund für Boom-Phasen.

Während die allgemeine Nachfrage in der nun folgenden Abschwungsphase zurückgeht, steigen auch die Kapitalgüterkosten und Löhne in den Unternehmen. Nun werden die vorher getätigten Fehlinvestitionen der Unternehmen sichtbar. Oftmals haben sie sehr viel in die Steigerung ihrer Produktionskapazitäten investiert und sich für die Umsetzung von kapital- und kostenintensiven Projekten übermäßig engagiert. Auf einmal aber geht die Nachfrage zurück. Parallel dazu steigen die Kosten für aufgenommene Kredite und die in der Boom-Phase neu erschaffenen Arbeitsplätze sind nicht immer kurzfristig abbaubar und verursachen fixe Kosten. Diese Folgen eines Abschwunges wurden schon früh in der sogenannten Österreichischen Schule der Nationalökonomie beschrieben, die als Grund für Boom-Phasen vor allem verfehlte Geldpolitik sieht und in Folge einen drastischen Einbruch der Wirtschaft, wenn die Geldillusion aufgedeckt wird. Der Abschwung wird auch als Bust-Phase im Gegensatz zur Boom-Phase als Synonym für den Aufschwung bezeichnet.

Die Aktivitäten der Unternehmen haben sich durch die Verzerrungen in den Wirtschaftsstrukturen von den tatsächlichen Präferenzen und Möglichkeiten der Konsumenten weit entfernt und müssen nun in der Bust-Phase bereinigt werden. Fehlinvestitionen in unterschiedliche Projekte werden nun vermehrt und oftmals zeitgleich sichtbar. Die Bust-Phase bringt also mittel- bis langfristig Gehalts- und Lohnsenkungen, erhöhte Arbeitslosigkeit und Insolvenzen von Unternehmen mit sich. Diese sind aber für die Wiederherstellung des Gleichgewichts nach dem künstlich erzeugten Boom, also für die Heilung der Wirtschaft, notwendig. Sichtbare Beispiele, wie Unternehmen während einer durch Kreditgeldausweitung erzeugten Boom-Phase die Marktsignale falsch interpretiert haben und dadurch Fehlentscheidungen trafen, lassen sich typischerweise im Immobilienmarkt beobachten. Menschenleere Neubaukomplexe reihen sich neben unverkaufte Luxus-Appartements und geldverschlingende Wohnungsanlagen. Dies war und ist vor allem in China und Südspanien zu beobachten. Hier haben Unternehmen während der wirtschaftlichen Boom-Phase große Investitionen zu günstigen Kreditkonditionen und mit hohen Gewinnerwartungen getätigt, wurden aber durch die verzerrten Wirtschaftsstrukturen fehlgeleitet und haben ihre Gewinnaussichten dementsprechend auch falsch eingeschätzt.

Ludwig von Mises (1881–1973), einer der bedeutendsten Vertreter der Österreichischen Schule der Nationalökonomie im 20. Jahrhundert, erklärte die Konsequenzen von verzerrten Wirtschaftsstrukturen in seinem Werk „Nationalökonomie – Theorie des Handelns und Wirtschaftens“ (1940) mit dem Beispiel eines Baumeisters: Dieser hat zu Beginn eine begrenzte Menge an Ressourcen und Arbeitsmaterial zur Verfügung, verrechnet sich aber in seinem Bauplan. Der Baumeister legt zu große Fundamente an und verbraucht somit allein schon für die Fundamente den größten Teil seiner vorhandenen Baumaterialien. Danach reichen die Mittel nicht mehr aus, um weiter zu bauen, und das Projekt muss eingestellt werden. *Von Mises* nennt diese Situation Überinvestition und legt sie als eine falsche Verwendung der verfügbaren, aber begrenzten Materialien und Ressourcen aus. Falsche Marktsignale haben den Unternehmen falsche Informationen geliefert und so haben sich die Unternehmen verrechnet und wurden in ihren Investitionen fehlgeleitet.

Die Bust-Phase als Heilungsphase

In der österreichischen Konjunkturzyklustheorie wird eine Bust-Phase als die unvermeidbare und notwendige Heilungsphase für eine überhitzte und verzerrte Wirtschaftsordnung, insbesondere einer nicht marktwirtschaftlichen, sondern zentral gesteuerten Geldpolitik begründet. Es sind Fehler entstanden, die im System nun richtig gestellt werden müssen. Innerhalb der Produktionsstrukturen von Unternehmen, sei es die richtige bzw. falsche Allokation von Kapital, die den entscheidenden Faktor für größere wirtschaftliche Auf- oder Abschwünge spiele. In dieser Konjunkturzyklustheorie wird argumentiert, dass monetäre Interventionen immer eine störende Wirkung auf die Geschehnisse des Wirtschaftskreislaufes ausüben. Eine weitgehend funktionale Wirtschaftsordnung bedarf folglich also nur eines stabilen Rahmenwerkes für die endlos kreativen und dynamischen Entwicklungen innerhalb der Marktprozesse.

Die Möglichkeiten, Boom-Phasen künstlich durch Geldmengenausweitungen zu erzeugen bzw. zu verlängern oder schwächelnde Wirtschaften mit derselben Methode anzufeuern, sollten also nie einseitig betrachtet werden. Jede Intervention in die Marktgeschehnisse bringt Konsequenzen mit sich und verlangt meistens auch weitere Eingriffe, um die vorher aufgebaute Stabilität weiterhin aufrecht zu halten. Die Folgen des Hinausschiebens einer korrigierenden Bust-Phase werden außerdem mit jeder neuen monetären Intervention komplizierter und entwickeln immer schwieriger einzuschätzende Risiken.

Auf eine künstliche Boom- folgt immer eine Bust-Phase. Ein solches „Hoch" kann nie ewig andauern.

Ludwig von Mises' bekanntester Schüler, *Friedrich A. von Hayek* (1899–1992), baute die Konjunkturzyklustheorie weiter aus und warnte in seinem Werk „Preise und Produktion" (1931) auch vor illusorischem Wunschdenken der wirtschaftlichen Feinsteuerung durch geldpolitische Eingriffe. Er erläutert dies am Beispiel der Maßnahmen, die eingesetzt worden sind, um die Weltwirtschaftskrise, ausgelöst am New Yorker Börsenmarkt im Oktober 1929, abzudämpfen. Die Konjunktur wurde in den Jahren vor der Weltwirtschaftskrise durch billiges Geld angefeuert und eine Phase illusorischen Reichtums breitete sich aus. Anstatt aber der unvermeidbaren Auflösung der verzerrten Wirtschaftsstrukturen Raum zu geben, wurden verschiedenste Mittel eingesetzt, um eine Korrektur der Verhältnisse nach Platzen der Geldillusion nicht stattfinden zu lassen. *Von Hayek* erklärt, dass der Versuch, eine Depression mit denselben Mitteln zu bekämpfen, die sie ausgelöst haben, also der Kreditgeldvermehrung, das Problem nur noch verschärft. Nach seinen Analysen leidet die Wirtschaft an einer Fehlallokation des Kapitals und weitere Kreditgeldausweitung führt nur zu weiteren Fehlleitungen in der Produktion, anstatt die Depression wirklich zu bereinigen. Demnach entstehen nach solchen geldpolitischen Interventionen erzwungenermaßen noch schwerere und stärker verstrickte Folgekrisen. Ein künstliches Hoch kann also nie ewig andauern und die dadurch entstandenen Fehlallokationen von Kapital müssen sich in einem unbequemen, aber unvermeidlichen Tief, der Bust-Phase, wieder korrigieren, so *Friedrich von Hayek*. Bei wirtschaftlichen Schieflagen ist es mittlerweile eine Art Standardlösung geworden, die Geldmenge einfach zu erhöhen. Die Konsequenzen dieser Eingriffe sollen dann aber durch weitere Geldmengenerhöhungen beseitigt werden. Diese Erkenntnis bringt auch eine neue Perspektive auf die Aussage des weltberühmten Physikers, *Albert Einstein* (1879–1955), als er sagte, dass man Probleme niemals mit derselben Denkweise lösen kann, durch die sie entstanden sind.

Das Eintreten einer Bust-Phase kann nur aufgeschoben, aber nie verhindert werden.

Solange versucht wird, die substanzlose Boom-Phase am Laufen zu halten, und immer feinere Methoden entwickelt werden, um die Preisinflation in der Realwirtschaft zu kaschieren, zu exportieren oder zu kanalisieren, kann die anstehende Bust-Phase zwar eine gewisse Zeit lang aufgeschoben werden, aber die Komplikationen der Konsequenzen spitzen sich währenddessen zu. Es gibt auch viele Möglichkeiten, um die Schuldenspiralen von Staaten sowie großen Unternehmen oder Geschäftsbanken weiter aufzudrehen. Jedoch stellen versteckte Schuldverschiebungen bei Privatunternehmen oder permanente Rettungsaktionen von Staaten keinerlei Lösung der Problemursachen dar, sondern dienen lediglich als kurzfristige Löschaktionen eines auftretenden Buschfeuers. Auch stellen die Aufforderungen der Politik an die Bevölkerungen, während einer androhenden Bust-Phase einfach mehr zu konsumieren, egal ob durch Ersparnisse oder auf Kredit, nur verzweifelte Notlösungen dar, um eine bereits verzerrte Wirtschaftsstruktur vor dem Korrekturprozess zu schützen.

Die konventionellen Formen des Sparens werden sinnlos gemacht.

Zusammenfassend kann gesagt werden, dass künstliche Konjunkturzyklen, wie wir sie aktuell erleben, nach ähnlichen Mustern verlaufen. In der Anfangsphase kreieren unnatürlich tiefe Zinssätze die Illusion einer vermögenden Gesellschaft mit angehäuften Ersparnissen, die nun bereit sei, ihr Geld auszugeben und zu konsumieren. Tatsächlich aber fehlen die Ersparnisse und es gibt demnach kein Fundament für einen nachhaltigen Wohlstandsaufbau. Durch Leitzinssenkungen der Zentralbank und hoher Kreditvergabe mit niedrigen Zinsen der Geschäftsbanken wird die liquide Geldmenge einer Volkswirtschaft rasch ausgeweitet. Konventionelle Formen des Sparens werden dabei aufgeweicht und in vielerlei Hinsicht sinnlos gemacht. Der künstlich tiefe Zinssatz bzw. die reine Ausweitung der Kreditgeldmenge sendet dementsprechend auch falsche Meldungen an die Unternehmen aus. Es wird ihnen signalisiert, dass die Bevölkerung über hohe Geldmengen verfügt und bereit ist, diese auch auszugeben. Tatsächlich aber stehen ihr nur hohe Kreditgeldmengen zu günstigen Konditionen zur Verfügung. Daraufhin entfaltet der kreditgeldfinanzierte Boom seine Kräfte. Unternehmen fangen an, ihr Kapital neu zu verteilen, erhöhen ihre Produktionskapazitäten und richten sich auf eine längerfristige Phase des erhöhten Konsums ein. Sie investieren in kapital- und kostenintensive Projekte, nehmen neue Kredite auf und verbrauchen gleichzeitig alte Rücklagen. Anfänglich treffen die neu produzierten Güter und Dienstleistungen auch auf einen größeren Absatzmarkt und der Anschein einer heilen Wirtschaft bleibt dadurch kurzfristig erhalten. So fahren

Unternehmen kurzfristig überdurchschnittlich hohe Gewinne ein und ziehen dabei häufig mit ihren Mitstreitern an die relativ schnell anwachsenden Börsenmärkte.

Das Anheben des Leitzinses durch die Zentralbank läutet das Ende der künstlichen Boom-Phase ein.

Ein durch billiges Geld verursachter Boom bringt außerdem ständig mehr Arbeitsplätze und Investitionen in Abhängigkeit vom Fortschreiten des Aufschwungs. Somit stellen auch die Konsequenzen der bevorstehenden Reinigungskrise zur Wiederherstellung des wirtschaftlichen Gleichgewichts keine politisch attraktive Lösung dar. Sobald aber die Menschen ihren überhöhten Konsum einstellen müssen, weil sie sich den Lebensstil nicht mehr leisten können und die Nachfrage der neuen Produkte auf den Märkten nachlässt, beginnt die wirtschaftliche Ernüchterungsphase. Unternehmen erleben erste Gewinneinbrüche, ausgelöst durch gesunkene Nachfrage, steigende Gehälter und höhere Beschaffungskosten. Die Fehlallokationen des Kapitals werden sichtbar und viele zuvor vermeintlich rentable Projekte erweisen sich als fehlerhafte Investitionen. Um die Wiederherstellung des wirtschaftlichen Gleichgewichts zuzulassen, müsste die Zentralbank ihren Leitzins wieder anheben und die günstige Kreditvergabe dadurch abbremsen. Bust-Phasen sind aber nicht nur politisch sehr unerwünscht, sondern sind auch für Gesellschaften, die sich bereits an den erhöhten Fischkonsum der Boom-Phase gewöhnt haben, eine große Herausforderung.

Wie Sie gesehen haben, kann die Geldpolitik Auslöser von Wirtschaftsauf- und -abschwüngen sein. Insbesondere beim Abschwung, der einhergehen kann mit Bankpleiten, Bank Runs von Kunden, die ihre Einlagen abheben wollen, sowie Bankrettungsaktionen durch Regierungen soll an dieser Stelle darauf hingewiesen werden, dass Markteingriffe nicht immer hilfreich sind und Bankpleiten und Bank Runs auch im Sinne des österreichischen Ökonomen *Joseph A. Schumpeter* (1883–1950) als kreativer Zerstörungsprozess bzw. reinigende Maßnahme betrachtet werden können.

Ein erfolgreiches Beispiel liefert hierfür die Finanz- und Bankenkrise Islands im Jahre 2008: Die damaligen drei Großbanken hatten sich wie viele andere Banken in der Finanzkrise verspekuliert und sogenannte ABS-Papiere von Immobilienkrediten aus den USA gekauft, die dann abzuschreiben waren. Die Bankinsolvenzen wurden von der Regierung aber nicht durch Stützungskäufe verhindert, wie dies beispielsweise bei der IKB oder Commerzbank unter anderem in Deutschland von der Regierung erfolgte, sondern bewusst zugelassen. Am 06. Oktober 2008 verkündete der damalige Ministerpräsident *Geir Haarde* zur besten Fernsehsendezeit, dass die Banken pleite seien und der Staat lediglich die Rückzahlung von Spareinlagen bis zu 20.000 Euro garantiere. Die Börse wurde drei Tage lang geschlossen, um Panikverkäufe zu verhindern, aber ein Staatsbankrott wurde dabei nicht ausgeschlossen. Die drei Großbanken Landsbanki, Kaupthing und Glitnir wurden per Eilgesetz unter staatliche Zwangsaufsicht gestellt, überprüft und folglich in den kontrollierten Konkurs geschickt. Die Aktionäre der Banken gingen leer aus und es gab Verhaftungen von Bankmanagern und Politikern. Viele Anleger verloren ihre Einlagen von hochspekulativen Anlageformen. Dass in Folge der Wechselkurs der isländischen Krone ins Bodenlose fiel, die Arbeitslosigkeit anstieg und Staatsbedienstete entlassen wurden, um den Staatshaushalt zu sanieren, darf ebenfalls nicht verschwiegen werden.

Geschäftsbanken, die heiligen Kühe des Kapitalismus?

Auf dem Weltwirtschaftsforum (The World Economic Forum) in Davos im Jahr 2013 stellte der damalige Präsident Islands, *Ólafur Grímsson*, die unbequeme Frage, warum wir denken, dass Geschäftsbanken die heiligen Kühe des Kapitalismus seien und wir zwanghaft an der „Too big to fail"-Theorie festhalten müssten. Das Beispiel Islands wirft ein neues Licht auf diese Vorstellungen. Geschäftsbanken können wie alle anderen gewinnorientierten Privatunternehmen ebenfalls pleitegehen und wenn sie sich maßlos verschuldet oder verspekuliert haben, kann diese relativ einfache Lösung auch langfristig sehr positive Resultate nach sich ziehen.

Durch diese Aktion, die im Übrigen gegen den Willen des Internationalen Währungsfonds (IWF) erfolgte, der die Banken lieber gerettet sehen wollte, wurde aber letztlich mit einer reinigenden Insolvenz von Banken der Staat saniert und die Wirtschaft langfristig wieder angekurbelt. Um auf das Robinson-Beispiel zurückzukommen, wurden, in diesem Falle sogar wörtlich gemeint, wieder mehr Fische von Isländern gefangen, da der Export durch die gefallene Krone attraktiv wurde und so die Arbeitslosigkeit heute wieder sehr gering ist und der isländische Staat im Vergleich zu vielen anderen europäischen Staaten kaum Defizite aus seiner Ablehnung gegenüber einer Rettungsaktion mitschleppt.

Im folgenden Kapitel soll nun die Funktion von Geld unter verschiedenen Aspekten beleuchtet werden. So ist nicht nur die allgemeine Überbewertung von Geld durch Menschen ein Thema, sondern auch der Prozess der sogenannten Geldschöpfung. Um nochmals mit Robinson zu sprechen, wird das System der Steine neben dem Fischtümpel transparent und verständlich gemacht. Dass hierbei die Zentralbanken die Rolle der Steinaufleger spielen, wurde bereits im → Kapitel 1.2 über die Achterbahnfahrt der Wirtschaft deutlich gemacht. Geldmenge und Wirtschaftswachstum per Feinsteuerung in Einklang zu bringen ist eine stets schwierige, wenn nicht sogar unmögliche Aufgabe. Dies wird auch geschichtlich durch die Replik auf das sogenannte Bretton-Wood-System, das einst die Währung mit Gold deckte, deutlich. Informative Abschnitte über Inflation, Schulden, Kaufkraft des Geldes, Umverteilung des Vermögens und allgemeine Funktionen von Geld schließen sich an. Kritische Ausführungen zum Zentralbankwesen sollen die Leserin oder den Leser dazu anregen, darüber nachzudenken, ob das aktuelle System in dieser Form weiter existieren kann bzw. soll.

2. Geld als Schmiermittel der Volkswirtschaft

Geschichtlich betrachtet gab es noch nie so viel Geld in einem Wirtschaftssystem wie im 21. Jahrhundert. Eine exakte Zahl der Summe aller Währungen existiert aber nicht, da selbst die Zentralbanken die Summe der ausgegebenen Währungen kaum noch überblicken. Die Allgegenwärtigkeit und sogenannte Macht des Geldes ist zu einem globalen Phänomen geworden und bestimmt aktuell das tägliche Leben von Milliarden Menschen überall auf der Welt. Nur noch wenige Naturvölker scheinen gänzlich ohne konventionelles Geld auszukommen und leben in Realtausch- bzw. Gemeinschaftssystemen, die Geld überflüssig machen. Die allermeisten Menschen, deren Aktivitäten und Beziehungen aber sind von einem funktionierenden Geldsystem letztlich völlig abhängig.

2.1 Beteiligte Institutionen im Geldsystem

Für die moderne Wirtschaft scheint Geld wie Blut zu sein, das im Körper zirkuliert und alle wichtigen Organe durchdringt und am Leben erhält. Dies gilt umso mehr bei Gesellschaften, die ihre Wertevorstellungen vorwiegend an Materiellem orientieren. Geld spiegelt dabei Vermögen und Ansehen, aber auch Eigenständigkeit und Freiheit wider. Ohne Geld scheint es relativ schwierig geworden zu sein, im 21. Jahrhundert ein gesundes, glückliches und erfolgreiches Leben zu führen. Dennoch gibt es auch heutzutage in der modernen Zivilisation immer wieder Ausnahmeerscheinungen, die diesen Status quo durch eine radikale Lebensänderung infrage stellen. Die im Jahr 1942 in Memel geborene Lebenskünstlerin *Heidemarie Schwermer* beispielsweise lebt nach einem persönlichen Experiment seit über zehn Jahren praktisch vollkommen ohne Geld. Sie publiziert Bücher, hält Vorträge und zeigt im Dokumentarfilm „Living

Without Money" (2010), wie ein offenbar erfülltes, glückliches und freies Leben ohne Existenz-, Besitz- und Geldängste möglich ist. Geld wird nach ihrer Aussage also völlig überschätzt.

Nicht die Menge, sondern der Wert des Geldes ist entscheidend.

Die meisten Menschen aber schätzen Geld als etwas außerordentlich Wichtiges in ihrem Leben ein. Dabei wird wohl schnell klar, dass es weniger von Bedeutung ist, wie viel Geld jemand besitzt, sondern wie viele Produkte und Dienstleistungen mit dem Geld erworben bzw. konsumiert werden können. Dass Geld an sich, analog den Steinchen von Robinson im einführenden Kapitel, nicht essbar ist, kann jeder selbst ausprobieren. Dass Geld auch nicht vom Himmel fällt oder nachts von Hubschraubern abgeworfen wird, obwohl dies eine technisch machbare Möglichkeit darstellt, ist ebenfalls bekannt. Wie das aktuelle Geldsystem funktioniert, soll daher im Folgenden zunächst allgemein erläutert werden, bevor in den weiteren Abschnitten das Geldwesen und die Entwicklung zum heutigen Schuldgeldsystem vollzogen wird. Dabei sollte stets erkannt werden, dass unser modernes Geldsystem in einem Wechselspiel aus Zentralbanken, Regierungen und privaten Geschäftsbanken funktioniert. Jedes Element dieses Systems bedingt sich gegenseitig und übt dabei spezifische Aufgaben und Rollen aus.

Unser Geldsystem funktioniert im Wechselspiel zwischen Zentralbanken, Geschäftsbanken und Staaten.

Den Zentralbanken räumen wir in unseren Finanzsystemen entweder durch demokratisch legitimierte Entscheidungen oder durch diktatorische Vorgaben in nicht demokratischen Ländern das Recht ein, allein Geld zu schaffen, oder wie Finanzexperten sagen, zu schöpfen. Diese Geldschöpfung erfolgt real durch das Drucken von Münzen und Scheinen und in weit größerem Maß immateriell durch die elektronische Schaffung von sogenanntem Giralgeld, also Geld auf elektronischen Konten.

Regierungen sind als Gesetzesgeber dafür verantwortlich, dass die beschlossenen Rahmenbedingungen des Geldsystems eingehalten werden. Dies kann einerseits die Zulassung einer ausgewählten

Währung in einem bestimmten Land als sogenanntes gesetzliches Zahlungsmittel sein. Andererseits kann dies aber auch ein Gesetz, beispielsweise das Kreditwesengesetz in Deutschland sein, das den Geschäftsbanken Geldgeschäfte als Aufgabe überträgt und die Lizenzen hierfür vergibt.

Regierungen sind in der Regel auch über ihre nationalen Grenzen hinweg an der Erschaffung gemeinsamer Währungssysteme, wie beispielsweise der Europäischen Währungsunion (EWU) und der Einführung gemeinsamer Währungen wie des Euros, beteiligt. Supranationale Regelungen wie die später noch dargestellten Regelungen von Basel I, II und III zur Regulierung von Banksystemen sind ebenfalls Aufgabe von nationalen Regierungen und deren abgeordneten Instanzen, wie beispielsweise der deutschen Zentralbank (Bundesbank).

Geschäftsbanken schöpfen in sehr hohem Maße Kreditgeld.

Die Geschäftsbanken ihrerseits können zwar (noch) kein eigenes Bargeld emittieren bzw. eigene Währungen herausgeben, für dessen Werthaltigkeit sie persönlich haften, doch stellen diese mittels Kreditgeldschöpfung die weitaus größten Geldmengen der Volkswirtschaft her. Reichen die Spareinlagen von Sparern bei Banken nicht aus, um die Kreditanfragen bei einer Bank zu befriedigen, so können sich die Geschäftsbanken bei der Zentralbank Geld leihen, um dieses als Kredit an ihre Kunden weiterzuverleihen. So wird also Geld, das von den Zentralbanken produziert wurde, über die Banken in den sogenannten Geldkreislauf der Volkswirtschaft gebracht.

Wichtig ist hierbei zu vermerken, dass dies nicht eins zu eins geschieht, sondern die Geschäftsbanken aus den von der Zentralbank oder privaten Sparern erhaltenen Geldern durch Multiplikation eine vielfach höhere Kreditgeldmenge erschaffen können als ursprünglich vorhanden war (→ Kapitel 2.8).

Mehr als 90 Prozent des globalen Geldvolumens wird elektronisch gehalten.

Wenn wir hier von Geld sprechen, ist also sowohl das Bargeld wie auch das sogenannte Giralgeld, also das elektronisch auf Konten vorhandene Geld, gemeint. Gesetzlich zugelassene Münzen und Scheine bzw. sogenannte Banknoten machen nur einen kleinen Teil der weltweiten Geldmengen aus. Mehr als 90 Prozent des globalen Geldvolumens ist bargeldlos vorhanden und elektronisch im Umlauf. Wenn von einer Welt ohne Geld die Rede ist, dann wird also keineswegs einseitig die Abschaffung des Bargeldes gemeint, auch wenn viele Vertreter der Finanzwelt ein generelles Bargeldverbot und gänzlich eine elektronische Zahlungsweise von Waren und Dienstleistungen fordern, sondern vor allem die negativen Eigenschaften bzw. Auswirkungen sowie mögliche Reformen des aktuellen Geldsystems. Die Tendenz weg von Bargeld und hin zu elektronischen Bezahlungsformen ist durch vielfältige Geld- und Kundenkarten erkennbar. Dennoch erlaubt Bargeld eine gewisse Anonymität und Freiheit. Auch die Zahlungsströme von Bargeld können nicht immer überwacht werden, weshalb manche Warenströme auch in eher dubiosen Wirtschaftsabläufen häufig mit Bargeld abgewickelt werden.

Ein Bargeldverbot bedeutet keine Verbesserung des Geldsystems.

Um Steuerhinterziehung und potenziell kriminelle Geschäfte zu verhindern, indem man Bargeld einfach abschafft, wird eher nicht funktionieren. Die Suche nach Ersatzwährungen für derartige Geschäfte ist bereits heute sehr kreativ, was beispielsweise der später noch darzustellende Bitcoin zeigt (→ Kapitel 3.12). Auch werden juristische Konstruktionen mit niedrigen oder sogar keinen steuerlichen Abgaben sowie illegale Geschäfte auch ohne Bargeld in der Zukunft weiterhin möglich sein. Eine Welt ohne Bargeld würde also keine strukturelle Verbesserung oder Verlässlichkeit des Geldsystems mit sich bringen, sondern in erster Linie die Menschen in ihren finanziellen, sozialen und persönlichen Freiheiten einschränken.

Wie bereits erwähnt werden die weitaus größten Geldmengen elektronisch als Giralgeld hergestellt. Da diese Art der Geldschöpfung auch Risiken und Instabilitäten für das Finanzsystem mit sich bringen kann, vor allem durch die Schöpfung des elektronischen Kreditgeldes, wird im nachfolgenden Abschnitt die Herstellung von Geld unter Berücksichtigung der sogenannten Basler Regularien vorgestellt.

2.2 Geldschöpfung mit den Basler Regularien

Wie kommt nun das Geld in die Welt? Bereits in den letzten Abschnitten wurde von der Geldschöpfung berichtet, bei der die Geschäftsbanken von den Zentralbanken sich Geld gegen Zins leihen und dieses unter anderem als Kredite an ihre Kunden – ebenfalls gegen Zins – weiterverleihen. Banken sind also in dem Sinne sogenannte Finanzintermediäre, also Vermittler von Geld, die sich der Aufgabe stellen, Spargelder und von der Zentralbank ausgeliehene Gelder ihren Kunden so zur Verfügung zu stellen, dass sowohl die Risiken als auch die Fristen und sogenannten Losgrößen möglichst übereinstimmen.

Sparer heben ihr Erspartes unter normalen Umständen nie vollständig ab.

Bezüglich der Fristen macht es sicher wenig Sinn, ein kurzfristig von Anlegern auf Girokonten geparktes Geld oder von der Zentralbank beispielsweise als Tagesgeld aufgenommenes Geld einem Kreditnehmer langfristig zur Verfügung zu stellen. Auch die Bodensatztheorie, die ein Abheben aller Girokonten aus Erfahrung beinahe ausschließt, kann diese Fristenverletzung nicht rechtfertigen. Die sogenannte Fristentransformation, also meist kurzfristig von Kunden und der Zentralbank zur Verfügung gestelltes Geld revolvierend langfristig an Krediten auszureichen, ist also die erste Herausforderung einer Geschäftsbank. Eine weitere Thematik ist die Losgrößentransformation, das heißt, meist werden kleine Beträge von Kunden angelegt und umgekehrt werden große Beträge als Kredite nachgefragt. Diese miteinander zu harmonisieren ist ebenfalls die Aufgabe jeder Geschäftsbank.

Es macht bezüglich der Risiken auch sicher wenig Sinn, von einem sicherheitsbewussten Sparer Geld gegen feste Rückzahlungsvereinbarungen entgegenzunehmen und dieses sehr riskant an wenig kreditwürdige Kunden weiterzuverleihen. Die Risikotransformation stellt also eine weitere wesentliche Aufgabe für Geschäftsbanken dar. Dieses Risiko zu messen und die Kreditwürdigkeit der Kunden einzuschätzen, ist seit Langem eine Herausforderung für Banken. Die Kreditwürdigkeitsprüfung kann dabei in eine rechtliche und eine wirtschaftliche Prüfung eingeteilt werden. Die rechtliche Prüfung schließt die Prüfung ein, ob ein Kreditsuchender überhaupt kreditfähig, also geschäfts- und rechtsfähig ist. Bei der wirtschaftlichen Prüfung sprechen wir heute von dem sogenannten Rating, das heißt der Einschätzung der Ausfallwahrscheinlichkeit des Kreditnehmers. Man spricht hierbei auch von einer Bonitäts- oder Solvenzprüfung.

Losgrößen-, Fristen- und Risikotransformation sind die Aufgaben jeder Geschäftsbank.

Bis in die 1980er Jahre wurden diese Losgrößen-, Fristen- und Risikotransformationen der Geschäftsbanken ohne größere Reglementierungen den Banken überlassen. Mit den Bankpleiten Anfang der 1980er Jahre aufgrund der damaligen Ölkrise kamen erste Überlegungen auf, den Banken hier Rahmendaten vorzugeben, unter deren Bedingungen sie diese Transformationen und damit die Geldschöpfung vorzunehmen hätten. Der bekannteste Fall in Deutschland war damals die Herstattbank, an deren Fallbeispiel die sogenannte Basel-I-Regelung eingeführt wurde.

Basel ist der Sitz der Bank für Internationalen Zahlungsausgleich (BIZ), die 1930 gegründet wurde. Sie hat die Aufgabe, die Zusammenarbeit der Zentralbanken zu fördern und als Treuhänder oder Agent bei den ihr übertragenen internationalen Zahlungsgeschäften, beispielsweise der Abwicklung von Entwicklungshilfegeldern, zu wirken.

Die BIZ ist die Zentralbank der Zentralbanken.

Bei der BIZ tagt regelmäßig ein Ausschuss von Vertretern der Zentralbanken und Bankenaufsichtsbehörden aus Belgien, Deutschland, Frankreich, Italien, Japan, Kanada, Luxemburg, den Niederlanden, Schweden, der Schweiz, Großbritannien und den USA. Da das Generalsekretariat dieses Gremiums bei der BIZ angesiedelt ist, wird im Zusammenhang mit den neuen Regelungen für Banken vom Basler Ausschuss und in Folge von den Basler Richtlinien (Basler Akkord) gesprochen. Die BIZ kann als Zentralbank der Zentralbanken bezeichnet werden. Da es sich bei dem Gremium aber um keine völkerrechtlich anerkannte Organisation handelt, entstehen hier zwar Richtlinien und Handlungsempfehlungen für Banken, diese erlangen allerdings nicht automatisch Gesetzeswirkung oder sind gar weltweit als Standards einzuführen. Es bedarf vielmehr bei jeder Empfehlung an die Banken der Mitgliedsländer einer Überzeugungsarbeit in den nationalen Parlamenten und gesetzgebenden Organen, damit die Vorstellungen des Bankenausschusses auch zu verbindlichen nationalen Regelungen werden.

Basel I: Einführung eines Eigenkapitalpuffers für Banken, um Kreditausfälle abzudecken

So erarbeitete der Basler Ausschuss im Jahr 1988 also den sogenannten ersten Basler Eigenkapitalakkord (Basel I), der in Deutschland erst im Jahr 1994 in das Kreditwesengesetz (KWG) übernommen wurde. Bereits bei Basel I ging es dem Ausschuss um die Stabilisierung der Banken bei Kreditausfällen und damit einer Stabilisierung des internationalen Finanzsystems. Ein wesentlicher Punkt der Neuregelung war die Einführung eines verpflichtenden Eigenkapitalpuffers für Banken zur Abdeckung von Kreditausfällen. Hier wurde pauschal eine sogenannte Eigenkapitalhinterlegung von 8 Prozent aller Risikopositionen einer Geschäftsbank beschlossen. Die Regelung floss damals in § 10 des deutschen Kreditwesengesetzes ein, der wie folgt die grundsätzliche Notwendigkeit von Eigenkapital als Haftungsmasse definiert: „Die Institute müssen in Erfüllung ihrer Verpflichtungen gegenüber ihren Gläubigern, insbesondere zur Sicherheit der ihnen anvertrauten Vermögensgegenwerte, angemessenes Eigenmittel haben." Eine Präzisierung dieser Vorschriften findet sich dann in einem sogenannten „Grundsatz I über die Eigenmittel der Institute", der wie bereits erwähnt bisher die pauschale Hinterlegung von 8 Prozent Eigenmittel für die Risiken der Geschäftsbanken fordert. Als Risiken gelten hier seit der sechsten KWG-Novelle alle Kreditpositionen sowie die Marktrisiken, beispielsweise bei Wertpapieren, und die operativen Risiken des Geschäftsbetriebes.

Hatte also eine Geschäftsbank beispielsweise Kredite in Höhe von 100 Millionen Euro ausgeliehen, so musste sie hierfür 8 Millionen Euro pauschal gegenüber dem Bundesaufsichtsamt für das Kreditwesen als Eigenkapital vorweisen. Analog sind die Marktrisiken von Wertpapieren oder die operativen Risiken des Bankgeschäftes zu hinterlegen. Deren Berechnung würde hier allerdings zu weit führen, sodass wir uns auf die Kreditrisiken beschränken wollen.

Nun war in den neunziger Jahren zu beobachten, dass auch diese Eigenmittelhinterlegung von Risiken die Geschäftsbanken nicht vor Insolvenz und das internationale Finanzsystem nicht vor Krisen (vgl. Asienkrise, Russlandkrise oder Bankpleiten in Europa) geschützt hat. Gründe hierfür waren allerdings nicht nur die Risiken, sondern auch die Reaktion der Banken auf Basel I. So versuchten Banken ihre Risikoaktiva durch neue Finanzprodukte, sogenannte Finanzinnovationen und Finanzderivate, so zu gestalten, dass sie nicht mehr in der Bilanz auszuweisen waren und damit hierfür keine Eigenmittelhinterlegung vorzuweisen hatten, obgleich bei vielen Finanzderivaten die Risiken für die Bank erhalten blieben.

Basel II: durch drei Säulen das Risiko weiter senken

Die Überlegung des Basler Ausschusses, Risiken noch differenzierter zu erfassen und die Eigenmittelhinterlegung entsprechend der Risikoklassen und Eintrittswahrscheinlichkeiten zu gewichten, war nun Anlass im Jahr 2001, ein als Konsultationspapier bezeichnetes Diskussionspapier zu entwerfen, das wir heute als Basel II bezeichnen. Die Vorstellungen des Ausschusses und damit die Inhalte von Basel II lassen sich als drei Säulen darstellen. Die erste Säule soll durch neue Standards die Eigenkapitalhinterlegung von Risiken optimieren. Die zweite Säule schreibt umfangreiche neue Überprüfungsverfahren durch die nationalen Bankaufsichtsbehörden vor und die dritte Säule beschreibt die sogenannte Marktdisziplin, das heißt die Erwartung, dass bei Einhalten der Regelungen durch viele Banken die übrigen Banken sich in einem marktwirtschaftlichen System diesen Neuerungen nicht verschließen können. Ziel der drei Säulen ist die weitere Förderung der Sicherheit und Stabilität des weltweiten Finanzwesens, die Verbesserung der Wettbewerbsgleichheit unter den Banken und eine differenzierte bzw. umfassende Behandlung von Risiken mit risikomathematischen Kalkülen.

Wenn Sie von den beiden letzten Säulen der damaligen Neuregelungen absehen, so ist vor allem die Bemessung des Kreditrisikos nach Säule I von Bedeutung. Demnach muss eine Bank künftig ihre Risikopositionen mithilfe zuverlässiger (valider) Prognosen über die Ausfallwahrscheinlichkeiten kalkulieren. Dies kann sie durch interne Modelle oder den Einbezug externer Ratingagenturen. Wenn also eine Bank einen Kredit vergibt, so muss gleichzeitig auf Basis einer internen oder externen Bewertung (Rating) die Ausfallwahrscheinlichkeit dieses Engagements der Bank angegeben werden. In Abhängigkeit von dieser Ausfallwahrscheinlichkeit wird dann die Eigenmittelhinterlegung berechnet, das heißt, Kredite an ausfallgefährdete Kunden müssen mit mehr Eigenkapital und Kredit an weniger oder nichtausfallgefährdete Kunden mit weniger Eigenkapital hinterlegt werden. Die Spreizung kann hier von bisher pauschal 8 Prozent Hinterlegung künftig von 1,6 Prozent bis zu 12 Prozent reichen.

Der Basler Ausschuss hat hierzu Tabellen entwickelt, wie für bestimmte Bewertungen von Kunden (Ratings) die Risikoklasse zu gewichten ist:

	AAA bis AA-	A+ bis A-	BBB+ bis BBB-	BB+ bis B-	unter B-	kein Rating
Staaten	0 %	20 %	50 %	100 %	150 %	100 %
Firmen	20 %	50 %	100 %	100 %	150 %	50 %
Banken	20 %	20 %	20 %	50 %	150 %	20 %

Abb. 1 – Ratings verschiedener Risikoklassen im Standardansatz

Folgendes Beispiel soll den Zusammenhang verdeutlichen. Für einen Unternehmer, der 100 Millionen Euro Kredit bei einer Bank aufnehmen will und von der Bank mit dem sehr guten Rating A+ bewertet wird, muss die Bank künftig nicht 8 Prozent, also 8 Millionen Euro an Eigenmitteln, vorhalten, sondern nur 50 Prozent davon – also nur 4 Millionen Euro. Wie aus der Tabelle zu ersehen ist, wären nur 20 Prozent Eigenmittel nötig (1,6 Millionen Euro), wenn die Firma ein besseres Rating der Klasse 1 (beispielsweise AA –) gehabt hätte. Bei Kreditnehmern, wie beispielsweise Staaten mit sehr gutem Rating, sind gar keine Eigenmittel mehr notwendig.

Aus dieser Überlegung sowie der Kundenbewertungstabelle (→ Abb. 1) wird schnell deutlich, dass Banken wenig Interesse daran haben, Kunden mit einem schlechten Rating in ihr Portfolio aufzunehmen, da sie bei einem solchen Engagement mehr Eigenkapital hinterlegen müssen. Alternativ wird sich die Geschäftsbank bei solchen Engagements überlegen, die höhere Eigenmittelhinterlegung durch einen höheren Zinssatz vergelten zu lassen. Die bisherige Mischkalkulation von Banken, die zu einheitlichen Zinsen unabhängig vom Risiko eines Kreditausfalles führte, wird sich damit in eine risikoadjustierte Bepreisung von Krediten (risk-adjusted pricing) umwandeln. Der Basler Ausschuss spricht hier auch von einer Spreizung der Kreditkonditionen.

Basel III: die Eigenkapitalbasis der Banken stärken

Inzwischen liegt als weiterer Standard bereits Basel III als Regulationsvorschrift für Banken vor. Während von Basel I zu Basel II eine risikoabhängige Berechnung des haftenden Eigenkapitals der Banken und damit in Folge für die Kunden der Banken eine risikoadjustierte Bepreisung der Kredite vorgenommen wurde, wurde mit Basel III die Eigenkapitalbasis der Banken nochmals gestärkt.

Bisher unterscheiden Banken bei der Definition ihres haftenden Eigenkapitals zwischen sogenannten Kernkapital, Drittrangmitteln und Ergänzungskapital. Das Kernkapital wird nach Basel III künftig in hartes und weiches Kernkapital eingeteilt. Hartes Kernkapital sind bei einer Aktiengesellschaft das eingezahlte Grundkapital und die Kapital- und Gewinnrücklagen. Bei Nicht-Aktiengesellschaften hat der Basler Ausschuss 14 Kriterien definiert, nach denen Finanzierungsquellen als (hartes) Kernkapital eingeordnet werden sollen. Alle anderen mezzaninen oder hybriden Einlageformen, wie beispielsweise Stille Einlagen, werden dann als weiches Kernkapital definiert, wobei das Mindestkriterium immer die Verlusttragung ist, um als Eigenkapital zu gelten. Sogenannte Drittrangmittel werden künftig gar nicht mehr als Eigenkapital angerechnet. Dies sind beispielsweise Haftungszusagen, Patronatserklärungen oder Bürgschaften von Dritten, die in einem Verlustfall haften würden. Drittrangmittel waren beispielsweise früher sogenannte Gewährträgerhaftungen, wenn bei einer Kreissparkasse der Kreis zusagte, im Verlustfall einzuspringen. Das Ergänzungskapital wird künftig ebenfalls deutlich begrenzt und restriktiv definiert. Hier handelt es sich ebenfalls um mezzanine oder hybride Formen von Einlagen mit Kündigungsrechten, bei denen also nicht in vollem Maße von einer Haftung oder Verlustteilnahme gerechnet werden kann.

Ein Bank Run bezeichnet eine Situation, in der so gut wie alle Bankkunden ihr Vertrauen gegenüber der zukünftigen Zahlungsfähigkeit einer Bank verloren haben und sofort alle ihre Einlagen in Bargeld ausgezahlt haben wollen.

Neben weiteren Regularien zum sogenannten Kontrahentenrisiko wurden auch Liquiditätsstandards eingeführt, die einen Bank Run für mindestens 30 Tage aufhalten sollen. Ohne Abdeckungsmöglichkeiten würde so eine Situation systematisch zu einer Insolvenz jeder Geschäftsbank führen. Gerade in der Finanzmarktkrise im Jahr 2008 wurde deutlich, dass Banken in Liquiditätsprobleme geraten, wenn Kunden ihre Einlagen abziehen oder andere Banken ihnen kurzfristig keine Gelder mehr leihen bzw. ihre eigene Bonität eine Refinanzierung bei den Zentralbanken teuer macht.

Um solche Liquiditätsprobleme zu vermeiden und damit keinen Bank Run oder Dominoeffekt auszulösen, sollen Banken nach Basel III künftig so viel hochliquide Aktive, also Kassenbestände und sofort liquidierbare Wertpapiere vorweisen, dass 30 Tage Liquiditätsabflüsse im Stressfall, also beispielsweise bei Kundenschlangen an den Kassen, ausgestanden werden können und die Bank stets liquide bleibt. Dies ist sicher ein hoher Standard, da diese liquiden Mittel eben so lange nicht rentabel für die Bank arbeiten können, aber trotzdem noch viel tiefer sind als die Forderungen einer 100-Prozent-Deckung der Befürworter von sogenannten Vollgeldreformen (→ Kapitel 3.1). Um diesen Liquiditätsstandard zu messen, wird eine neue Kennzahl, die sogenannte „Liquidity Coverage Ratio" (LCR) eingeführt, die eben diese 30-Tages-Abflüsse zu den liquiden Mitteln in Relation stellt und täglich den Aufsichtsämtern zu melden ist. Eine weitere Kennzahl ist die „Net Stable Funding Ratio" (NSFR), aus der hervorgehen soll, wie hoch die bestehenden Refinanzierungszusagen einer Geschäftsbank gegenüber den benötigten Refinanzierungen für ein Jahr im Voraus sind. Hier wird angezeigt, ob die Bank nicht nur die 30 Tage, sondern möglichst für ein Jahr liquide ist und ausreichende Refinanzierungsmöglichkeiten hat oder ob sie einen Liquiditätsbedarf aufweist.

Weitere Regularien betreffen sogenannte „Leverage Ratios", das heißt Verschuldungskennziffern, die auf Basis des bekannten Leverage-Effektes beruhen. Diese Kennzahl stellt das Verhältnis des neu definierten Eigenkapitals zur Bilanzsumme zuzüglich der außerbilanziellen Verpflichtungen dar. Da eine Bank systembedingt mit erheblichem Fremdkapital, wie beispielsweise den Einlagen ihrer Kunden, arbeitet, werden diese Verschuldungskennziffern nur sinnvoll mit anderen Banken vergleichbar sein und ist nicht mit dem Verschuldungsgrad eines normalen Unternehmens zu messen. Teilweise regelt auch schon das KWG in § 25 Abs. 1, Nr. 1 die Verschuldungsgrade von Geschäftsbanken nach diesen Kennziffern.

2.3 Geldmenge und Wirtschaftswachstum

Wie hoch die gesamte Geldmenge der Welt tatsächlich ist, kann niemand verlässlich sagen, allerdings versuchen Zentralbanken durch gezielte Geldmengensteuerungen diese zu kontrollieren. Meistens wird von Zentralbanken, abhängig von deren theoretischen Grundlagen und Überzeugungen, die Geldmenge bei schwächelnder Konjunkturlage erhöht, während sie in besseren Zeiten wieder reduziert wird. Im folgenden Abschnitt wird auf die Überlegung eingegangen, dass eine Geldmengenveränderung, auch wenn versucht wird, diese in Einklang mit den wirtschaftlichen Leistungen einer Volkswirtschaft zu gestalten, nicht unbedingt die beste bzw. einzige Lösung für Stabilität innerhalb eines wirtschaftlichen Systems ist.

Bei stabiler Geldmenge wären sinkende Preise ein Ausdruck steigenden Wohlstandes.

Der Wohlstand einer Gesellschaft wird vor allem an echten Produkten und Dienstleistungen und nicht an der vorhandenen Geldmenge gemessen. Wenn Angebot und Nachfrage bei gleichbleibender Geldmenge steigen, sinken also einfach die Preise und in diesem Fall wären gesunkene Preise ein klarer Ausdruck für einen Wohlstandsanstieg in einer Gesellschaft. Sowohl Unternehmen als auch die Öffentlichkeit profitieren bei einer Geldordnung mit einer stabilen Geldmenge. Einerseits wird der Gesellschaft ihr tatsächlicher Wohlstand durch die Preisveränderungen widergespiegelt und andererseits wird klar angezeigt, wo die Produktivität steigt oder sinkt und welche Produkte und Dienstleistungen im Markt nachgefragt werden.

Wenn die Geldmenge schneller wächst als die Realwirtschaft, sinkt die Kaufkraft jeder Geldeinheit.

Bei gleichbleibender Geldmenge und wachsender Realwirtschaft steigt die Kaufkraft jeder Geldeinheit und macht die Menschen dadurch effektiv reicher. Wenn die Geldmenge jedoch parallel zur Realwirtschaft wächst, bleiben im Idealfall sowohl die Kaufkraft des Geldes als auch die Preise von Produkten und Dienstleistungen stabil. Dies ist allerdings nur sehr selten der Fall, denn normalerweise wächst die Geldmenge schneller als die Realwirtschaft. In einer solchen Situation lässt die Kaufkraft jeder Geldeinheit systematisch nach und somit werden auch Menschen, die dieses Geld nicht investieren bzw. einfach auf Girokonten oder zu Hause aufbewahren, im Zeitverlauf effektiv ärmer. Als möglichen Ausweg aus dieser realen Verarmung müssten die Löhne und Gehälter von Angestellten ständig nach oben korrigiert bzw. angepasst werden. Häufig enden die Lohnanpassungen aber auch in langwierigen und kostenintensiven Verhandlungen mit Gewerkschaften, die nicht selten wenige Früchte tragen.

Vor allem die sogenannten Monetaristen um den Ökonomen und Nobelpreisträger *Milton Friedman* (1912–2006) gehen davon aus, dass eine wachsende Wirtschaft auch eine wachsende Geldmenge braucht, um Stabilität in der Volkswirtschaft zu gewährleisten. Dies wird damit begründet, dass Preise nur dann stabil gehalten werden können, wenn die Geldmenge in Relation zur realen Gütermenge wächst. Je mehr Produkte und Dienstleistungen es auf dem Markt gibt, je mehr Geld muss auch vorhanden sein, um diese zu kaufen bzw. herstellen zu können, damit eine gewisse Preisstabilität erreicht wird. An sich ist dieser Logik nichts zu widersetzen. Auch versuchen die Zentralbanken durch diese Erkenntnis, die Preise in ihren Volkswirtschaften stabil zu halten, und erhöhen hierzu regelmäßig das Geldvolumen. Daher auch die offiziellen Inflationsziele der Zentralbanken.

Allerdings gibt es aus ökonomischer Sicht keinerlei Notwendigkeit, die Preise in einer Marktwirtschaft stabil zu halten. Wichtig ist nicht, wie bereits erwähnt, die Menge an Geld, die ein Mensch besitzt, oder wie hoch und tief die Preise sind, sondern wie viele Güter und Dienstleistungen mit jeder Geldeinheit eingekauft werden können. Hierfür spielt der Faktor Geldwertstabilität bzw. die Kaufkraft des Geldes die entscheidende Rolle. Außerdem ist es praktisch unmöglich – selbst mit modernster Technologie –, die Geldmenge einer Volkswirtschaft in Einklang mit dem Wachstum der Realwirtschaft zu bringen.

Eine systematisch wachsende Geldmenge ist für Wirtschaftswachstum und Wohlstand nicht notwendig.

Grundsätzlich ist demnach so gut wie jede Geldmenge ausreichend, um eine funktionsfähige Volkswirtschaft hervorzubringen. Solange sich die Preise frei bewegen können, werden sie sich an die Menge der Güter und Dienstleistungen bei jeder beliebigen Geldmenge anpassen können. Bleibt beispielsweise die Geldmenge einer Volkswirtschaft konstant, während die Realwirtschaft wächst, so sinken im Zeitverlauf einfach die Preise der nun im erhöhten Maße vorhandenen Produkte und Dienstleistungen.

Dabei handelt es sich aber nicht um eine Deflation, die im klassischen Sinne nur den Rückgang einer bestimmten Geldmenge beschreibt und somit die Kehrseite von Inflation ist, sondern um eine Anpassung bzw. Korrektur der Preise an die vorhandene Geldmenge. Dieser Vorgang wird üblicherweise von Wirtschaftsexperten pauschal als Deflation bezeichnet. In diesem Beispiel spiegelt das Sinken der Preise einfach die gewachsene Gütermenge bei gleichgebliebener Geldmenge bzw. die erhöhte Kaufkraft jeder Geldeinheit. Es handelt sich also um einen realen Anstieg von Reichtum in der Bevölkerung. Die Menschen können sich bei gleichem Einkommen nun mehr leisten und sind dadurch effektiv wohlhabender geworden.

Ein System im Ungleichgewicht mit endlosen Anpassungs- und Veränderungsprozessen

Theoretisch folgt dieser Logik die Konsequenz, dass, sobald die Menschen ihren Konsumhunger gesättigt haben, sie weniger einkaufen werden und die Unternehmen ihre erhöhte Produktion wieder runterfahren müssen. Daraufhin werden sich auch wieder die Preise entsprechend erhöhen bzw. anpassen. Dieser Vorgang deutet auf den unendlichen Prozess aller Marktteilnehmer hin, in einem freien Wirtschaftssystem ständig nach dem sogenannten optimalen Gleichgewicht zu suchen. Das System jedoch befindet sich dabei so gut wie die ganze Zeit in einem Ungleichgewicht und endlosen Anpassungs- und Veränderungsprozessen. Produkte und Dienstleistungen werden somit häufig entweder über- oder unterbewertet, aber dennoch streben alle Akteure stets nach dem niemals dauerhaften Zustand, aber dennoch immer erwünschten Ziel des optimalen Gleichgewichts zwischen Angebot und Nachfrage.

Eine stabile Geldmenge könnte hier eventuell ein Umfeld schaffen, das stärker an die Realität der Wirtschaftssituation angepasst ist, als dies durch das herkömmliche Zentralbankziel der Preisstabilität möglich ist. Demnach könnte eine relativ konstante Geldmenge innerhalb eines Wirtschaftssystems auch erhöhte Transparenz für seine Bevölkerung erzeugen und sowohl die Situation der Realwirtschaft als auch des tatsächlichen Wohlstandsgrades genauer abbilden. Im Vergleich zu einem Geldsystem, in dem die Geldmenge systematisch erhöht wird, könnte also eine konstante Geldmenge mehr Stabilität und klarere Realitätswahrnehmung für Unternehmen und Menschen schaffen.

Konstantes Geldmengenwachstum führt zu Wachstumszwang in der Wirtschaft.

Stabile Preise bei anwachsender Geldmenge aber kreieren vor allem einen erhöhten Wachstums- und Konsumdrang. Während die Kaufkraft des Geldes abnimmt, muss der reale Verlust nun durch erhöhte Einnahmen und neben erhöhten Preisen auch durch gesteigerte Produktivität bzw. erhöhten Konsum kompensiert werden. Eine Volkswirtschaft mit ständig wachsender Geldmenge zwingt Unternehmen ebenfalls dazu, ständig wachsen zu müssen. Je stärker das Geldmengen- vom Realwirtschaftswachstum abweicht, desto größer wird der Wachstumsdruck.

Nachdem die systematische Aufblähung der Geldmenge ohne Berücksichtigung der Realwirtschaft nun ein künstliches Bedürfnis nach konstantem Wirtschaftswachstum erzeugt hat, wird auch ein erhöhter Konsum, wie bereits im vorigen Kapitel ausführlich erläutert, opportun und notwendig. Ob dieser Konsumdrang dann durch Eigenkapital oder mithilfe billigen Kreditgeldes finanziert wird, ist Konsumenten und Unternehmen in Zeiten der durch Geldmengenvermehrung erzeugten Boom-Phasen weniger wichtig.

Eine solche Situation fördert Ideen und Überlegungen nach konstantem Wirtschaftswachstum, was auch in vielen politischen Floskeln gebetsmühlenartig angepriesen wird. Wie aber bereits das Robinson-Beispiel aus der Einleitung gezeigt hat und die nachfolgenden Kapitel ebenfalls zeigen werden, macht es einen entscheidenden Unterschied, ob Konsum und Investitionen auf Basis von realem oder illusorischem Wohlstand getätigt werden. Auch Robinson hat seinen Steinehaufen nicht freiwillig täglich erhöht und sich dementsprechend die Ziele für sein Fischen gesetzt, sondern erst gefischt und danach Geld erzeugt. Es waren die Affen, die dieses System umgedreht haben.

Die Konsequenzen eines wirtschaftlichen Aufschwungs, der vor allem durch Geldmengenerhöhung der Zentral- und Geschäftsbanken erzeugt wird, könnten von einem Aufschwung, der durch vorher angespartes Geld erfolgt, nicht verschiedener sein. Die Konsequenz der reinen Geldmengenerhöhung bringt in jedem Fall Marktverzerrungen, Blasenbildungen sowie Wohlstandsillusionen, gefolgt von Wohlstandsenttäuschungen mit sich, wohingegen ein Konjunkturaufschwung durch angespartes Geld eine reale und nachhaltige Wohlstandserhöhung in der Gesellschaft mit sich bringen kann.

Diese Überlegungen über die richtige Geldmenge und der Exkurs in die Welt der Monetaristen soll Basis für die folgende Darstellung des Geldsystems vor und nach dem sogenannten Bretton-Woods-System sein.

2.4 Die Abschaffung des Bretton-Woods-Systems

Die Erfahrungen von Hyperinflation in den 1920er Jahren und den katastrophalen Auswirkungen einer ausufernden Geldmenge führten noch vor Ende des zweiten Weltkrieges dazu, dass eine neue internationale Währungsordnung gesucht wurde. Aufgrund der damaligen Stabilität des US-Dollars wurde zunächst diese Währung als sogenannter Anker definiert. Wesentliches Element war eine Goldparität, das heißt die Festlegung der Länder auf eine Hinterlegung der Währungen mit Gold. Weiterhin wurden die Währungen mit festen Wechselkursen miteinander verbunden. Gleichzeitig garantierte die US-Zentralbank Federal Reserve (Fed) durch Goldkäufe bzw. -verkäufe diese Kurse zu sichern, das heißt, den Dollar damals zu einem definierten Kurs von 35 US-Dollar je Feinunze Gold zu kaufen oder zu verkaufen, allerdings unter Berücksichtigung des damaligen Goldverbotes für die amerikanische Bevölkerung (→ Kapitel 2.6). Die Geldpolitik der nationalen Zentralbanken war damit nur noch daran ausgerichtet, diese Wechselkurse zu stabilisieren. Durch die zusätzliche Goldhinterlegung wurde für die Geldbesitzer zudem ein hohes Vertrauenspotenzial geschaffen.

Benannt wurde das System nach dem Ort Bretton Woods im US-Bundesstaat New Hampshire auf Vorschlag von *Harry White* (1892–1948), das sich im gedanklichen Wettstreit gegen den weltumspannenden Bancor-Plan von *John M. Keynes* (1883–1946) durchsetzte (→ Kapitel 3.1.3). Dort trafen sich am 22. Juli 1944 die Finanzminister und Staatschefs aus 44 Staaten und in Folge wurden unter anderem auch die Weltbank und der IWF gegründet, um den Aufbau der Infrastruktur in den durch die Folgen des zweiten Weltkrieges zerstörten Ländern zu finanzieren. Die Bundesrepublik Deutschland schloss sich im Jahr 1949 diesem System an.

Bretton Woods: das Geldsystem durch Goldreserven absichern

Der feste Wechselkurs der Deutschen Mark gegenüber dem US-Dollar, die Hinterlegung des Dollars mit Gold und das damit verbundene hohe Vertrauen der Bevölkerung in ihre Währungen bzw. das gesamte Währungssystem führte zu großen Wachstumsraten und Wohlstand, auch in den zerstörten Kriegsländern wie Deutschland. Durch das Bretton-Woods-System musste die Bundesbank allerdings am Devisenmarkt die immer wieder starke Aufwertung der Deutschen Mark durch Dollarkäufe abbremsen, was faktisch zu einer importierten Inflation führen musste und den nationalen Stabilitätsvorstellungen widersprach. Zunehmende Inflation und unterschiedliche Wohlstandsgewinne in den Ländern und vor allem der Hunger aller Länder nach dem US-Dollar an den ihre Währung geknüpft war und immer weniger durch die US-Goldreserven gedeckt werden konnte, führten letztlich dazu, dass das System fester Wechselkurse im Jahr 1973 vollständig aufgegeben wurde. Bereits zuvor wurde durch den US-Präsidenten *Richard Nixon* im Jahr 1971 die Gold-Dollarbindung aufgehoben. Dies geschah auch vor dem Hintergrund der hohen Kosten des damaligen Vietnamkrieges für die USA.

In unsicheren Zeiten Flucht in Edelmetalle

Seit dem Ende des Bretton-Woods-Systems ist es nun also nicht mehr das Gold, das unserem Geld irgendeine Form von realem bzw. intrinsischem Wert gibt, sondern nur noch die gesetzliche Vorschrift und der individuelle Glaube der Menschen an dessen Werthaltigkeit.

Dass dieser Glaube bzw. das Vertrauen in dieses Geld unterschiedlich ausgeprägt ist, kann aktuell beobachtet werden. Die Flucht in Edelmetalle als Wertaufbewahrungsmittel zeigt deutlich, wie gering das Vertrauen in Papierwährungen, vor allem in unsicheren Zeiten, ist. Durch Investitionen in Sachgüter, wie Immobilien und Grundstücke, versuchen Menschen ebenfalls ihre angesparten Geldvermögen vor möglichem Verlust bzw. größerer Entwertung abzusichern.

Welche Funktionen Geld an sich einnehmen kann und welchen Wert es für Menschen darzustellen vermag, wird im folgenden Kapitel eingehend erläutert.

2.5 Funktionen und Wert des Geldes

Geld kann verschiedene Funktionen erfüllen und im Verlauf der Jahrtausende hat Geld dabei sein Gesicht bzw. seine Form und Merkmale häufig verändert. Vom Bargeld in Form von „Steinen und Muscheln“, die im Übrigen bis heute in Naturvölkern Neuguineas verwendet werden, Edelmetallmünzen und mit Eintauschversprechen in Gold oder anderen Edelmetallen hinterlegtem Papiergeld bis zum heutigen elektronischen Geld auf Konten existierten diverse Geldformen.

Das heutige Geldsystem ist durch keine realen Werte mehr gedeckt.

Die Form des heutigen Kreditgeldsystems mit elektronischem Giralgeld der Geschäftsbanken ist geschichtlich betrachtet eine relativ neuartige Erscheinung. Vor dem 19. Jahrhundert gab es eine Vielfalt an Geldern, die vorwiegend durch einen realen Gegenwert, wie einem Tauschgeschäft, oder durch ein intrinsisch wertvolles Material, wie Gold oder Silber, verkörpert und gedeckt wurden. Die modernen Banknoten und Münzen sind reell betrachtet nicht wertvoller als ihr bedrucktes Papier bzw. der Herstellungsstoffe oder der Metallgehalt des Münzgeldes. Das elektronische Geld ist intrinsisch gesehen also vollkommen wertlos. Das heutige Geldsystem ist durch keinerlei reale Werte mehr gedeckt. Das gesellschaftliche Vertrauen sowie die Kaufkraft dieses intrinsisch wertlosen Geldes jedoch stellen sich einerseits aus der realen Werthaltigkeit von Geld als Güter oder Edelmetalle durch den Zeitverlauf der Geschichte und andererseits aus den gesetzmäßigen Ab- und Annahmezwängen der Regierungen zusammen.

Die Funktionen des Geldes: Tauschmittel, Wertaufbewahrung und Recheneinheit

Das Vertrauen basiert dabei auf drei grundlegenden Funktionen, die das Geld einnehmen kann:

Die erste Funktion des Geldes ist die des Tauschmittels. Geld dient dabei als Zahlungsmedium, um Tauschvorgänge jeder Art zu vereinfachen oder zu ermöglichen. Bei der Tauschmittelfunktion wird zwischen einem direkten und einem indirekten Tauschvorgang differenziert. Eine Wirtschaft mit einem allgemein akzeptierten Geldsystem benutzt dabei den indirekten Tauschvorgang. Güter und Dienstleistungen werden gegen das Medium Geld, als indirektes und überall akzeptiertes Vermittlungsprodukt, eingetauscht. Das Geld wird dann später wiederum in andere Güter und Dienstleistungen zurückgetauscht. Dabei kann Geld als indirektes Tauschmittel auch die Form von konsumierbaren Waren selbst annehmen. So sind neben den gesetzlichen Zahlungsmitteln auch Zigaretten in zahlreichen Gefängnissen eine häufig akzeptierte Währungsform. Auch der Begriff Zigarettenwährung ist vor allem in Deutschland kein Fremdwort, da sich hier nach dem zweiten Weltkrieg Zigaretten als allgemein akzeptierte und hoch wertgeschätzte Währung für die überall vorhandenen Schwarzmarktgeschäfte etablierten.

Eine weitere Funktion von Geld ist die Wertaufbewahrungsfunktion. Da Waren verderblich sein können und Dienstleistungen nicht zu jeder Zeit erbringbar bzw. tauschbar sind, werden Leistungen in Geld getauscht, um sie später wiederum in reale Gegenstände oder Dienstleistungen eintauschen zu können. Die Nutzung von Geld erlaubt somit, die Energie von Dienstleistungen oder produzierten Produkten für eine unbestimmte Zeit lang sprichwörtlich einzufrieren. Das setzt natürlich voraus, dass die Geldform ihrerseits nicht verderblich ist und aufbewahrt werden kann. Dass die Kaufkraft des aufbewahrten Geldes zu einem späteren Zeitpunkt sich verändern kann, ist in vielen Währungsreformen und inflationären Situationen der Geldsysteme deutlich geworden. Dass daher Edelmetallwährungen in der Vergangenheit eher aufbewahrt wurden als ungedeckte Banknoten, leuchtet ebenfalls ein.

Eine letzte Funktion, die Geld einnimmt, ist die Recheneinheits- bzw. Wertmessfunktion. Geld dient dabei als Vergleichsinstrument, um beliebige Mengen und Arten von Gütern, Dienstleistungen oder Arbeitsstunden miteinander zu vergleichen. Die Kaufkraft des Geldes ist der relative Wert einer Geldeinheit und drückt sich durch die Menge von Waren und Dienstleistungen aus, die mit jeder Geldeinheit erworben werden können. Je höher die Kaufkraft eines Geldes ist, umso mehr Dinge können sich die Menschen im Wirtschaftssystem mit und von dem Geld leisten. Umgekehrt wird es für Menschen und Unternehmen mit anderen Geldarten teurer, sich Güter und Dienste in einem Wirtschaftssystem zu leisten, dessen Geld relativ zu ihrem an Wert gewinnt. Dass der Wertmaßstab, der sich letztlich im Geld ausdrückt, am Ende von persönlichen Präferenzen und Nutzeneinschätzungen abhängt, liegt auch auf der Hand. So kann für jemanden eine Stunde Hemden bügeln, der diese Aufgabe gar nicht schätzt, im Einkauf deutlich teurer sein, als für jemanden, der das Bügeln gerne verrichtet. Es gibt also keinen absoluten Wert von Waren und Dienstleistungen, die sich in Geld ausdrücken lassen. Der individuelle Nutzen, ausgedrückt in Preisen, kann vielmehr in Geldeinheiten rechenbar gemacht werden.

Die soziale Funktion: Geld als Kommunikationsmedium

Der deutsche Gesellschaftstheoretiker und Soziologe *Niklas Luhmann* (1927–1998) sprach dem Geld auch eine soziale Funktion zu. Nach seinen Einschätzungen ist Geld das ultimative Kommunikationsmedium in einem Wirtschaftssystem, denn innerhalb dieses Systems wird in erster Linie durch das Geldmedium kommuniziert. Jeder Informationsaustausch und sehr viele zwischenmenschliche Beziehungen in einem Wirtschaftssystem mit einem allgemein akzeptierten Geldmittel sind somit auf unterschiedlichen Ebenen an das Kommunikationsmedium Geld gebunden. Zwar kann Geld einerseits durch seine allgegenwärtige Präsenz in allen Wirtschaftstransaktionen zu Konflikten beitragen, aber anderseits beinhaltet es auch eine potenziell harmonisierende Wirkung. Denn vor allem durch das Kommunikationsmedium Geld kommen Menschen unterschiedlichster Herkunft, Sprache und Ziele miteinander in Kontakt und können beispielsweise auch ohne sichtbare Gemeinsamkeiten relativ einfach bzw. auf friedliche Art und Weise miteinander handeln und kommunizieren.

Allerdings ist es nicht notwendig, dass Geld all diese möglichen Eigenschaften erfüllt, um für eine funktionale Wirtschaft dienlich zu sein. Hierfür muss Geld in erster Linie lediglich eine Tauschmittelfunktion einnehmen. Alle weiteren Funktionen können in Relation zu der des Tauschmittels als Subfunktionen bzw. Ergänzungen angesehen werden. Der Wert des jeweiligen Geldes wird von Menschen aber sicherlich höher eingestuft, wenn dieses Geld mehrere der genannten Funktionen erfüllt. Ein Geld, das also zugleich Tauschmittel ist und die Wertaufbewahrungsfunktion erfüllen kann, wird in einem Markt tendenziell als wertvoller betrachtet, als ein Geld, das nur die Tauschmittelfunktion erfüllt.

Je mehr Funktionen ein Geldsystem einnimmt, desto höher ist sein Wert.

Die Arbeitsteilung in einer Gesellschaft verbunden mit einem funktionierenden Geldsystem kreiert potenzielle und relative Vorteile für alle daran teilnehmenden Menschen. Denn, im Vergleich zu einer im direkten Naturaltauschhandel lebenden Gesellschaft bietet Geld als indirektes Tauschmittel eine starke Vereinfachung und Erweiterung der Tausch- und Entwicklungsmöglichkeiten. Damit ein erfolgreiches Tauschgeschäft in einem System des Naturaltauschhandels stattfinden kann, müssen beide Parteien sowohl gegenläufige Präferenzen der angebotenen Güter oder Dienstleistungen als auch übereinstimmende Wünsche dieser haben. Hierzu müsste beispielsweise ein Taxifahrer, der einen neuen Stuhl braucht, auf einen Schreiner treffen, der bereit ist, diesen für eine vorher ausgemachte Fahrtstrecke einzutauschen.

Schnell wird offensichtlich, wie groß die Limitierungen für eine materielle Wohlstandsentwicklung mit lediglich dem direkten Tausch als Handelsinstrument sind. Der Naturaltauschhandel eignet sich evtl. für kleinere Gemeinschaften oder auch in komplexen und größeren Gesellschaften in internationalen Bartergeschäften oder für die Abwicklung diverser Nischengeschäfte, beispielsweise mittels lokaler Tauschsysteme.

Geld erzeugt Win-win-Situationen.

Die Verwendung eines indirekten Tauschmittels erlaubt es also einer Gesellschaft, die Grenzen des Naturaltauschhandels schnell zu durchbrechen. Somit beinhaltet Geld auch das Potenzial, die materielle und soziale Lebenslage aller Menschen zu verbessern und sogenannte „Win-win-Situationen" zu erzeugen, in denen alle beteiligten Menschen langfristig profitieren können. Durch die Verwendung eines allgemein akzeptierten Tauschmittels, des sogenannten Geldes, haben Menschen mit vollkommen gegenläufigen Wertvorstellungen, die sonst niemals miteinander hätten tauschen können, nun die Möglichkeit, sich problemlos zu einigen und relativ schnell auf einen gemeinsamen Nenner zu kommen. Soziologen sprechen dem direkten Tauschhandel allerdings höhere soziale Effekte zu, da dieser vermeintlich ehrlicher, transparenter und im Tausch vollständiger sei, da kein Vermittler wie eine Bank oder eine Regierung an dem Geschäft partizipieren kann. Diese eher ideologische Sicht des Geldverzichtes und Plädoyers für einen direkten Tauschhandel soll in → Kapitel 3 weiter verfolgt werden. Zur Abrundung der Geldfunktionen ist hier nochmals auf die Werthaltigkeit des Geldes bzw. den Bewertungsprozess an sich einzugehen.

Der Wert einer Sache ist immer subjektiv, niemals objektiv.

Der Ökonom und Gründungsvater der Österreichischen Schule der Nationalökonomie *Carl Menger* (1840–1921) legte bereits vor über 100 Jahren in seiner Wert- und Preistheorie dar, dass Werthaltigkeit immer ein subjektiver Prozess ist, der in erster Linie im Geist jedes einzelnen Menschen stattfindet. Der Wert einer Sache ist also niemals objektiv messbar, sondern immer nur in Relation mit den Vorstellungen eines Individuums oder einer

Gruppe von Menschen bzw. einer ganzen Volkswirtschaft. Dieser drückt sich von Mensch zu Mensch je nach Geschmack, Einstellung und Lebensausrichtung unterschiedlich aus, kann aber auch, wie im aktuellen Geldsystem, durch Gesetze beeinflusst werden. Jeder Mensch gibt bestimmten Gütern oder Dienstleistungen eine andere Werthaltigkeit, denn Wertvorstellungen haben immer etwas mit den persönlichen Neigungen, Bedürfnissen und Erfahrungen zu tun. Allerdings gibt es bei der Wertberechnung in einem monopolisierten und ungedeckten Papiergeldsystem im Vergleich zu anderen Produkten und Dienstleistungen einen wesentlichen Unterschied. Der Grund, warum Menschen ungedecktes Papier- und Giralgeld als wertvoll empfinden, ist nicht, weil es ihren Wertvorstellungen bzw. ihrem gesunden Menschenverstand freiwillig entspringt, sondern weil sie faktisch per Gesetz dazu veranlasst werden.

In einer marktwirtschaftlichen Geldordnung, bei der alle Geldarten um ihre Benutzer konkurrieren müssten (→ Kapitel 3.14), würden die meisten Menschen einem ungedeckten Geldschein im Vergleich zu einem mit realen Werten hinterlegten Geld weitaus weniger Wert zumessen, als dies in einem ungedeckten, aber gesetzlich verordneten Geldsystem der Fall ist. Wenn aber ein einziges staatlich zugelassenes Geld verwendet wird und die Bevölkerung ein relativ starkes Vertrauen in ihre Regierung hat, dann wird auch das durch die Regierung als gesetzliches Zahlungsmittel deklarierte Geld erst einmal auf Vertrauen stoßen.

Das (un-)begründete Vertrauen in die Währung

Trotzdem ist es schon fast merkwürdig, dass Gesellschaften im Zusammenhang mit dem Geldwesen Regierungen oder Zentralbanken immer wieder aufs Neue vertrauen, obwohl diese geschichtlich betrachtet es nicht schaffen, auf Dauer weder die Geldmenge in Harmonie mit dem Wirtschaftswachstum zu bringen noch die Kaufkraft des Geldes langfristig stabil zu halten. Dies konnten beispielsweise weder die Regierungen im alten Rom, die ihre Edelmetallwährungen systematisch durch Verringerung des Edelmetallgehaltes über die Jahre hinweg und je nach politischer Notwendigkeit schrittweise entwertet haben. Noch konnte dies die US-Notenbank Fed, die innerhalb weniger Jahrzehnte nach der Abschaffung des Bretton-Woods-Systems (→ Kapitel 2.4) die Kaufkraft des US-Dollars durch Geldmengenvermehrungen beträchtlich reduziert hat. Auch die Europäische Zentralbank (EZB) ist hierzu nicht in der Lage, was bereits aktuell durch das Experimentieren mit den Möglichkeiten der umfangreichen Quantitativen-Lockerung (QE) offensichtlich wird. Ein Hauptgrund, warum weder Regierungen noch Zentralbanken es schaffen, langfristig für Geldwertstabilität zu sorgen; liegt daran, dass sie neben diesem Ziel auch diverse politische Interessen verfolgen müssen und so früher oder später immer Kompromisse mit den Zielen eines nachhaltigen Geldsystems eingehen werden. Dies könnte einerseits die Finanzierung von Kriegen sein, aber anderseits auch die Aufrechterhaltung politischer Großprojekte wie der Europäischen Union (EU), dessen überschuldete Staaten nicht ohne die Aushilfe von Zentralbankgeldern weiterhin solvent bleiben könnten und durch die Ankündigung eines Staatsbankrottes den bereits etablierten Status des EU-Systems gefährden würden. Auch gibt es innerhalb eines gesetzlich monopolisierten Geldsystems bzw. der Staaten, die dieses Geld verwenden, keinen Wettbewerb. Da gesetzliche Zahlungsmittel innerhalb Staaten eine Monopolstellung haben und nur dieses Tauschmittel als offizielles Geld akzeptiert wird, gibt es keine Notwendigkeit, seine Werthaltigkeit dauerhaft aufrecht zu halten.

Die Suche nach einem dauerhaft stabilen Geldsystem

Über diesen Zustand war sich auch der weltbekannte Philosoph *Aristoteles* (384–322 v. Chr.) schon vor über 2000 Jahren bewusst, als er konstatierte, dass es Gesetzeshüter per Definition nicht schaffen, die Geldmenge mit der Wirtschaftsleistung stabil zu halten bzw. einen konstanten Geldwert langfristig zu gewährleisten. Er erklärte auf platonische Art und Weise, dass es an und für sich völlig in Ordnung sei, Papiergeld zu nutzen, vorausgesetzt, die Obrigkeit sei perfekt und die Könige verfügen über eine göttliche Intelligenz. Diese Voraussetzung erfüllen wohl die wenigsten Menschen. Auf der anderen Seite aber einfach zu behaupten, dass ein marktwirtschaftliches Geldsystem diese Kriterien sehr wohl erfüllen würde, wäre ebenfalls unrealistisch. Dennoch bleibt die Frage bestehen, wie ein dauerhaft stabiles Geldsystem am besten erreicht werden könnte. In → Kapitel 3 werden hierzu diverse Möglichkeiten aufgezeigt und erläutert.

Ein zentraler Punkt in dieser Diskussion ist das Verständnis zwischen der Unterscheidung von Macht und Gewalt. Unternehmen der privaten Marktwirtschaft können sehr viel Macht haben und durch ihre Größe und vielfältigen Mittel auch starken Einfluss in Gesellschaften ausüben, aber per Gesetz kann beispielsweise ein Lebensmittelhersteller niemanden dazu zwingen, seine Produkte zu kaufen bzw. zu konsumieren. Dies müsste mithilfe legalisierter oder illegaler Gewalt geschehen. Natürlich können auch Privatunternehmen die Grenzen der ihnen auferlegten Gesetzesvorschriften überschreiten und illegale Aktivitäten betreiben, aber sobald solche Fehlentwicklungen auftauchen, können und müssen diese mithilfe der Gesetze einer Privatrechtsgesellschaft vergolten werden. Gewalt haben nur Gesetzeshüter wie beispielsweise Regierungen. In Bezug auf das Geld, das eines der mächtigsten Instrumente überhaupt ist, steht den Regierungen im Zusammenspiel mit ihren Zentralbanken sowohl Macht als auch Gewalt zur Verfügung. Während also in einer marktwirtschaftlichen Geldordnung kein privater Geldhersteller Menschen dazu zwingen könnte, sein Geld anzunehmen, können es in monopolisierten Geldsystemen Gesetze vorschreiben, dass die Marktteilnehmer ganzer Volkswirtschaften letztlich jede Geldart akzeptieren müssen. Freiheit bedeutet vor allem die Möglichkeit zu haben, Möglichkeiten abzulehnen. Dies ist im aktuellen Geldsystem so gut wie unmöglich und so bleiben alle Akteure in Bezug auf die Werthaltigkeit des gesetzlichen Tauschmittels weiterhin vollständig von unbeeinflussbaren Faktoren abhängig. Ganz gleich, ob sie dieses Geld subjektiv als wertvoll betrachten oder nicht.

Das Prinzip des abnehmenden Grenznutzens gilt auch bei Geld.

Zum Wertverständnis von Geld ist weiterhin der Hinweis auf den sogenannten abnehmenden Grenznutzen notwendig, der für alle Waren und Dienstleistungen gleich gilt. Für einen Menschen, der 10.000 Euro geschenkt bekommt, haben die ersten 5.000 Euro wahrscheinlich mehr Wertigkeit als die letzten. Dasselbe Prinzip gilt auch beispielsweise für eine extrem durstige Person, die nacheinander Gläser mit Wasser bekommt. Das erste Wasserglas wird weitaus höher bewertet werden als das zehnte. Ebenso wirkt der abnehmende Grenznutzen beim Geld. Die ersten Geldeinheiten werden die allerwichtigsten Bedürfnisse und die dringendsten Wünsche erfüllen. Alle darauffolgenden Bedürfnisse und Wünsche sind evtl. immer weniger notwendig bzw. wichtig und lassen somit die Wertigkeit der Geldeinheiten für die Person schrittweise abnehmen. Geld, als indirektes Tauschmittel, verhält sich somit nicht anders als andere Waren wie beispielsweise der Genuss von Bier oder das Essen von Schokolade. Der erste Schluck ist für einen Bierliebhaber deutlich wertvoller als der letzte Schluck und evtl. bei der vierten Maß Bier bzw. der vierten Tafel Schokolade hat der Grenznutzen deutlich abgenommen oder wird sogar negativ. So kann man sich vorstellen, dass auch zusätzliches Geld ab einer bestimmten Menge keinen weiteren Mehrnutzen schafft und evtl. sogar als unnütz oder negativ empfunden wird.

Geld besitzt also keinen objektiven Wert. Egal, ob es in Form von Gold, Zigaretten oder bunt bedruckten Papierscheinen verwendet wird. Es sind immer die Menschen, die Gütern und Dienstleistungen Werte aufgrund ihrer persönlichen Nutzenpräferenzen, Einstellungen und Erkenntnisse geben. Werthaltigkeit ist lediglich eine immaterielle Vorstellung des Individuums oder kollektiv betrachtet auch einer Gesellschaft. Dass diese Vorstellungen auch zur Illusion werden können, hat das einführende Robinson-Beispiel gezeigt (→ Kapitel 1.1).

Während Robinson auf der Insel alleine lebte und ohne externe Einflüsse den Wert seiner Fische in Form von Steinen als seiner Geld- und Recheneinheit selbst schaffen konnte, drücken sich in komplexen Marktwirtschaften Geldwerte von Produkten und Dienstleistungen durch Preise aus. Auch wenn der individuelle Nutzen den Wert eines Gutes oder einer Leistung bestimmt, so ist es letztlich eine kollektive Preisfindung durch Angebot und Nachfrage, die dann den Geldwert für eine Ware oder eine Dienstleistung im Markt ausdrückt. Durch die Preisfindung können Güter und Dienstleistungen in Relation zum indirekten Tauschmittel Geld vergleichbar gemacht werden. Dabei ist ein freies und flexibles Preissystem für eine Marktwirtschaft notwendig, denn Angebot und Nachfrage werden sowohl mit den unterschiedlichen Wertvorstellungen der Individuen als auch mit der gesamten volkswirtschaftlichen Lage durch das Preissystem in Übereinstimmung gebracht. Preissysteme repräsentieren somit die Tauschfunktion von Geld.

Wenn Menschen weniger konsumieren möchten, weil ihr Geldvermögen oder ihre Ersparnisse geschrumpft sind, dann sinken theoretisch nach einer Weile auch die Preise im Markt und umgekehrt. Während also in einer Marktwirtschaft die Preise für Waren und Dienstleistungen frei auf dem Markt gebildet werden können, ist dies beim Geld nicht der Fall. Der Geldpreis einer Volkswirtschaft mit einem einzigen gesetzlich zugelassenen Geldmittel wird von dessen Zentralbank mithilfe des sogenannten Leitzinses festgelegt. Zu diesem künstlich festgesetzten Preis können die Geschäftsbanken bei der Zentralbank ihre Kredite aufnehmen. Dieser Preis gilt dann als Orientierungspunkt für Kredite der Geschäftsbanken. Ebenfalls gilt der Geldpreis als Signalinstrument für Unternehmer, um eine Momentaufnahme der Wohlstandslage einer Gesellschaft zu erhalten, obgleich diese bei Preisfixierung selten richtig ist und diverse Konsequenzen für den Konjunkturzyklus hat (→ Kapitel 1.2). Dieser vermeintliche Systembruch, bei Waren und Dienstleistungen einen Marktpreis zu fordern und den Unternehmen relativ freien Entfaltungsspielraum zu lassen, beim Geldpreis aber einen zentralgesteuerten Leitzins zuzulassen, wollen wir später noch einmal aufgreifen. Im Folgenden wird die Entstehungsgeschichte des heute vorhandenen ungedeckten Geldsystems im Zeitraffer und so anschaulich wie möglich dargestellt.

2.6 Die Geschichte des Fiatgeldsystems

Von der Bestsellerautorin *Ayn Rand* (1905–1982) stammt die Aussage: „Geld ist die Ursache allen Übels, aber was ist die Ursache allen Geldes?“ Nun wurden bereits die Funktionen von Geld vorgestellt, die auch als Ursache für den Einsatz von Geld herangezogen werden können. Die Kenntnisse der Geschichte des Geldwesens und wie es zu seiner heutigen Form kam, ist dabei aber ebenso wichtig für dessen Verständnis. Eben dieses heute genutzte Geld wird auch als Fiatgeld bezeichnet, da es eben quasi aus dem „Nichts“ erschaffen wird und keine reale Deckung mehr erfährt. Fiat leitet sich dabei aus dem lateinischen „fieri“, zu Deutsch „es werde“ oder „es entstehe“ ab.

Das Geld verändert ständig sein Gesicht.

Bevor sich flächendeckend das Papiergeld ohne intrinsischen Wert ausbreitete, hatte Geld als indirektes Tauschmittel verschiedene Gesichter. Je nach Kultur, Region und Entwicklungszustand der Bevölkerung nahm das Geld unter anderem die Formen von lebendigem Vieh, Getreide, Salz, Tabak, Zucker, Blumenzwiebeln, Datteln, Federn oder Edelmetallen an. Erst im Laufe der Zeit und mit einem stetigen Verschmelzen der internationalen Märkte vereinheitlichte sich auch schrittweise die Form des Geldes.

Geld war und ist ein wichtiges Macht- und Herrschaftsinstrument, so versuchten Könige, Kaiser und Herrscher aus allen Teilen der Welt, immer wieder Geld unter ihre alleinige Kontrolle zu bringen. Wer die Kontrolle über das Geldsystem eines Landes besitzt, kann sich nicht nur stark bereichern, sondern auch eigene Interessen besser verfolgen. Neben der Verfolgung wirtschaftlicher Interessen können auch größere Kriege besser mit einem monopolisierten und beliebig vermehrbaren Fiatgeldsystem geführt werden. So überrascht es nicht, dass Regierungen und Herrscher aller Art in den letzten 2000 Jahren immer wieder versucht haben, die Kontrolle über das jeweilige Geldsystem ihres Einflussgebietes zu erlangen.

Nach vielen Jahren des direkten Naturaltauschhandels änderte sich das Wesen des Geldes schlagartig, als es die technischen Errungenschaften erlaubten, der Erde systematisch Edelmetalle zu entziehen, diese zu verarbeiten und in eine handliche Form zu pressen. Schnell wurden daher Gold- und Silbermünzen die beliebteste und gängigste Form des Geldes. Das Benutzen der Edelmetallmünzen bot den Handelsleuten ein effizientes Zahlungssystem an und beendete somit auch das Zeitalter des direkten Tauschhandels.

Die Münze als allgemein akzeptierte Geldform

Die Münzform des Geldes, hergestellt aus verschiedenen Edelmetallen, wurde lange Zeit von den Marktteilnehmern als allgemein akzeptiertes Tauschmittel anerkannt und von den Menschen als kostbares Wertobjekt begehrt. Der Naturaltauschhandel konnte ab diesem Zeitpunkt durch das Benutzen einer Geldmünze umgangen werden und erleichterte den Wechsel von Gütern und Dienstleistungen in unvergleichbarer Art und Weise. Trotzdem existierte der direkte Tauschhandel parallel zum indirekten Handel für viele Jahrhunderte weiter und findet auch heute noch überall auf der Welt Verwendung. Auch im großen Stil durch sogenannte Bartergeschäfte (→ Kapitel 3.11).

Mit einer Zunahme der Mobilität sowie Ausdehnung der kriegerischen Aktivitäten breitete sich auch die Spannweite des globalen Handels immer weiter aus. Mehr und mehr Handelsleute fingen an, immer größere Gütermengen über weitere Strecken zu versenden, um dadurch höhere Profite zu erzielen, und nutzten zum Tausch dabei meistens die Edelmetallwährungen. Dabei erwies sich jedoch das Münztauschsystem schnell als sehr umständlich und auch riskant. Vor allem Händler, die größere Mengen Geldmünzen mit sich transportierten, fielen nicht selten Piraten oder Räubern zur Beute.

Papiergeld ist praktischer als Gold- und Silbermünzen.

Um die Umständlichkeit des Herumtransportierens wertvoller Gold- und Silbermünzen zu beenden, veränderte sich die Form des Geldes ein weiteres Mal mit der Einführung des wertgedeckten Papiergeldes. Die Edelmetallgelder wurden in vertrauenswürdigen Institutionen wie bei Tempelanlagen von Priestern, gesicherten Kellern von Goldschmieden oder auch bei Geldwechslern, oftmals in Hafennähe, stationiert und aufbewahrt. Für die Einlagerung ihrer Münzen bekamen die Handelsleute zertifizierte Hinterlegungsscheine, die sie als rechtmäßige Eigentümer des physischen Geldes international auswiesen. Diese gedeckten Papierscheine konnten die Handelsleute wie die ursprünglichen Münzen als Geldmittel einsetzen und somit ihre Handelsgeschäfte weiter ausbauen.

Während die rechtmäßigen Eigentümer des Geldes unterwegs waren, begann sich das Gold und die Silbermünzen bei den verschiedenen Hinterlegungsstätten anzuhäufen. Die Handelsleute wussten von dieser Tatsache und so dauerte es nicht lange, bis die ersten Händler die Geldhüter nach Krediten fragten. Obwohl den damaligen Bankiers das eingelagerte Gold und Silber nicht gehörte und sie es eigentlich nur sicher aufbewahren sollten, kamen sie im Laufe der Zeit auf geschäftstüchtige Ideen. Durch Erfahrungswerte konnten sich die Bankiers sicher sein, dass die Eigentümer des Geldes nicht in absehbarer Zukunft kommen würden, um ihr Geld physisch abzuheben. Sie hatten also immer einen gewissen Lagerbestand an Edelmetallmünzen zur Hand. Diesen konnten sie für einen bestimmten Zeitraum verleihen und dafür Zinsen verlangen. Die Tatsache, dass stets nie alle Kunden ihre Geldeinlagen abheben, ist auch heutzutage noch als sogenannte Bodensatztheorie bekannt und verleiht auch heutigen Geschäftsbanken die Möglichkeit, mit diesem erfahrungsgemäß stets verfügbaren Geld zu handeln. Dass es in Krisenzeiten aber auch Bank Runs geben kann, wurde schon ausgeführt, bei dem dann doch alle Kunden ihr Geld abheben wollen und Banken meist nicht ausreichend Liquidität vorrätig haben, um all diese Abhebungen von Kundengeldern zu befriedigen. Damals handelte es sich um die Auszahlung der Gold- und Silbermünzen gegen die Hinterlegungsscheine und heutzutage wäre es die Auszahlung des elektronischen Giralgeldes gegen Banknoten und Münzgeld.

Geld verleihen und dafür Zinsen einstreichen

Neben den Geldaufbewahrungsgeschäften begannen historisch nun die Bankiers, sich mit dem Bodensatz auch den Kreditgeschäften zu widmen. Dieser Vorgang läutete die Geburtsstunde des modernen Teilreservebanksystems ein. Diese

Form der Bankgeschäfte findet seitdem überall statt und stellt ein Banksystem dar, indem die Banken nur einen Bruchteil der Kundeneinlagen tatsächlich aufbewahren und den weitaus größeren Teil gegen Zinsen weiterverleihen (→ Kapitel 2.8). Im modernen Kreditgeldsystem können die Banken zusätzlich durch das Teilreservebanksystem elektronisches Giralgeld aus dem „Nichts" selber schöpfen.

So fingen die damaligen Bankiers an, das Gold und Silber anderer Leute für den eigenen Profit zu verleihen. Zusätzlich zu diesen rechtsbrüchigen Geschäften merkten sie auch, dass die Papierscheine als Geld immer beliebter wurden und somit immer weniger Banknotenbesitzer kamen, um ihr physisches Geld abzuheben. Das Geschäft erwies sich als äußerst profitabel und konnte vor allem dadurch weiter ausgebaut werden, dass die Bankiers den Hinterlegern von Gold- und Silbermünzen keine Lagergebühren mehr abverlangten, sondern ihnen sogar Zinsen für das Einlagern ihres Geldes bezahlten. Dies hatte einen doppelt positiven Effekt für die Bankgeschäfte. Auf der einen Seite reizte der Zins die Kaufleute an, vermehrt ihr Geld bei den Banken zu hinterlegen und immer seltener abzuheben, und auf der anderen Seite bekamen die Bankiers immer mehr Geld zur Verfügung, das sie natürlich gegen viel höhere Zinsen weiterverleihen konnten.

Das Teilreservesystem ähnelt dem Schneeballsystem.

Zwar verhalf die Kreditvergabe den Handelsleuten, ihre wirtschaftlichen Aktivitäten schneller auszubauen, aber die Praxis des künstlichen Ausdehnens der Kreditgeldmenge hatte keine werthaltige Substanz mehr und machte das Bankensystem systematisch instabiler. Das Teilreservebanksystem ist zwar nicht vergleichbar, aber weist trotzdem gewisse Ähnlichkeiten mit den betrügerischen Schneeballsystemen auf. Denn eine limitierte Menge an Geld wird mehrfach an verschiedene Kunden ausgeliehen, obwohl sie faktisch nur einmal vorhanden ist. Durch das Teilreservesystem stieg also mit jeder weiteren Ausdehnung der Kreditgeldmenge auch das Verlustrisiko für die Hinterleger von Gold- und Silbermünzen. Allein schon die Auszahlung an einen kleinen Teil der Kunden hätte schnell zur Insolvenz der Bank und einem Verlust größtenteils der Kundeneinlagen geführt. Vorschriften wie die bereits beschriebenen Basler Regularien gab es damals noch nicht.

Die ersten modernen Bankiers, die Ende des 12. Jahrhunderts das Papiergeldsystem in Europa einführten, waren die Tempelritter. Sie liehen Königen, Kirchen und Handelsleuten Gold, Silber und Kreditgeld. Demnach können die Tempelritter auch als die ersten internationalen Kreditgeber und modernen Kapitalisten bezeichnet werden. Der nächste Schritt in der Entwicklung des Papiergeldsystems bestand darin, die Hinterlegungsscheine allgemein gültig und international übertragbar zu machen.

Um den Forderungen der Kaufleute nach mehr Effektivität im Geldsystem nachzukommen und natürlich auch um der Profitorientierung der Bankiers gerecht zu werden, musste sich das Geldsystem weiterentwickeln. Papierscheine unterschiedlicher Bankhäuser mussten in einer größtmöglichen Zahl von Städten akzeptiert werden. Des Weiteren musste auch das Netzwerk der Banken bzw. der Interbankenhandel weiter ausgebaut werden. Unterschiedliche Hinterlegungsscheine mussten in einer Vielzahl von Bankhäusern überall auf der Welt akzeptiert und in physische Werte umtauschbar gemacht werden.

Den Edelmetallgehalt von Münzen reduzieren

Ab dem 18. Jahrhundert dominierten den europäischen Handelsmarkt Papiergeldscheine und Münzen aus billigem Metall. Preise und Gehälter wurden in Relation zum zirkulierenden Papiergeld gesetzt, das seine Kaufkraft und Integration im Markt aus den nun immer mehr schwindenden Edelmetallwährungen bekam, und somit wurde nicht nur die Wirtschaft, sondern auch die gesamte Gesellschaft immer abhängiger von dem neuen Papiergeldsystem. Wo noch Edelmetallwährungen im Einsatz waren, wurde systematisch der Edelmetallgehalt der Münzen reduziert. Die Praxis, den Edelmetallgehalt von Münzen zu verringern, ist aber keineswegs eine Innovation der frühen Bankiers. Bereits in der Antike versuchten die Herrscher an mehr Geld zu kommen, indem sie den Edelmetallgehalt der umlaufenden Münzen manipulierten und sukzessive verringerten. Ein namhaftes Beispiel liefert hierfür der römische Denarius, dessen Silberfeingehalt innerhalb von 300 Jahren von 97 Prozent auf nur 2 Prozent verringert wurde. Diese Eingriffe in das Geldwesen wurden natürlich nie freiwillig von der Bevölkerung akzeptiert, und um Widerstand zu brechen, wurden auch nicht selten gesetzliche Zwangsmaßnahmen eingeführt. Der *Schah von Iran* beispielsweise versuchte im Jahr 1294 sein wertloses Fiatgeldsystem unter Todesdrohungen durchzusetzen. Wer sein ungedecktes Papiergeldsystem nicht akzeptieren wollte, musste mit dem Leben dafür bezahlen. Außerdem erprobten sich auch die chinesischen Kaiser in diversen Fiatgeldexperimenten, mussten aber nach immer wiederkehrenden Fehlversuchen feststellen, dass die ungedeckten Papiergeldwährungen und Kreditgeldsysteme von der Bevölkerung einfach nicht akzeptiert oder sehr kritisch betrachtet wurden.

Wechselgeschäfte gedeckt durch den Ruf der Kaufleute

Trotzdem gab es aber auch immer wieder erfolgreiche Kreditgeldsysteme. Im Europa des 14. Jahrhunderts beispielsweise herrschte eine marktwirtschaftliche Geldordnung mit funktionierenden Kreditgeldsystemen. In diesem Klima gelang es den Geschäftsleuten, ein Wechselbriefsystem aufzubauen, das erfolgreich war, langfristig andauerte und von den Menschen freiwillig akzeptiert wurde. Dieses Kreditgeldsystem galt mehrere Jahrhunderte als sicheres Zahlungsmittel. Sobald ein Produkt oder eine Dienstleistung ausgetauscht wurde, entstand ein Wechselbrief. Dabei wurden die Wechselgeschäfte vor allem durch den Ruf der Kaufleute gedeckt. Alle Händler waren sich bewusst, dass ein geschädigter Ruf ihre Geschäfte einbrechen lassen würde, und so war dieser Sicherungsmechanismus ausreichend, um die Wechselgeldsysteme mit genügend Stabilität und Vertrauen auszustatten. Dieser geschichtliche Umstand wirft auch ein neues Licht auf die Aussage des US-amerikanischen Baptistenpastors und Beraters vieler US-Präsidenten *Billy Graham*. Er predigte, dass der Verlust von Vermögen kein eigentlicher Verlust sei, aber wenn der Charakter bzw. Ruf verloren ist, alles verloren sei. Das Kreditgeldsystem der Wechselbriefe basierte damals auf Vertrauen, und weil es ein freiwilliges Geldsystem war, das die Leute jederzeit hätten ablehnen können, war die Bemühung der Anbieter groß, es verlässlich, qualitativ und transparent zu führen.

Ab dem 18. Jahrhundert jedoch wurde das Geldwesen in Europa immer stärker monopolisiert. Staaten oder Monarchien übernahmen die Kontrolle des Geldsystems, indem sie die Geldschöpfung schrittweise den privaten Anbietern entzogen und Zentralbanken als Geldmonopolisten einrichteten. Der wesentliche Vorteil bei einem einheitlichen und zentralisierten Geldsystem ist, dass es viel einfacher wird, die Geldmenge zu erhöhen, um sich neue Finanzierungsmittel zu erschließen, was folglich aber auch die Kaufkraft des Geldes sinken lässt. Anfangs wurde die Geldmengenerhöhung vielerorts noch durch einen Goldstandard gesichert. Regierungen oder Zentralbanken garantierten, dass Papiergeld jederzeit in das wertvolle Edelmetall eingetauscht werden konnte. Erst die Trennung von Währungen und realen Werten erlaubte eine Fortsetzung der Geldmengenausdehnung.

Das Geldwesen wird monopolisiert

Schritt für Schritt wurden die Herstellungsrechte und somit auch die Verantwortung für die Kaufkraft des Geldes von den europäischen Regierungen monopolisiert und privaten Geldanbietern entzogen. Anfangs war das gesetzlich verordnete Papiergeld durch Edelmetalle gedeckt und berechtigte die Geldhalter, auch ihre Scheine jederzeit in Gold- oder Silbermünzen einzulösen. Dieses Geldsystem endete jedoch schlagartig mit Beginn des ersten Weltkrieges. Die Finanzierung von Kriegen war und ist sehr kostenintensiv und deshalb wurden nicht nur die Einlöseversprechen von den Regierungen aufgehoben, sondern es wurden auch Gesetze geschaffen, die die Bevölkerung dazu zwang, ihre Goldbestände gegen die gesetzlichen Papierscheine einzulösen.

Auch der US-amerikanische Präsident *Franklin D. Roosevelt* führte im Jahr 1933 in den USA ein Besitzverbot von Gold im Inland ein. Dieses zwang die Goldbesitzer, unter hohen Strafen, ihre gesamten privaten Goldbestände gegen einen anfangs festgesetzten Preis von

20,67 US-Dollar pro Feinunze bei den staatlichen Annahmestellen abzugeben. Folglich wurden auch diverse Gesetze erlassen, um den Besitz von Gold im Ausland für US-Bürger zu verbieten. Insgesamt dauerte das Goldverbot in den USA 41 Jahre und wurde am 31. Dezember 1974 von Präsident *Gerald Ford* wieder aufgehoben. Goldverbote sind geschichtlich gesehen keine Seltenheit. So gab es beispielsweise bereits im antiken Griechenland, in den ägyptischen Königreichen oder im römischen Reich verschiedene Verbote von Gold- und Silbermünzen. Auch im Mittelalter gab es in diversen chinesischen Kaiserreichen sowie in Frankreich, unter der staatlichen Finanzleitung des professionellen Glücksspielers und Privatbankiers *John Law* (1671-1729), Gesetze, um den Privatbesitz von Gold zu verbieten.

Nach dem Zusammenbruch des Bretton-Woods-Systems verlor der Dollar stark an Wert.

In den USA war die Regierung bis Anfang der 1970er Jahre durch den Goldstandard des Bretton-Woods-Systems (→ Kapitel 2.4) bei der Geldmengenausweitung relativ eingeschränkt. Erst nach dessen endgültigen Zusammenbruch verwandelte sich der US-Dollar zu einem reinen Papier- bzw. Fiatgeld und konnte dadurch beliebig inflationiert werden. Nach dem Abschaffen der Gold-Dollar-Bindung im Jahr 1971 und dem Entzug der Möglichkeit für ausländische Staaten, 35 US-Dollar gegen eine Unze Feingold einzutauschen, verlor der US-Dollar durch eine radikale Ausdehnung der Geldmenge innerhalb von 30 Jahren rund 80 Prozent seiner Kaufkraft. Die römischen Regierungen brauchten für eine Geldentwertung durch Münzverschlechterung in dieser Größenordnung ungefähr zehnmal so lang. Nach der Auflösung der Golddeckung des US-Dollars wurden weltweit alle Währungen zu vollständig ungedeckten Papiergeldsystemen, die danach auch nicht selten von verschiedensten politischen Systemen missbraucht wurden.

Nach dem Beginn des weltweit ungedeckten Fiatgeldsystems reihte sich auch eine Währungskrise an die andere an. In der Vergangenheit traten Wirtschaftskrisen vor allem in der Form von Rezessionen auf. Diese Krisenart beschreibt eine in sich zusammenfallende Konjunkturlage einer Volkswirtschaft, eine sogenannte Bust-Phase, und tritt häufig in Zusammenhang mit dem in → Kapitel 1 bereits beschriebenen Konjunkturzyklus nach einer vorherigen Hochkonjunktur, der Boom-Phase, ein. Symptome einer Rezession beinhalten unter anderem eine schwächelnde Konjunkturlage mit pessimistischen Wirtschaftsprognosen, fehlende Gelder für weitere Investitionen und folglich die vorübergehende Außerbetriebnahme von Produktionsstätten, ein Rückgang der Nachfrage und demnach eine Überproduktion der Unternehmen sowie der stetige Abbau von Arbeitsplätzen und fallende Börsenkurse.

Die Tulpenmanie des 17. Jahrhunderts endete im Chaos.

Eines der meistbekannten Beispiele einer klassischen Rezession bzw. die erste umfassend dokumentierte Spekulationsblase der neueren Geschichte war die niederländische Tulpenkrise oder sogenannte Tulpenmanie im 17. Jahrhundert. Bei dieser Krise gab es einen drastischen Anstieg der Preise für Tulpenzwiebeln und einige Jahre später ein plötzliches Zusammenbrechen der völlig überhöhten Preise. Die Tulpen waren vor allem in den oberen Bevölkerungsschichten sehr begehrt und weil sie anfangs einerseits recht knapp waren und anderseits auch durch neue Züchtungsmethoden entsprechend schöne Motive vorwiesen, begannen ihre Preise rapide zu steigen. Die Preise stiegen über relativ kurze Zeit derart hoch, dass einzelne Zwiebeln sogar gegen Immobilien, Grundstücke und Hunderte Gulden verkauft wurden. Es entwickelte sich eine ganze Industrie rund um den Tulpenanbau und dessen Handel, der breite Schichten der Bevölkerung miteinbezog.

Obwohl es verschiedene Erklärungsansätze gibt, um den raschen Preisanstieg und überraschenden Preisabsturz zu erklären, konnte das gesamte Handelssystem nur so lange aufrechtgehalten werden, wie die Händler mit weiteren Preisanstiegen rechneten und sich Käufer finden ließen, die bereit waren, immer höhere Preise für die Tulpenzwiebeln zu zahlen. Sobald sich keine neuen Käufer mehr fanden bzw. als die Menschen nicht weiter in die ansteigende Preisspirale mehr investieren wollten und anfingen, die Zwiebeln zu verkaufen, um ihre Profite in Sicherheit zu bringen, brach die Spekulationsblase in sich zusammen. Die Märkte wurden überflutet mit den vorher so hochgeschätzten Tulpenzwiebeln und so sank deren Wert innerhalb von drei Monaten auf unter 95 Prozent des alten Marktpreises. Auch die Regierung versuchte in diesem Chaos einzugreifen, aber dies verschlimmerte die Situation nur noch weiter und so ging die Tulpenmanie als erste gut dokumentierte Wirtschaftskrise, ausgelöst durch eine Spekulationsblase, in die Wirtschaftsgeschichte ein.

Schwer durchschaubare Krisentypen nehmen zu.

Neben den normalen Wirtschaftskrisen, den sogenannten Rezessionen, traten aber vermehrt in den letzten Jahrzehnten und vor allem seit Abschaffung des Bretton-Woods-Systems immer kompliziertere und undurchschaubarere Krisentypen auf. Deren Ursachen und Lebensdauer wurden dabei immer schwieriger zu deuten und einzuschätzen. Gegenwärtige Wirtschaftskrisen können grundsätzlich in vier spezielle Kategorien eingeordnet werden. Es gibt Hyperinflationen, die oftmals, aber nicht immer nach einem Kriegsende auftreten, weil die zu zahlenden Staatsschulden phänomenale Höhen erreichen und diese nur durch Monetarisierung der Schulden abgezahlt werden können, das heißt durch die reine Geldvermehrung als Weg des geringsten Widerstandes. Bei Hyperinflationen finden generell große Umverteilungsprozesse statt, wobei Schuldner, wie beispielsweise Staaten, zu den Hauptgewinnern zählen. Obwohl diese Krisenart eine Katastrophe für alle beteiligten Menschen bedeutet und ein umfassender Schutz bei dessen Eintreten nicht wirklich möglich ist, stehen Eigentümer von Realwerten, wie Aktien, Edelmetallen oder Immobilien, auch bei Hyperinflationen relativ gut da, sofern sie nicht zwangsenteignet werden und sie ihre Realwerte auch je nach Bedarf tauschen können. Gläubiger, wie Rentner, Sparer und Lohnempfänger aller Arten, fahren bei Hyperinflationen die größten Verluste ein. Diese Krisen enden meist durch eine Reformierung der Währung, wie dies beispielsweise bei der ersten deutschen Währungsreform des 20. Jahrhunderts im Jahr 1924 stattfand.

Die Ölkrise als Beispiel einer Stagflation

Ein weiteres Phänomen stellt die sogenannte Stagflation dar, die sowohl eine Kombination aus Rezession bzw. hoher Arbeitslosigkeit und tiefer Wirtschaftsleistung als auch Inflation, also hoher Preise darstellt. Das Kunstwort Stagflation setzt sich aus dem wirtschaftlichen Stillstand der Stagnation und der sogenannten Inflation, also einer Entwertung der Kaufkraft des Geldes mit steigenden Güterpreisen, zusammen. Die Wortschöpfung wird dem britischen Politiker, Finanzminister und Verleger *Iain N. Macleod* (1913–1970) zugeschrieben. Das Phänomen der Stagflation überraschte die Welt erstmals während der Ölkrise in den 1970er Jahren, als die Organisation erdölexportierender Länder (OPEC) wegen politischer Spannungen im Nahen Osten ihre Erdölförderungen künstlich verknappten und die Ölpreise so in die Höhe trieben. Bis dahin galten die Interpretationen der sogenannten Phillips-Kurve. Diese erklärt, dass Arbeitslosigkeit und Inflation in vermeintlich gegenläufigen Abhängigkeiten zueinander stehen. Dieser Logik zufolge dürfte es eine Situation, in der beide Größen gleichzeitig auftreten, niemals geben. Die Vertreter der Österreichischen Schule jedoch erklären die Ursache von Stagflationen mit dem Anwachsen einer ungedeckten Geldmenge, da hierbei Verzerrungen in der Wirtschaft erzeugt werden, die zu ähnlichen und häufig gleichzeitig auftretenden Fehlentscheidungen führen (→ Kapitel 1.2). Außerdem entstehen Stagflationen in Situationen starker Lohnerhöhungen, vor allem bei einem Mangel an Arbeitskräften oder dem Inflationieren bestimmter Wirtschaftssektoren mittels einer expansiven Geldpolitik. Krisen nicht finanzieller Natur, wie beispielsweise Ölkrisen, verstärken dabei zusätzlich die Ausmaße von Stagflationen. Diese Krisentypen enden meist mit einem starken Anheben der Leitzinsen durch die Zentralbank, das auch zu Preisabstürzen oder gar einer kurzfristigen Rezession führen kann, wie sie beispielsweise in den USA Ende der 1970er Jahre unter der sogenannten „Volcker-Rezession" zu beobachten war. Weitere Maßnahmen, um sich aus einer Stagflation zu befreien, sind künstliche Nachfrageerhöhungen, beispielsweise durch militärische Aufrüstung, sowie Wirtschaftsreformen im Angebotsbereich von Produkten und Dienstleistungen oder auch einfach Steuersenkungen, um die Nachfrage zu erhöhen.

Hohe Schulden bergen das Risiko einer Depression.

Weiterhin gibt es die sogenannte Depression, wie sie beispielsweise nach dem US-Börsencrash im Jahr 1929 aufkam und in Folge die erste Weltwirtschaftskrise auslöste. Dieser Krisentyp ist gekennzeichnet durch einen starken Aufbau von privaten Schulden während der Boom-Phase und dem Ende des Aufschwungs durch eine Bankenkrise, einen Börsencrash, einen allgemein auftretenden Rückgang des Konsums und der Investitionen oder einen Anstieg der Staatsverschuldung. Dessen Ende zeigt verschiedene Auswirkungen auf und verbindet meist eine Abwertung der Währung, eine Sanierung des Bankensystems und eine sogenannte Reflation, das heißt eine Wirtschaftspolitik, die hartnäckig darauf ausgerichtet ist, den allgemein anhaltenden Preisrückgang auch auf Kosten von Inflationsgefahren oder einem unausgeglichenen Staatshaushalt zu vermeiden. Wirtschaftskrisen aus diesem Typus haben oft eine überdurchschnittlich lange Erholungsphase und werden oftmals mit dem Beispiel Japans in Verbindung gebracht. Japan befindet sich seit den 1990er Jahren in einer Depression und erfährt fallende Preise trotz lang andauernder Niedrigzinssätze bzw. einer stark expansiven Geldpolitik der Zentralbank sowie einer weltweit unvergleichbar hohen Staatsverschuldung.

Das Risiko der hohen Ansteckungsgefahr von Krisen

Als letzter Typ der speziellen Wirtschaftskrisen werden die sogenannten Zwillings- oder Drillingskrisen herangezogen: Länder, die von diesen Krisenarten betroffen sind, haben sowohl Herausforderungen mit ihrem Bankensystem, ihrer Währung und ihren Schulden und treten oftmals in sogenannten Schwellen- oder Entwicklungsländern auf. Schwellenländer, in denen Zwillings- oder Drillingskrisen auftreten, haben oftmals ähnliche Eigenschaften. Diese können sich entweder in einem Währungssystem fester Wechselkurse darstellen sowie tiefer Zinssätze der Zentralbank und einem starken Wirtschaftswachstum. Außerdem kennzeichnen sich Länder, die diesem Krisentyp verfallen, auch nicht selten durch hohe private und staatliche Verschuldungsquoten aus. Sobald vor allem Entwicklungsländer von diesen Wirtschaftskrisen befallen werden, üben sie auch leicht eine gewisse Ansteckungsgefahr für ihre Nachbarländer mit einem ähnlichen Entwicklungsstand aus. Das Ende des hohen Wirtschaftswachstums führt häufig zu einer abrupten Kapitalflucht, Zahlungsunfähigkeiten der Staaten oder des Bankensektors und einer Abwertung der Währung, die meist auch hohe Inflationsraten nach sich zieht. Ein bekanntes Beispiel einer Krise dieser Art ist die sogenannte Asienkrise, die aus Wirtschafts- und Währungskrisen bestand und sich zwischen den Jahren 1997 und 1998 vor allem in Indonesien, Thailand und Südkorea ereignete. Darauffolgend wurden ebenfalls Malaysia, die Philippinen und Singapur von dieser Krise betroffen, die darüber hinaus zusätzlich noch die japanische Wirtschaftskrise verschärfte. Die Wirtschaftskrisen der sogenannten PIIGS-Staaten (Portugal, Italien, Irland, Griechenland und Spanien) der Eurozone sind auch in die Kategorie der Zwillings- bzw. Drillingskrisen einzustufen. Zwillings- und Drillingskrisen enden meist durch eine Sanierung des Bankensektors oder der Staaten, vor allem durch sogenannte Umschuldungen, Strukturreformen oder Bankrotterklärungen der Staaten und Geschäftsbanken. Außerdem werden auch die Menschen in den betroffenen Volkswirtschaften durch die Auswirkungen, wie beispielsweise Lohnkürzungen, -zurückhaltungen oder Arbeitsplatzstreichungen, bei solchen Krisentypen stark betroffen.

Krisen entstehen durch beliebiges Geldvermehren.

Obwohl diese verschiedenen Krisentypen alle unterschiedliche Auslöser haben, prägt sie dennoch eine Gemeinsamkeit. Die Beschaffenheit ihres Währungssystems ist durch ein monopolisiertes und vollständig von realen Werten losgelöstes Geld gekennzeichnet. Die verschiedenen Auslöser der jeweiligen Finanz- und Wirtschaftskrisen könnten somit als Symptome eines tieferliegenden Problems im Geldsystem eingestuft werden. Unter den Symptomen liegt das Konstrukt eines Geldsystems, das durch seine Beschaffenheit nicht nur inhärent volatil und damit instabil ist, sondern auch durch die Möglichkeiten des beliebigen Geldvermehrens immer wieder Krisen verursachen muss. Ab Anfang der 1970er Jahre wurde so die globale Geldmenge innerhalb von nur 30 Jahren ungefähr um das rund Vierzigfache seines Volumens ausgeweitet, während die produzierte Gütermenge der Industrienationen nur um ihr Vierfaches angewachsen ist. Parallel dazu erreichten auch die öffentlichen Schulden und damit ebenso die exponentiell steigenden Verbindlichkeiten für Zinsrückzahlungen fast überall auf der Welt jährlich neue Rekordhöhen. Das Anwachsen des Steinhäufchens bei gleichbleibendem Fischbestand im Teich macht eben nicht reicher, sondern nur illusorischer.

2.7 Das Schuldgeldsystem

Wie eingangs des vorigen Abschnittes dargestellt, kann das aktuelle Geldsystem ohne intrinsischen Wert, das letztlich nur auf Vertrauen und Gesetz basiert, als Fiatgeldsystem bezeichnet werden. Auch im englischen Sprachraum wird das System als „Fiat Money" bezeichnet. Geld kann hier fast beliebig entstehen und muss nicht durch vermeintlich werthaltige Realgüter wie Edelmetalle oder reale Werte hinterlegt bzw. garantiert werden. Reine Schuldverschreibungen reichen aus, um neues Geld zu schöpfen. Dies trifft für alle aktuell großen Währungsräume zu. Die USA (Dollar), Europa (Euro), Schweiz (Franken), Japan (Yen), England (Pfund) und China (Renminbi) verwenden allesamt gesetzlich verordnete Fiatgeldsysteme. All diese Währungen basieren lediglich auf Vertrauen der Nutzer und sind letztlich auch als Schuldverschreibung zu bezeichnen. Sobald irgendwo eine Geldeinheit geschöpft wird, muss diese parallel auch irgendwo durch eine Schuld verbucht bzw. ausgeglichen werden. So schulden Geschäftsbanken der Zentralbank die Rückzahlung des ausgeliehenen Geldes wie auch die Kreditnehmer der Banken die Rückzahlung ihrer Kredite. Wenn wir von der philosophischen und theologischen Bedeutung von Schuld absehen, die im

Zusammenhang mit dem Geldsystem immer wieder thematisiert wird, so soll im Folgenden dieses Schuldgeldsystem bezüglich der Vermögensverteilung und wirtschaftlichen Auswirkung auf die Menschen näher betrachtet werden.

Staaten sind die größten Schuldner und sichern Schulden durch künftige Steuereinnahmen ab.

Die größten Schuldner des Fiatgeldsystems sind weltweit gesehen die Staaten und damit auch deren Bevölkerungen, das heißt, der größte Geldanteil, den Banken verleihen, wurde und ist an Staaten verliehen. Bei Eintritt von staatlichen Krisen ist deren Rückzahlung in der Diskussion, wie wir dies in der sogenannten Eurokrise bzw. der starken Staatsverschuldung beispielsweise von Griechenland seit den 1980er Jahren erlebten. Staaten können sich dabei im Vergleich zu Privatpersonen oder Unternehmen nur deshalb so hoch verschulden, weil sie als Sicherheit für die Rückzahlung künftige Steuereinnahmen aus ihren Ländern zusagen und so theoretisch nur sehr schwer insolvent gehen können. Dass Staaten dennoch insolvent gehen können bzw. zumindest mit ihren Gläubigern Schuldenschnitte und damit -verzichte aushandeln, konnten wir in den letzten Jahrzehnten aber doch häufig erleben.

Rettungsschirme ermuntern zum Schuldenmachen.

Trotz dieser Nichtrückzahlung von Staatsschulden haben interessanterweise zahlreiche Gläubiger weiterhin große Zuversicht, dass Staaten ihre Kredite oder auch nur deren Zinsen mit großer Wahrscheinlichkeit zurückzahlen werden. Zusagen von Staatenbünden wie beispielsweise der Europäischen Union, bei Staatspleiten im Sinne eines Rettungsschirmes zu helfen, ermuntern eher Schuldner, diese aus- als abzubauen, und werden Gläubiger ermuntern, riskante Kredite zu vergeben, in der Hoffnung, dass ein Rettungsschirm letztlich die Rückzahlung für einzelne Schuldner gewährleisten wird. Werden dann an weniger solvente Staaten weitere Kredite vergeben und verschulden sich diese Länder weiter, so kann dies evtl. bei Ausgabe dieser Gelder zu einer Steigerung des sozialen, kulturellen und materiellen Wohlstandes in diesem Land führen. Nach einiger Zeit wird aber schnell deutlich, dass auch hier das Robinson-Beispiel greift und ein Konsum von Realgütern über die Arbeits- und Leistungskraft hinaus eben nur aus Erspartem und nicht auf Schulden möglich ist und dauerhaft nicht zu mehr Wachstum und Wohlstand führen kann.

Schuldentilgung ist kein Ziel der Staaten.

Der Verschuldungsstand vieler Länder ist durch das Fiat- und Schuldgeldsystem aktuell derart hochgeschraubt worden, dass eine Rückzahlung der sogenannten Kernschulden, also der einst gewährten Kredite ohne die angefallenen Zinsen, für Regierungen meistens überhaupt nicht mehr infrage kommt. Viele Staaten streben daher als politisches Ziel lediglich die Reduktion der Neuverschuldung an, haben aber gar nicht mehr die Möglichkeit oder überhaupt das Ziel, die Altschulden zu tilgen. Selbst die relativ solvente Bundesrepublik Deutschland war in Person des Finanzministers *Wolfgang Schäuble* im Jahre 2015 stolz auf eine sogenannte und inzwischen sprichwörtliche schwarze Null, die aber lediglich für eine Null-Neuverschuldung stand.

Anwachsen der Staatsschulden und der Zinslast schränken originäre Staatsaufgaben mehr und mehr ein.

Während moderne Sozialstaaten mit dem von ihren Bürgern erwirtschafteten und in Geld ausgedrückten Realeinkommen unter anderem Straßen bauen und verbessern, Rentensysteme stützen, Arbeitslosenunterstützung und Sicherheit garantieren sowie eine Administration bezahlen sollten, fallen zum Teil an oberster Stelle mancher Staaten mittlerweile als höchste Haushaltsausgaben die Rückzahlung von Zinsen für Kredite an. Selbst in Deutschland betrug die Zinslast im Jahr 2013 rund 56 Milliarden Euro, was 2 Prozent der damaligen Wirtschaftsleistung des Landes, ausgedrückt im sogenannten Bruttoinlandsprodukt (BIP), entsprach. So werden bei weiter anwachsenden Schulden und hoher Zinslast originäre Staatsaufgaben vernachlässigt oder sind schlicht nicht mehr finanzierbar. Das Produktionskapital eines Staates wird heruntergefahren oder, um es wiederum mit Robinson zu sagen, die Hütte zerfällt und die Netze werden brüchig, da die ganze Arbeitszeit für das Abtragen des Steinberges aufgewendet wird.

Ob Staaten nun diese Situation beheben können, indem sie sparen und ihre Schulden zurückführen, oder ob die Gläubiger mit einem Schuldenschnitt einen Neuanfang für den Staat ermöglichen, sei dahingestellt und soll nicht weiter gewertet werden. Als Großschuldner erhalten aber Staaten vor allem durch niedrige Zinssätze ihrer Zentralbank wesentliche Vorteile, weil so Kredite bzw. die Kredit- oder deren Zinsrückzahlung sprichwörtlich billiger werden. Denn die Schuldentilgung wird immer nominell beglichen, das heißt, die Schuldenrückzahlung, auch bei Hyperinflationen, erfordert keinen Ausgleich des Kaufkraftäquivalents von einem bestimmten Betrag zu einem bestimmten Zeitpunkt, sondern nur den nominellen Ausgleich eines bestimmten Zahlenwertes, egal wie viele Güter oder Dienstleistungen mit dem Geld später noch eingekauft werden können.

Die Art und Weise, wie eine Schuldenkrise behoben wird, hängt jedenfalls auch entscheidend von der Einstellung der Menschen des Landes ab. Eine im September 2013 veröffentlichte Umfrage der öffentlich-rechtlichen Rundfunkanstalt ARD ergab, dass für 92 Prozent aller Deutschen der Abbau von Staatsschulden die höchste politische Priorität erfahren sollte. Deutschland hatte dabei im Jahr 2014 „nur“ eine Staatsverschuldung in Relation zum Bruttoinlandsprodukt (BIP) von rund 75 Prozent. Das heißt, die Gesamtschulden, also die Schulden des Zentralstaats, der Länder, der Gemeinden, der Kommunen und der Sozialversicherungen, waren so hoch wie 75 Prozent der Jahreswirtschaftsleistung des Landes. Jede Leserin und jeder Leser mag nun selbst überlegen, wie viel Prozent seines Jahreseinkommens er als Schulden aktuell hat und ob 75 Prozent also viel oder wenig in seiner Einschätzung ist.

Dabei stand Deutschland im Jahr 2014 mit seiner Staatsverschuldung von 75 Prozent des Bruttoinlandsproduktes (BIP) im Vergleich zu den USA (105,7 Prozent), Griechenland (175,5 Prozent), Japan (243,52 Prozent) oder auch der gesamten Eurozone (94,5 Prozent) relativ gut da.

Wird die Staatsverschuldung nun in einem absoluten Betrag ausgedrückt, so könnte die Einschätzung, ob dies hoch oder tief ist, nochmals anders ausfallen.

Die Bundes-Schuldenuhr in Berlin gibt im Sekundentakt Auskunft über die permanent wachsende deutsche Staatsschuld. Anfang Juni im Jahr 2015 betrugen die Staatsschulden von Deutschland rund 2.190.418.000.000 Euro. Diese Summe erhöht sich laut Steuerzahlerbund pro Sekunde um rund 1.556 Euro. Alle Staatsbürger tragen umgerechnet somit eine individuelle Pro-Kopf-Verschuldung von rund 26.381 Euro (Juni 2015). Die Frage ist nun, wem wir diese Schulden überhaupt schulden. Hierzu sei im Folgenden ein Modell des Wirtschaftsexperten *Rico Albrecht* genannt.

Schulden bedingen immer auch ein Vermögen – ein Nullsummenspiel?

Dessen Wissensmanufaktur (Institut für Wirtschaftsforschung und Gesellschaftspolitik) präsentierte im Jahr 2014 eine Situationsanalyse unter dem Titel: „Staatsentschuldung – Perspektive oder Illusion?" und zeigte dabei auf, dass die Bevölkerung einer Nation faktisch gesehen eigentlich nur bei sich selber verschuldet sein kann. Dabei wird aufgezeigt, dass wir, im Gegensatz zu beliebten politischen Floskeln, nicht über unsere Verhältnisse gelebt haben, weil wir letztlich Schulden und Zinszahlungen nur an uns selbst zahlen. Dies gilt für die Bevölkerungen aller Volkswirtschaften und dieses „Wir" umfasst dabei alle Menschen und Unternehmen eines Staates. Es geht um die Frage, bei wem die jetzige, aber auch die nächste Generation eigentlich verschuldet ist und welche Konsequenzen ein Abbau dieser Schulden überhaupt mit sich brächte. Dabei ist aber keine reale Verschuldung im philosophischen oder theologischen Sinne wie bei einem Krieg, einer gesellschaftlichen Verwüstung oder einer Umweltzerstörung gemeint. Es handelt sich ausschließlich um einen systembedingten monetären Schuldenzustand, der vor allem durch elektronische Geldeinheiten ausgedrückt wird. Der Aufwand, um eine finanzielle Schuld zu tilgen, ist im Vergleich zu einer echten Schuldtilgung relativ gering.

Da die globale Volkswirtschaft ein geschlossenes System darstellt und alle Akteure innerhalb dieses Systems wirtschaften, haben wir nicht nur Verbindlichkeiten (Schulden), sondern auch Forderungen (Vermögen). Schulden und Vermögen bedingen sich gegenseitig und stellen ein Gleichgewicht dar. Denn, wenn alle Schulden einer Volkswirtschaft schlagartig zurückgezahlt würden, dann müssten sich theoretisch auch synchron dazu alle Vermögen auflösen. Diese Situation des Schuldgeldsystems, indem Kreditgeld gegen Schulden geschöpft wird, ist vergleichbar mit einem Nullsummenspiel. Die Summe aller Gewinne und Verluste der Teilnehmer ist zusammenaddiert immer gleich null.

Eine Volkswirtschaft wird in dem Modell von Albrecht in fünf Konten aufgeteilt und jedes dieser Konten ist entweder mit einem Vermögen oder einer Verschuldung belastet. Die Volkswirtschaft besteht demnach aus: privaten Haushalten (1), produktiven Kapitalunternehmen (2), Finanzinstitutionen (3), dem Staat (4) und dem Ausland (5).

Wenn also ein Staat verschuldet ist und diese Schuld täglich weiter wächst, dann wächst parallel dazu auf einem anderen Konto auch das Vermögen an. Erstaunlicherweise ist in Deutschland, wie auch in den meisten anderen Ländern der Welt, das Konto der privaten Haushalte dasjenige, das die höchsten Vermögen aufweist. Erst an zweiter Stelle folgen in Deutschland die Finanzinstitutionen. Allerdings ist auch darauf hinzuweisen, dass die Vermögen auf den Konten der privaten Haushalte, also unter den einzelnen Menschen, sehr ungleichmäßig verteilt sind.

Das Vermögen in der Gesellschaft ist sehr ungleich verteilt.

In Deutschland häufen sich beispielsweise 60 Prozent des privaten Haushaltvermögens bei knapp 10 Prozent der Bevölkerung an. Für die Volkswirtschaft einer sozialen Marktwirtschaft ist dieser Verteilungszustand allerdings typisch, wobei es auch nicht diktatorisch geführte Länder mit weitaus extremeren Unterschieden gibt. In den USA beispielsweise besitzt das reichste ein Prozent der Privathaushalte rund 40 Prozent des darin enthaltenen Vermögens. Einseitig zu behaupten, dass ein Land über seine Verhältnisse lebe und kommenden Generationen nichts als riesige Schuldenberge überlasse, ist also nur die eine Hälfte der Wahrheit. Um das Bild zu vervollständigen muss dabei ebenso stark wiederholt werden, dass, während die Schulden steigen, auch die Vermögen irgendwo anwachsen – unabhängig von deren Verteilung. Somit ist eine Volkswirtschaft, ganzheitlich betrachtet, niemals weder zu arm noch zu reich. Der Vermögens- und Schuldenstand einer Volkswirtschaft wird über seine fünf Konten verteilt und bleibt dabei immer ausgeglichen. Genau hier setzen auch viele Sozialpolitiker und Sozialökonomen an, die die Verteilung des Vermögens thematisieren. Das im Jahr 2014 viel beachtete Buch von *Thomas Piketty*: „Das Kapital im 21. Jahrhundert" betrachtet genau diesen Aspekt und klärt mit sehr vielen Statistiken auf, wie ungleich das Geldvermögen weltweit verteilt ist.

Staatsschulden werden von Erwerbstätigen gezahlt.

Der deutsche Wirtschaftswissenschaftler *Heinz-Josef Bontrup* analysiert in seiner ökonomischen Broschüre: „Der diskreditierte Staat – Alternativen zur Staatsverschuldung und zu Schuldenbremsen" (2012) die bereits erwähnten fünf Konten der deutschen Volkswirtschaft. Zwischen den Jahren 1991 und 2011 werden verschiedene Entwicklungen zur Aufteilung der Schulden und des Vermögens aufgezeigt. Innerhalb dieses Zeitraums bewegten sich laut Bontrup von den Konten „Staat" und „Ausland" mehr als 2 Billionen Euro auf das Konto „Private Haushalte". Während sich also der Staat mehr und mehr verschuldete, nahm der Reichtum der privaten Geldvermögen, ungeachtet dessen Verteilung, bei den Privathaushalten gesamtwirtschaftlich gesehen zu. Länder sind somit nicht als Ganzes, sondern nur auf individuellen Konten ihrer Volkswirtschaft verschuldet. Wenn also beispielsweise in Deutschland versucht wird, die Schulden des Staates abzubauen, dann geht dies im Beispielmodell der fünf Konten und letztlich auch in der Realität nur über die Umverteilung aus einem anderen Konto. Da die Staaten meistens bei den Finanzinstitutionen verschuldet sind, müssen sie den Ausgleich über die Vermögen der privaten Haushalte machen. Die Schuldrückzahlungen hochverschuldeter Staaten werden demnach von den erwerbstätigen Menschen über Steuereinnahmen aller Art beglichen. Dies könnte in Form von Vermögenssteuern, Zwangshypotheken, Solidaritätszuschlägen und anderen Formen des Lastenausgleichs geschehen.

Enteignung der Bürger oder Schuldenschnitt

Der Weg, die Bürger eines Staates langsam zu enteignen, um Schulden und anfällige Zinszahlungen begleichen zu können, ist mühselig und sehr unangenehm. Ein einfacher Schuldenschnitt stellt für einen Staat daher eine durchaus attraktivere Lösung dar. Die Mehrheit der Menschen kann ihre Sachwerte und größere Teile ihres Geldvermögens behalten, während der Staat seine Verbindlichkeiten in Form von Staatsanleihen an alle Gläubiger einfach auflöst. Ein radikaler Schuldenschnitt löst zwar auch die Forderungen bzw. das Vermögen von Privatinvestoren und Finanzinstitutionen auf, befreit aber gleichzeitig den Staat und indirekt somit auch die privaten Haushalte von ihren Schulden. Ein Staat, der keinen Schuldenschnitt eingeht und lange verschuldet bleibt, muss die anfälligen Kreditrückzahlungen eben beschwerlich über das vorhandene Vermögen und damit die Besteuerung seiner Bevölkerung einholen. Dies passiert je nach Ernst der Lage meistens nur unter großem Widerstand in der Bevölkerung und hinterlässt, wie in Italien, Spanien oder Griechenland zu beobachten ist, unerfreuliche Spuren. Die mittel- bis langfristigen Konsequenzen eines permanent hoch verschuldeten Staates, der den Anforderungen seiner Gläubiger systematisch nachkommt, reichen von Lohn-, Gehalts- und Rentenkürzungen über steigende Arbeitslosigkeit und Emigration der jungen und gebildeten Menschen sowie einer allgemeinen kulturellen, sozialen und materiellen Verarmung in der Bevölkerung. Diese realen Schäden einer virtuellen Verschuldung breiten sich manchmal schleichend und gelegentlich auch schnell aus.

Obwohl ein Schuldenschnitt eine relativ einfache Lösung ist, um einen Staat und seine Bevölkerung aus der Kreditverschuldung zu befreien, wird dieser Weg oftmals durch politische Hürden und verschiedene Interessenskonflikte erschwert. Da die Vermögensverhältnisse der privaten Haushalte nicht proportional verteilt sind, wirkt sich einerseits aber ein Schuldenschnitt für die Mehrheit der Menschen eher positiv aus. Anderseits hat ein genereller Schuldenschnitt für den kleineren Teil der privaten Haushalte, denen mit den größten Vermögensbeständen, sehr negative Auswirkungen. Dies gilt ebenfalls für die kreditgebenden Finanzinstitutionen. Sie würden dadurch relativ große Einbrüche zum einen auf ihrem vorhandenen Vermögen und zum anderen auf laufenden Gewinnen aus fälligen Zinsen oder Kreditrückzahlungen erfahren. Gläubiger von Staaten, wie Banken, Privatinvestoren oder andere Staaten, haben also tendenziell eine starke Ablehnung gegenüber radikalen Neustartlösungen wie einem Schuldenschnitt. Umschuldungen oder sogenannte „Haircuts" können zwar dafür sorgen, dass eine erdrosselte Wirtschaft wieder aufatmen bzw. wachsen kann, aber sie stellen trotzdem Vertragsbrüche dar und ziehen auch starke Vertrauensverluste nach sich, die für die entsprechenden Länder diverse negative Konsequenzen haben können.

So erlitt beispielsweise Argentinien nach der Staatsbankrotterklärung im Jahr 2001 nicht nur einen weltweiten Vertrauensverlust, sondern auch eine Kapitalflucht, eine Abwertung der Währung und ein allgemeines Chaos in dessen Bankensystem. Auch zwölf Jahre später hat sich das Land von dieser Entscheidung noch nicht vollständig erholt und so stufte die bekannte Ratingagentur Standard & Poor's (S&P) die Kreditwürdigkeit des Landes wegen der steigenden Risiken und der erneut auftretenden Erwartung eines möglichen Zahlungsausfalls die Bewertung der Staatsanleihen von B– auf CCC+ nach unten. In der Eurozone fordert insbesondere Griechenland einen Schuldenschnitt und obwohl dieser Akt geschichtlich gesehen keine Neuheit darstellt, würde ein Schuldenerlass Griechenlands, in Relation zu dessen Bruttoinlandsprodukt (BIP), im 21. Jahrhundert eine neue Rekordhöhe aufstellen.

Das bedingungslose Einkommen fließt von den arbeitenden Steuerzahlern zu den reichsten Teilen der Bevölkerung.

Der umstrittene Autor, Geldsystemkritiker und Leiter des Instituts für Wirtschaftsforschung und Gesellschaftspolitik *Andreas Popp* erklärt, dass die hohe Staatsverschuldung und die daraus resultierenden Zinsrückzahlungen zwar keine Besserung der volkswirtschaftlichen Lage bringen, für die Finanzinstitutionen als Gläubiger bzw. dessen Eigentümer und andere Großinvestoren dieser Länder aber ein sogenanntes bedingungsloses Spitzeneinkommen bedeuten. Im Vergleich zu den Ideen für ein bedingungsloses Grundeinkommen (→ Kapitel 3.5) stellt diese Situation ebenfalls eine Art sozialpolitisches Finanztransferkonzept dar. Allerdings kommt das bedingungslose Einkommen hier nicht der großen Mehrheit der Bevölkerung zugute, sondern fließt laut *Popp* von den arbeitenden Steuerzahlern zu den reichsten Teilen der Bevölkerung. Denn ab einem bestimmten Vermögensgrad bringt das Fiat- bzw. Schuldgeldsystem ein derart hohes und vor allem regelmäßiges und leistungsloses Einkommen, dass alleine die Zinszahlungen auf erbrachte Kredite ausreichen, um auf Kosten der restlichen arbeitenden Bevölkerung zu leben.

Da generelle Schuldenschnitte aber nicht immer ganz einfach machbar sind, muss in den meisten Fällen die Gesamtbevölkerung die Kosten einer hohen Staatsverschuldung weitertragen. Laut *Popp* nehmen erwerbstätige Menschen, egal ob wohlhabend oder nicht, in den fünf Konten der Volkswirtschaft zwei Rollen ein. Sie spiegeln mit ihren Guthaben einerseits das Vermögen der privaten Haushalte und garantieren anderseits auch als steuerzahlende Staatsmitglieder die Zahlungen der Staatsschuldtitel. Zwar kann ein hoch verschuldeter Staat außergewöhnliche Maßnahmen treffen, um weitere Einnahmequellen zu erschließen und somit seine Verbindlichkeiten zu bezahlen, aber am Ende der Rückzahlungskette landet das Geld nach einem gewissen Umverteilungsprozess trotzdem wieder auf dem Konto der privaten Haushalte. Denn Gläubiger von Staaten, Finanzinstitutionen und private Großinvestoren halten mit ihren Forderungen nicht nur Staatsschulden, sondern gleichzeitig auch einen Teil des privaten Haushaltsvermögens. Es leuchtet ein, dass eine langfristig hohe Staatsverschuldung für die meisten Menschen zwar negative Auswirkungen hat, für andere Akteure sich aber sehr profitabel auswirken kann.

Durch Wirtschaftswachstum können Steuereinnahmen sprudeln und Schuldenberge abgebaut werden.

Eine eher konventionelle Idee, den Staatshaushalt auszugleichen, ist der Versuch, das Wirtschaftswachstum eines Landes hochzuschrauben. Ziel dabei ist es, durch steigende Wettbewerbsfähigkeit und höhere Produktion kontinuierliches Wirtschaftswachstum der produktiven Unternehmen zu erreichen. Somit sollen logischerweise immer mehr Steuergelder eingenommen werden können und dadurch die systematisch wachsenden Schuldenberge vermeintlich wieder reduziert werden. Wichtig dabei ist allerdings, dass dieses Wachstum eben nicht durch bloße Geldvermehrung erfolgt (→ Kapitel 1.2), sondern nachhaltig durch mehr Arbeit, Produktivität und Innovation erzeugt wird. Wenn solch wirtschaftliches Wachstum keine Option darstellt oder aufgrund von Faulheit, fehlenden Ideen oder mangelhaften gesetzlichen Strukturen für ein erfolgreiches Unternehmertum nicht möglich ist, dann müssen Regierungen sich die benötigten Geldmittel für die Schuldentilgung durch die Umverteilung bei den privaten Haushalten und Unternehmen holen. Bis allerdings sämtliche Schulden theoretisch durch nachhaltiges und nicht durch Geldinflation angekurbeltes Wachstum getilgt werden könnten, würde es wohl sehr viel Zeit benötigen.

Eine vom Institut für Wirtschaftsforschung und Gesellschaftspolitik veröffentlichte Schrift bietet unter dem Titel „Plan B – Revolution des Systems für eine tatsächliche Neuordnung" (2011) diverse alternative Lösungsvorschläge für die Probleme des Schuldgeldsystems, die über die traditionellen Diskussionen von mehr Wirtschaftswachstum und Schuldenreduktion hinausgehen. Es werden darin beispielsweise verschiedene Möglichkeiten vorgeschlagen, wie ein geordneter Staatsbankrott ohne Not, Leid oder Hungerszenarien umgesetzt werden könnte. Es wird vorgeschlagen, das Finanzsystem grundlegend neu zu reformieren und dabei nicht einfach an den bereits vorgestellten Optionen wie Verzicht auf Tilgung und Zinszahlungen oder dem klassischen Schuldenschnitt stehen zu bleiben. So wird beispielsweise die Neuordnung des Geldsystems hin zu „fließendem" Geld (→ Kapitel 3.4) vorgeschlagen, um die aktuellen Probleme der systematisch und exponentiell anwachsenden Schulden aufzuheben. Ein weiterer Lösungsvorschlag beinhaltet die Einführung eines bedingungslosen Grundeinkommens (→ Kapitel 3.5) und stellt vor allem einen Gegenentwurf zum heutigen inoffiziellen, aber trotzdem existierenden bedingungslosen Spitzeneinkommen dar. Es wird auch bezweifelt, ob am Ende eine rein technische Lösung durch Schuldengrenzen oder Schuldenschnitte überhaupt dauerhaft sinnvoll sei, denn diese bringen keine grundsätzliche Veränderung des Finanzsystems mit sich und sind auch nicht selten mit Enteignungen und Vermögensverteilungen verbunden.

Auch das Phänomen der Inflation ist bei einer Umschuldung oder einem staatlichen „Haircut" häufig zu beobachten. Privatmenschen, Finanzinstitutionen und andere Staaten verlieren bei einem Schuldenschnitt ihr Vertrauen in Geld- und Wirtschaftssysteme und verlangen durch diesen Vertrauensverlust und die darauffolgende Geldentwertung auch immer höhere Preise für Produkte und Leistungen. Die Menschen dieser Länder versuchen dabei gleichzeitig, ihr vermeintlich immer wertloser werdendes Geld so schnell wie möglich auszugeben und in Realgüter umzutauschen. Dabei werden die Preise in der Realwirtschaft zusätzlich nach oben getrieben.

Die unterschiedlichen Bedeutungen der Inflation

Das Wort Inflation wird jedoch in den unterschiedlichsten Zusammenhängen verwendet und bekommt dadurch auch immer wieder andere Bedeutungen. Inflation stammt aus dem lateinischen Wort „inflatio" und beschreibt ein Aufschwellen oder Aufblasen. In der Volkswirtschaftslehre wird das Wort Inflation aber oft mit einer allgemeinen Preissteigerung, einer sogenannten Teuerung, oder auch einer Geldentwertung synonym benutzt. Obwohl diese Effekte mit Inflation verbunden sind, sollten sie nicht mit ihr gleichgesetzt werden. Geldentwertung und Preissteigerungen sind Folgeeffekte einer Inflation, denn Inflation bedeutet im eigentlichen Sinn nur die Ausweitung einer ungedeckten Geldmenge. Die daraus resultierenden Konsequenzen, wie Erhöhung der Güterpreise oder Kaufkraftverlust des Geldes, können als Ergebnisse einer vorher stattgefundenen Geldinflation betrachtet werden. Die Inflationierung von Geld durch Geldschöpfung innerhalb des Fiatgeldsystems wird im folgenden Kapitel näher betrachtet.

2.8 Geldvermehrung im Fiatgeldsystem

Um das Thema der Inflation bzw. Inflationierung und damit Ausdehnung der Geldmenge weiter zu behandeln, beziehen wir uns auf die Erkenntnisse der Österreichischen Schule der Nationalökonomie, dessen Vertreter weltweit auch einfach Austrians genannt werden. Sie beziehen sich in ihren Analysen auf den klassischen Begriff der Inflation und meinen dabei, wie bereits beschrieben, ein Ausweiten der vorhandenen Geldmenge, das ungedeckt und losgelöst von der Produktivität der Realwirtschaft stattfindet. Die Österreichische Denkschule bietet dabei seit über 100 Jahren logisch stringente und einfache, verständliche Einsichten in das Wesen des Geldes. Die Geldtheorie der Austrians behauptet, zeitlos und unabhängig von Staatsformen oder politischer Ausrichtung zu sein. Dennoch kann von einer wirtschaftsliberalen Grundhaltung ausgegangen werden, die auch Geld, als indirektes Tauschmittel, lediglich als ein weiteres Wirtschaftsgut definiert, auch wenn es das meistbegehrte aller Güter ist. Geld soll nach den Ansichten vieler Austrians nicht staatlich verwaltet bzw. monopolisiert und zentral reglementiert sein, sondern ebenfalls im freien Wettbewerb mit allen anderen Produkten und Dienstleistungen einer Marktwirtschaft stehen (→ Kapitel. 3.14). Zahlreiche Anhänger der Österreichischen Schule konnten jedenfalls in den letzten Jahrzehnten verschiedene Weltwirtschaftskrisen vorhersagen und deren Auswirkungen logisch erklären. Die Austrians warnten sowohl vor der großen Depression, ausgehend von den USA in den 1920er Jahren, als auch vor dem Platzen der US-Immobilienblase im Jahr 2007 und der darauf folgenden Finanzkrise. Die Österreichische Schule baut ihre Lehren also auf den Grundsätzen der allgemeinen Freiheit und dem Schutz des Privateigentums durch eine gesetzliche Verfassung auf. Auch der römische Politiker, Anwalt und Philosoph *Cicero* (106–43 v. Chr.) würde mit seiner generellen Ablehnung aller Zentralsysteme gut in die Reihen der Austrians passen. In ihren Analysen bringt diese Schule aufschlussreiche, aber auch ernüchternde Erkenntnisse hervor.

Fiatgeldsystem als Auslöser für Finanz- und Wirtschaftskrisen

Im Gegensatz zu amtierenden Zentralbanken und Regierungen wird vor allem das bereits beschriebene Fiatgeldsystem (→ Kapitel 2.6) als Auslöser vieler Finanz- und Wirtschaftskrisen angesehen. Durch neue Regulierungsmaßnahmen auf den Finanzmärkten, geldpolitische Interventionen und Beschneidungen der Marktwirtschaft können, nach Aussagen der Austrians, die Grundprobleme des Fiatgeldsystems nicht gelöst werden. Durch zentralgesteuerte Eingriffe werden höchstens Brände kurzfristig gelöscht, aber die Auslöser der Feuer bzw. die Krisenursachen werden dabei nicht wirklich bearbeitet. Ein Blick auf die Geldschöpfung beim Fiatgeldsystem soll aus Sicht der Österreichischen Schule die Wurzel des Übels verdeutlichen.

90 Prozent des Geldes wird durch das Teilreservebanksystem der Geschäftsbanken geschöpft.

Obwohl Zentralbanken als Geldmonopolisten Geld unbeschränkt erzeugen könnten, wird rund 90 Prozent des weltweit umlaufenden Geldes nicht von den Zentralbanken, sondern von privaten Geschäftsbanken hergestellt. Die Banken sind zwar rechtlich gesehen private Unternehmen, stellen aber ein gesetzlich vorgeschriebenes Geld her. Sie produzieren kein eigenes Schein- oder Münzgeld bzw. schöpfen auch keine eigenen Währungen, für deren Kaufkraft sie Verantwortung tragen müssten. Geschäftsbanken produzieren ausschließlich die gesetzlich vorgeschriebene Währung in Form elektronischen Kreditgeldes. Das Kreditgeld können sie mithilfe des Teilreservebanksystems in sehr hohen Mengen und weitgehend unkontrolliert produzieren. Ein wesentlicher Kontrollmechanismus dieser Geldschöpfung besteht, neben den Mindestreservevorschriften der Zentralbanken, in dem bereits dargestellten Regulationssystem Basel II und III (→ Kapitel 2.2). Das Teilreservebanksystem erlaubt es also, den Geschäftsbanken nur einen Bruchteil der eingenommenen Kundeneinlagen als Mindestreserve halten zu müssen.

Europäische Geschäftsbanken müssen bei den Mindestreserven den Vorschriften der EZB folgen. Diese verlangt von Kreditinstitutionen das Halten einer Pflichteinlage, der sogenannten Mindestreserve, bei den jeweiligen nationalen Zentralbanken. Seit dem 18. Januar 2012 wurde dieser Mindestreservesatz in der EWU von 2 Prozent auf 1 Prozent heruntergesetzt. Der Mindestreservesatz ist laut EZB deshalb so niedrig, weil sie gewährleisten will, dass diese Pflichteinlage weder den effizienten Einsatz von Ressourcen noch das Bankensystem der Eurozone einschränkt. Die Hauptfunktionen des Mindestreservesystems sind nach den Aussagen der EZB einerseits die Vergrößerung der strukturellen Liquiditätsknappheit des Bankensystems und anderseits die Stabilisierung der Geldmarktsätze. Außerdem hat der Mindestreservesatz einen direkten Einfluss auf die Liquiditätslage von Geschäftsbanken bzw. auch gesamten Volkswirtschaften. Ein hoher Mindestreservesatz entzieht den Banken Liquidität, während ein niedriger ihnen zusätzliche Liquidität zuführt, die dann als Kreditgeld in der Wirtschaft weiterverliehen werden kann. Des Weiteren ist der Mindestreservesatz auch das entscheidende Kriterium für den sogenannten Giralgeldschöpfungsmultiplikator der Geschäftsbanken.

Der Geldschöpfungs- bzw. Giralgeldschöpfungsmultiplikator bestimmt das Volumen des Giralgeldes, das die Geschäftsbanken selbstständig schöpfen können. Eine Geschäftsbank braucht dazu entweder eine Kundeneinlage oder geliehenes Geld von der Zentralbank oder anderen Investoren, um dieses danach multiplizieren zu können. Der Geldschöpfungsmultiplikator, aufbauend auf dem Mindestreservesatz, definiert die Höhe, in der Geschäftsbanken aus vorhandenem Geld weiteres Giralgeld schöpfen können. Der Geldschöpfungsmultiplikator beschreibt nicht die Eigenkapitalquote einer Bank, sondern wie viel Geld sie bei dessen Multiplikation neu schöpfen kann bzw. zurückhalten muss, um den gesetzlichen Auflagen der Mindestreservevorschrift zu entsprechen.

Unterschiedliche Währungszonen haben unterschiedliche Mindestreservesätze und somit auch andere Geldschöpfungsmultiplikatoren.

Neben dem erwähnten ein Prozent in der Eurozone schreibt die Schweizerische Nationalbank (SNB) ihren Geschäftsbanken beispielsweise einen Mindestreservesatz von 2,5 Prozent vor, während die US-Notenbank

Fed hier 10 Prozent fordert. Etwas vorsichtiger ist aber vergleichsweise die Chinesische Volksbank (PBoC) mit ihrer Mindestreserveanforderung von 20 Prozent, obwohl sie diese im Zuge des abnehmenden Wirtschaftswachstums mehrmals im Verlauf der Geschichte gesenkt hat, um so den Geschäftsbanken mehr Kreditvergabemöglichkeiten einzuräumen, um so die Konjunktur durch höhere Liquiditätsströme wieder anzukurbeln. Die Mindestreservevorschrift definiert also auch die Höhe der Kreditvergabemöglichkeit für Geschäftsbanken. Je tiefer der Mindestreservesatz ist, desto höher ist der Faktor, mit dem Geschäftsbanken weiteres Giralgeld auf Kreditbasis schöpfen können, und umgekehrt.

Anhand eines einfachen Beispiels soll hier illustriert werden, wie der Geldschöpfungsmultiplikator in einer Volkswirtschaft eines kleineren Bankensystems funktioniert, um neues Giralgeld zu schöpfen: Nehmen wir also ein Bankensystem mit einem Mindestreservesatz, wie ihn die PBoC vorschreibt, von 20 Prozent, um das Beispiel dadurch auch für eine Kopfrechnung einfach und nachvollziehbar zu machen. Wenn Herr Yang 10.000 ¥ bei der Bank A einzahlt und die Mindestreserve wie erwähnt 20 Prozent ist, so müsste die Bank A 2.000 ¥ dieser ursprünglichen Einzahlung als Reserve halten. Die restlichen 8.000 ¥ können nun als Kredit an Frau Liu weiterverliehen werden. Dieses Geld benutzt Frau Liu, um ihre Schulden bei Herr Zhao zu begleichen, und so überweist sie ihm das Geld auf sein Konto bei der Bank B. Von diesen 8.000 ¥ behält die Bank B wiederum 20 Prozent, also 1.600 ¥. Die restlichen 6.400 ¥ werden dann an Herrn Huang als Darlehen verliehen. Herr Huang benutzt das Geld, um einen Lieferanten zu bezahlen. Dieser zahlt das Geld bei der Bank C ein. Die Bank C behält davon 1.280 ¥ und verleiht die restlichen 5.120 ¥ an Frau Tang. Nun könnte diese Aufzählung beliebig fortgesetzt werden, bis minimale Kredite und Rückzahlungen aufgeführt werden. Wie dieses Beispiel zeigt wird aus einer ursprünglichen Kundeneinlage von 10.000 ¥ allein nach drei Runden der Geldvermehrung ein Vielfaches an neuem Giralgeld im Gesamtbankensystem geschöpft, nämlich eine zusätzliche Geldmenge von 19.520 ¥ (8.000 + 6.400 + 5.120). Dieses zirkuliert nun virtuell auf den Konten der Eigentümer als sogenanntes Giralgeld und sollte je nach Bedarf natürlich auch abgehoben werden können. Dass die Banken real dieses Geld nicht am Schalter verfügbar hätten, wird jedem klar sein.

In der EU liegt der Mindestreservesatz nun nicht bei 20 Prozent wie aus unserem Fallbeispiel, sondern lediglich bei 1 Prozent. Dies bedeutet, dass im gesamten Bankensystem jede Geldeinlage mittels elektronischen Kreditgeldes verhundertfacht werden kann, sofern keine anderen Limitationen wie die Basler Regularien oder Ratingerfordernisse entgegenstehen. Die Tabelle unten zeigt wie der Geldschöpfungsmultiplikator eines kleineren Bankensystems mit einer Mindestreserveanforderung von 1 Prozent eine ursprünglich vorhandene Geldmenge verhundertfacht. Das Szenario beginnt mit einer anfänglichen Kundeneinlage von 10.000 Euro und müsste zwar sehr lange fortgesetzt werden, aber endet irgendwann mit der maximalen Ausdehnungsmenge von 1 Millionen Euro:

Geschäftsbanken	Mindestreservesatz von 1%	neu geschöpftes Kreditgeld	Kunden-einlagen
Bank A	100 €	9.900 €	10.000 €
Bank B	99 €	9.801 €	9.900 €
Bank C	98 €	9.703 €	9.801 €
Bank D	97 €	9.606 €	9.703 €
Bank E	96 €	9.510 €	9.606 €
...	...	...	...
Endsumme (aufgerundet)	10.000 €	990.000 €	1.000.000 €

Abbildung 2 – Beispiel der Geldvermehrung im Fiatgeldsystem mit einer Mindestreservevorschrift von 1 Prozent

Der Mechanismus des Geldschöpfungsmultiplikators erlaubt es den Geschäftsbanken, Kreditgeld also quasi aus dem „Nichts" zu schöpfen und somit eine ursprünglich vorhandene Geldmenge durch weitere Kreditgeldvergabe zu vervielfachen. Wie viele Kredite eine Bank verleiht und wie hoch ihre Zinssätze dafür sind, hängt neben der Mindestreservevorschrift auch von der Bonität der Schuldner, deren wirtschaftlichen Lage und vom Leitzins der Zentralbank ab.

Die durch diesen Vorgang erzeugten Geldmengen haben einen wesentlichen Einfluss auf die gesamte Geldmenge bzw. die Liquidität einer Volkswirtschaft. Eine Zentralbank besitzt wegen dem Geldschöpfungsmultiplikator der Geschäftsbanken und den daraus resultierenden Möglichkeiten zur Geldvermehrung somit hauptsächlich über den Satz der Mindestreserveanforderungen eine gewisse Kontrolle über die effektive Höhe und Vermehrung des umlaufenden Kreditgeldes. Auch wenn hier Kontrollmitteilungen über die Kreditgewährung von Banken an die Zentralbank eingerichtet sind, wird aber eine vollständige Erfassung bzw. Steuerung der existierenden Geldmenge kaum möglich. Dieser Kontrollverlust ist auch Ausgangspunkt für verschiedene Vorschläge eines sogenannten Vollgeldes (→ Kapitel 3.1) und wird auch von manchen Vertretern der Österreichischen Schule gegenüber den Geldschöpfungsmöglichkeiten im aktuellen Fiatgeldsystem bevorzugt. Die Austrians lehnen aber vor allem die Multiplikation des Geldes innerhalb eines gesetzlichen Fiatgeldsystems ab, weil die Multiplikatoren des Geldes, die Geschäftsbanken, keinerlei Verantwortung für dessen Wert tragen. Dementsprechend wird auch ein marktwirtschaftliches Geldsystem präferiert (→ Kapitel 3.14), wobei es jedem Geldanbieter selber überlassen sein sollte, wie sehr die herausgegebene Währung inflationiert wird, da eben auch die Verantwortung für dessen Kaufkraft bzw. Akzeptanz im Markt bei den Anbietern selbst liegt.

Das Vollgeldkonzept setzt auf eine 100-Prozent-Mindestreserve.

Die relativ alte Idee des Vollgeldkonzeptes schlägt eine 100-Prozent-Mindestreserve für alle Geschäftsbanken vor und fordert, dass die Zentralbank die alleinige Geldschöpfungsgewalt bekommt. In der Schweiz liefert die sogenannte Vollgeldinitiative einen Schritt in Richtung Verwirklichung eines solchen Systems. Ziel soll auch die vollständige Geldschöpfungskontrolle der Zentralbank bzw. der obersten Geldausgabeanstalt sein. Nach einer Umstellung auf ein Vollgeldsystem sollten alle Geschäftsbanken eine hundertprozentige Reservepflicht all ihrer

Einlagen halten und könnten dadurch selber kein Giralgeld mehr herstellen. Auch wäre folglich die Geldmenge jederzeit bekannt und kontrollierbar. Das könnte ein vermeintlich stabileres Geldsystem hervorbringen und künftige Krisen, die durch zu viel oder zu wenig Liquidität verursacht werden, besser vermeiden. Die relativ uneingeschränkte Ausweitung einer ungedeckten Kreditgeldmenge zieht nicht nur einen Verlust der Kaufkraft des Geldes mit sich, sondern hat auch diverse andere Konsequenzen für eine Volkswirtschaft. Diese werden im folgenden Kapitel näher beschrieben.

2.9 Inflation und Kaufkraft

Wenn eine ungedeckte Geldmenge systematisch ausgeweitet wird und die Realwirtschaft nicht im gleichen Tempo mitwächst, vermindert sich wie bereits erwähnt folglich auch die Kaufkraft jeder einzelnen Geldeinheit. Wenn eine erhöhte Geldmenge nicht einhergeht mit einer wachsenden Wirtschaft und schneller anwächst, wird für unterschiedliche Güter- und Dienstleistungsangebote auch der Preis steigen. Somit bedeutet Inflation der Geldmenge auch die Abnahme der Kaufkraft bzw. ein Verlust der Geldwertstabilität. Wenn nun in einem Land wie Deutschland trotz erheblich gewachsener Geldmenge die Teuerung sehr niedrig bleibt, dann kann dies nur durch die Verflechtungen einer globalen Wirtschaftswelt und durch Verwerfungen in anderen Ländern, Branchen oder Wirtschaftsbereichen erklärt werden. Die Kaufkraft im eigenen Land wird letztlich erkauft durch Verarmung und Verschuldung in anderen Ländern, die diese Währung nutzen. Inflation und Kaufkraftverlust sind damit auch beobachtbar durch Wegzug von Betrieben in Billiglohnländer und damit in Folge dem Wegfall von Arbeitsplätzen oder auch dem Anstieg von Preisen bei Vermögenswerten wie Grundstücken und Immobilien.

Überliquidität und das Risiko der Blasenbildung: Anleger drängen in Aktien und Immobilien.

Eben diese letzte Variante ist in der Eurozone seit Jahren zu beobachten. Überliquidität drängt in die Anlage von Realwerten, ausgedrückt in Aktien und damit Unternehmensanteilen, oder in Immobilien. Die Höchststände im DAX in Deutschland sind in den Jahren 2014 und 2015 jedenfalls nicht allein realwirtschaftlich erklärbar, sondern vielfach durch die Anlage suchende hohe Geldmenge. Spargelder werden so letztlich entwertet und nicht selten kommt es dann zu Spekulationsblasen bei Immobilien, Wertpapieren und anderen Realwerten.

Auch wenn Inflation also nicht immer im Supermarkt bei den einfachen Produkten des täglichen Lebens spürbar ist, können die beschriebenen Effekte einer exportierten Inflation oder Spekulation in Realwerten die Kaufkraft der Menschen letztlich verringern. Wie schnell sich eine Währungsverschiebung auf die sichtbare Inflation in Form von drastischen Preisanstiegen der Lebenshaltung auswirken kann, konnte man beim Kursabsturz des russischen Rubels im Dezember 2014 sehen. Innerhalb weniger Tage waren die Supermärkte leer gekauft und der dort staatlich festgesetzte Preis für Brot und Grundnahrungsmittel wurde aufgrund des dann vorherrschenden Mangelangebotes ebenfalls angehoben.

Inflation als Mittel, um die Volkswirtschaft in Bewegung zu halten

Der wachsende Globalisierungsdruck bewegt Unternehmen konsequent dazu, ihre Produktionsstätten vermehrt in Schwellenländern mit gering bezahlten Arbeitskräften anzusiedeln. Das globale Preisniveau von Konsumgütern kann dadurch auch bei steigender Geldmenge stark nach unten gedrückt werden. Parallel dazu helfen Lohnsenkungen bei Arbeitskräften in den Industrienationen, dem Wettbewerbsdruck standzuhalten. Trotzdem wird Inflation der Geldmenge als positives Mittel angesehen, um die Wirtschaft ständig in Bewegung bzw. im Wachstumsdrang zu halten, und nicht als Problem wahrgenommen. Vielmehr breitet sich bei Konsumrückgang in der Bevölkerung die Angst einer Deflation aus. Wobei auch hier Deflation im eigentlichen Sinne das Gegenteil von Inflation ist und im wirtschaftlichen Kontext das Schrumpfen einer vorhandenen Geldmenge bezeichnet, aber hier als ein Rückgang der Preise bzw. des Wirtschaftswachstums definiert wird.

Billiges Geld schafft nur kurzfristig Wohlstand – nicht langfristig.

Für die Austrians und später auch für die Monetaristen ist Inflation immer und überall ein monetäres Phänomen. Um Preissteigerungen aufzuhalten, die nicht aus Marktgründen entstehen, sondern geldtechnisch bedingt sind, müsste eine Zentralbank einfach der Geldmengenausweitung Einhalt gebieten. Technisch betrachtet kann sie dies nur durch Erhöhung ihrer Leitzinsen, die folglich die Kreditvergabe der Geschäftsbanken abbremsen soll. Auf politischer Ebene ist aber ein Anheben der Zinssätze viel schwieriger als technisch durchführbar. Durch das billige Geld entsteht eine Geldillusion, die vorgibt, dass Geld grenzenlos zur Verfügung steht. Durch billige Kredite profitieren kurzfristig nicht nur Privatpersonen und Unternehmen, sondern vor allem auch hoch verschuldete Staaten. Auch wenn eine wachsende Geldmenge kurzfristig anscheinend mehr Wohlstand erzeugt, bedeutet sie langfristig aber eher das Gegenteil. Die wirtschaftlich schädigende Wirkung einer Inflationspolitik des billigen Geldes setzt erst nach einer gewissen Zeitverzögerung ein und tritt davor häufig erst in verschleierter Form auf unterschiedlichen Märkten und in diversen Ländern auf. Dies wurde bereits durch die Boom- und Bust-Phasen der Österreichischen Konjunkturzyklustheorie am Anfang des Buches näher beschrieben (→ Kapitel 1.2).

Am Anfang bewirkt eine Geldmengenausweitung tatsächlich einen Konjunkturaufschwung, der höhere Produktionsleistungen und steigende Beschäftigungszahlen nach sich zieht und der Wirtschaft den Anschein eines wundersamen Wachstums verleiht. Arbeitslosigkeit sinkt, Reichtum scheint für viele Menschen in greifbarer Nähe zu sein und das generelle Interesse, aber auch die Abhängigkeit an dieser Art von Politik wächst beständig weiter. Tatsächlich aber hält ein wirtschaftlicher Aufschwung, der mithilfe einer Geldmengenausweitung erzeugt wurde, nur kurzfristig an und benötigt für sein weiteres Fortschreiten, wie bereits erwähnt, immer neue Geldmengen, um stimuliert zu bleiben. Kreditaufnahmen sind in Zeiten der lockeren Geldpolitik sehr günstig und regen bei den Marktteilnehmern somit viele Wünsche und Vorstellungen lukrativer Investitionsmöglichkeiten an. Die Preise an den von der Inflation betroffenen Märkten erhöhen sich relativ beständig und erwecken weitere Hoffnungen auf profitable Unternehmungen. Wäre die Geldmenge knapp und dadurch die Kreditaufnahme teuer geblieben, würden Unternehmen andere Entscheidungen treffen. Da sich bei einer großen Menge an verfügbaren Geldressourcen und steigenden Preisen aber die Attraktivität diverser Unternehmungen verändert, stürzen sich viele Unternehmen in Projekte, die sie unter anderen Bedingungen, vor der Verfügbarkeit des billigen Geldes, so nicht getätigt hätten.

Die Angst vor einem möglichen Konjunkturabschwung mit all seinen negativen Folgen ruft nach der Intervention einer höheren Instanz. Der gesellschaftliche und politische Druck steigt an, sodass der einzige Ausweg noch mehr billiges Geld zu sein scheint. Die Zentralbank senkt ihre Leitzinsen weiter ab und erhofft sich durch die Verbilligung des Kreditgeldes, die Konsum- und Investitionsfreudigkeit in der Bevölkerung und bei den Unternehmen anzuregen. Der Geldpreis wird also künstlich tief gehalten mit der Hoffnung, einen weiteren wirtschaftlichen Aufschwung auszulösen oder einen alten am Leben zu halten. Obwohl die positiven Auswirkungen der Geldillusion bei jeder weiteren Geldmengenerhöhung nachlassen, mildern diese Interventionen zumindest den öffentlichen Druck und die Möglichkeiten, in absehbarer Zeit in eine Rezession zu stürzen.

Die Inflationspolitik hat aber einen Schaden im Gleichgewicht der Marktwirtschaft angerichtet und dieser muss früher oder später durch ein Anheben der Zinssätze korrigiert werden. Das billige Geld erzeugt kurzfristig den Anschein von Reichtum und Wohlstand in einer Gesellschaft – wo vorher keiner da war. Nachhaltiger Wohlstand wird aber nicht zuletzt auch aus Sicht der Österreichischen Schule, sowie vieler anderer Ökonomen auch vor allem durch Sparen und nachhaltige Investitionen bzw. nicht einfach durch einen erhöhten Konsum erzeugt. Auch Robinson merkte schnell, dass er durch seinen erhöhten Fischkonsum nicht wirklich reicher wurde. Die wirtschaftliche Prosperität beruht bei einem hohen Angebot billigen Geldes aber nicht auf erfolgreichen Investitionen, die durch angespartes Kapital getätigt werden, sondern oftmals nur auf kreditfinanzierten Investitionen, die sich mittel- bis langfristig als Fehlentscheidungen entpuppen.

Billiges Geld verlagert Probleme in die Zukunft.

Wenn billiges Geld als Wundermittel dargestellt wird, um eine Wirtschaft anzukurbeln, Arbeitsplätze zu schaffen und die Konsumfreudigkeit anzuregen, dann muss dies als Illusion bezeichnet werden. Das billige Geld weist vor allem in wirtschaftlichen Schieflagen, Phasen einer Kreditklemme oder in Rezessionen kurzfristige Erfolge aus. Langfristig bietet das Inflationieren der Geldmenge aber keine grundsätzliche Lösung wirtschaftlicher Probleme, sondern verlagert diese vielmehr in eine unabsehbare Zukunft, während die nachfolgenden Korrekturkonsequenzen dabei verschärft werden. Die Ursache folglich auftretender Probleme wird später meistens nicht mehr mit der in geraumer Vergangenheit getätigten Geldmengenausweitung in Verbindung gebracht. So erklärt *Ludwig von Mises*, dass jede Inflationspolitik früher oder später ein schmerzhaftes Ende findet, auch wenn kurzfristig viele Menschen von einer Politik des billigen Geldes profitieren können. Nicht zuletzt sind auch Staaten häufig an billigem Geld und Inflation interessiert, um ihre Schulden elegant loszuwerden. Die Zusammenhänge zwischen Inflation und der daraus resultierenden Vermögensumverteilung werden im nächsten Abschnitt näher betrachtetet.

2.10 Vermögensumverteilung durch Inflation

Eine Regierung hat grundsätzlich zwei Möglichkeiten, an Geld zu gelangen, um ihre Projekte zu realisieren. Entweder sie fordert Steuergelder von der Bevölkerung oder sie leiht sich Geld bei einem Gläubiger, wie beispielsweise einer Bank. Steuereinnahmen stellen den direkten Weg der Vermögensenteignung dar, wohingegen Verschuldung durch Kreditaufnahme eine indirekte Methode der Besteuerung darstellt. Die direkte Steuererhöhung ist bei Regierungen meistens recht unbeliebt, da die Bürger sofort merken, wie sich ihre Kaufkraft vermindert. Deshalb wird der indirekte Besteuerungsweg durch Kreditgelderhöhung meistens bevorzugt. Hier erschließt sich eine Regierung zwar frische Geldquellen und erzeugt durch die Erhöhung der Kreditgeldmenge konsequenterweise auch einen Kaufkraftverlust jeder Geldeinheit, muss sich aber nicht mit dem Widerstand der Bevölkerung auseinandersetzen. Ein einfaches Beispiel soll dies illustrieren.

Kosten sozialisieren oder nach Verursacherprinzip verteilen

Wenn eine Regierung ein Parkhaus bauen möchte, kann sie sich entweder durch Steuererhöhungen bzw. direkte Abgaben und Gebühren (1) oder durch neue Kreditaufnahme (2) das benötigte Geld verschaffen. Bei der Finanzierung des Projektes durch erhöhte Steuereinnahmen erfährt die Bevölkerung sofort, welche Einschränkungen diese Steuer für den Bau des Parkhauses für ihren Lebensstil bedeutet. Die Geldmenge im Geldkreislauf wird dabei nicht erhöht, sondern nur umverteilt und so entsteht auch kein Kaufkraftverlust des Geldes. Die Erhebung von Abgaben bei der Bevölkerung einer bestimmten Region, um das Projekt dort zu verwirklichen, scheint nach dem Verursacherprinzip die gerechteste Lösung zu sein. Jedoch werden auch hier die meisten der späteren Nutzer des Parkhauses eher eine Sozialisierung der Kosten über Steuern oder noch besser eine Verlagerung der Bezahlung auf spätere Generationen durch die Kreditaufnahme begrüßen. Dass durch die spätere Rückzahlung der Kredite und deren Zinsen die künftige Kaufkraft eingeschränkt wird, leuchtet zwar ein, ist aber kurzfristig nicht spürbar und somit die attraktivere Lösung. So wird aus der Kreditgeldaufnahme und Geldmengenerhöhung eine verschleierte und schleichende Form der Geldentwertung bzw. auf Umwegen auftretende Besteuerung der individuellen Realvermögen. Wenn sich eine Regierung durch Inflation Geldressourcen verschafft, dann geschieht diese Besteuerung erst mit einer gewissen Zeitverzögerung. Die indirekte Methode ist also nicht offenkundig und weniger transparent als direkte Steuerabgaben und wird eben deswegen, auch in vielen Fällen unter anderem aus politischem Opportunismus, bevorzugt.

Bei Geldmengenausweitungen profitieren die Erstempfänger des neuen Geldes am meisten.

Ein weiterer Aspekt bei einer Geldmengenerhöhung durch Kreditaufnahme ist die Kaskade des Profits der Geldmengenausweitung. Es profitieren immer die Erstempfänger des neuen Geldes am meisten, das heißt, am meisten profitieren von der Geldmengenausweitung die Institute oder Menschen, die am nächsten an der Quelle des neu geschöpften Geldes sitzen, und am wenigsten die Menschen, die das neue Geld als Letzte empfangen. Das Parkhausprojekt verdeutlicht dies. Die Regierung verkauft einer Geschäftsbank Staatsanleihen, um das Infrastrukturprojekt Parkhaus zu bauen, und bekommt dafür aus dem „Nichts" erzeugtes Kreditgeld. Mit diesem zusätzlichen Geld kann die Regierung nun das Parkhausprojekt in Angriff nehmen. Zwar hat sich die Regierung durch den Verkauf von Staatsanleihen bei der Bank verschuldet, aber sie ist nun im Besitz des neuen Geldes, kann ihre Wahlkampfversprechen einlösen und musste dafür keine Steuerzahler direkt zur Kasse bitten. Sie beauftragt nun Architekten, Baufirmen und allerlei Handwerker und bezahlt diese Bevölkerungsgruppen mit dem neu erzeugten Geld. Diese sind damit die ersten Nutznießer des Kreditgeldes. Auch die Bank und ihre Angestellten profitieren natürlich von dem Kreditgeschäft des neu erzeugten Geldes sofort.

Die Erstempfänger des neuen Geldes freuen sich über den Auftrag sowie die erhöhten Einnahmen und haben dank ihres höheren Einkommens nun auch die Möglichkeit, mehr Produkte und Dienstleistungen auf dem Markt in Anspruch zu nehmen. Die Erstempfänger der erhöhten Geldmenge befinden sich in einer sehr günstigen Lage, denn sie haben durch mehr Geldeinheiten eine gestiegene Kaufkraft bei noch gleichgebliebenen Preisen und können sich ihren Konsum oder ihre Investitionswünsche nun in erhöhtem Maße erfüllen. Während die Erstempfänger das neue Geld sukzessive ausgeben, sickern diese zusätzlichen Geldeinheiten im Zeitverlauf in die Strukturen der Marktwirtschaft ein. Die Verkäufer der Produkte und Dienstleistungen für die Erstempfänger des Geldes bilden die zweite Gruppe der Profiteure in der Kette des neu geschöpften Kreditgeldes. Auch diese Gruppe freut sich über höhere Umsätze und gestiegene Kaufkraft bei relativ gleichgebliebenen Preisen. Somit profitiert auch diese Schicht von der Inflation der Geldmenge. Nach einer Weile aber, wenn genügende Mengen des neu geschöpften Geldes im Wirtschaftskreislauf durchgesickert sind, werden sich die Preise von Gütern und Dienstleistungen sukzessive nach oben korrigieren müssen, um mit der gesunkenen Kaufkraft der erhöhten Geldmenge standhalten zu können.

Dieser Prozess ereignet sich selten schlagartig und auch nicht auf mechanisch verfolgbare Art und Weise, sondern in einem dynamischen und schwer verfolgbaren Prozess innerhalb der milliardenfachen Tauschgeschäfte innerhalb der Märkte. Es handelt sich um einen organischen Prozess, der sich allmählich und erst im Zeitablauf bemerkbar macht. Sobald die Preise für Produkte und Dienstleistungen angestiegen sind, wird die indirekte Besteuerung durch die Geldmengenerhöhung in der Bevölkerung spürbar. Dieser Prozess kann aber Jahre dauern und die kausale Rückverfolgung einer spezifischen Preisinflation mit einer bestimmten Geldmengenerhöhung ist in einem halbwegs komplexen Wirtschaftssystem nicht wirklich nachvollziehbar.

Die Mehrzahl der Menschen sieht nun erhöhte Preise bei relativ gleichgebliebenem Einkommen. In dieser Phase ist das neue Geld bereits durch sehr viele Bevölkerungsgruppen gesickert und hat seine positiven Spuren vor allem bei den Erstempfängern hinterlassen. Während die Preise allmählich nachgezogen werden, haben aber noch nicht alle Bevölkerungsgruppen von der Geldmengenausweitung bzw. von Lohn- oder Rentenerhöhungen profitiert. Auch ist dies nicht mehr möglich, da vor allem die späteren Empfänger des neu geschöpften Kreditgeldes höhere Preise bei gleich hoch gebliebenen Einkommen vorfinden. Das heißt, die Empfänger am Ende der Empfangskette des neuen Geldes spüren einen direkten Kaufkraftverlust ihrer relativ gleichgebliebenen Geldeinheiten bzw. eine Besteuerung ihres vorhandenen Vermögens, während andere Menschen, vor allem die am Anfang der Einkommenskette, einen Gewinn aus der Inflation ziehen können.

Geld verhält sich nicht neutral.

Dieser Umverteilungsprozess wurde vom irischen Ökonomen *Richard Cantillon* (1680 –1734) bereits vor zwei Jahrhunderten beschrieben und danach als Cantillon-Effekt bekannt. *Cantillon* war einer der ersten Ökonomen, der sich mit den Auswirkungen des Geldkreislaufes beschäftigte und sich vor allem auf die Bedeutung der Umlaufgeschwindigkeit von Geld konzentrierte. Der Cantillon-Effekt zeigt vor allem, dass sich Geld in einem Geldkreislauf nicht neutral verhält. Insbesondere wird die Nichtneutralität des Geldes erkennbar, wenn es in Kreditform als ungedecktes Fiatgeld geschöpft wird. Gleichzeitig zeigt der Cantillon-Effekt auch die unsichtbare, aber real spürbare Ungerechtigkeit einer Inflationspolitik. Zuerst profitieren vor allem staatsnahe Betriebe, Staatsangestellte und der Bankensektor von einer Geldmengenerhöhung. Produktive Unternehmen reihen sich später in die Empfangskette des neu geschöpften Kreditgeldes ein und am Ende stehen vor allem finanziell schwächere Menschen wie Rentner, Sozialhilfeempfänger oder normale Angestellte als Verlierer der Inflationspolitik da.

Außerdem werden bei dieser Besteuerungsform des billigen Geldes auch einfache Sparer durch die niedrigen Zinsen und sinkende Kaufkraft des Geldes bestraft. Ihre Ersparnisse werfen auf normalen Girokonten keinerlei Gewinne mehr ab und decken meistens auch nicht einmal den durch die Inflation verursachten Wertverlust. Zwangsläufig werden Menschen somit dazu erzogen, ihr Geld nicht anzusparen, sondern schnellstmöglich wieder auszugeben, zu konsumieren oder es in vermeintlich gewinnbringende Projekte zu investieren. Langfristig führt dieser Vorgang aber zu einer ärmeren und von Staatsleistungen abhängigeren Bevölkerung, denn nachhaltiger Wohlstand wird selten durch erhöhtes Konsumieren aufgebaut.

Eine Geisteshaltung zwischen Überheblichkeit und Gier

Wenn Menschen während einer Phase des billigen Geldes dazu ermutigt werden, Dinge zu konsumieren, die sie sich nur durch Kreditaufnahme leisten können, dann muss auch diese Verhaltensänderung der Menschen durch die Politik berücksichtigt werden. Ein Inflationieren der Geldmenge ermöglicht vielen Menschen erhöhten Zugang zu billigen Krediten, senkt die Last auf alten Schulden und regt zu Einkäufen auf Kredit an. Die innere Geisteshaltung, die sich entwickelt, wenn Menschen dazu ermutigt werden, sich Dinge zu leisten, die eigentlich außerhalb ihrer gegenwärtigen Kaufkraft liegen, reicht von Überheblichkeit bis hin zu Gier. Die Möglichkeiten, alles sofort haben zu können, ohne zu warten, zu sparen oder dafür zu arbeiten, regt bei Menschen auch eine kurzsichtige Konsummentalität an und erzieht Werte wie Sparsamkeit, Zurückhaltung oder langfristiges Denken systematisch ab. Vor allem jüngere Menschen wachsen dabei in solchen Systemen und bei Vorliegen einer Geldillusion mit dem Glauben auf, dass es selbstverständlich sei, Dinge besitzen zu müssen, die ihnen mit ihrer gegenwärtigen Kaufkraft noch gar nicht zustehen. Wenn sie dann Kredite aufnehmen, Leasingverträge abschließen oder sich anderweitig verschulden, um sich sofort reicher zu fühlen, dann werden häufig die Langzeitfolgen nicht beachtet. Dabei hätte Robinson Crusoe aus der Einführung dieses Buches ein Beispiel sein können.

Für Menschen und Unternehmen mit einer langfristigen Ausrichtung ihrer Ziele wird die Zukunftsplanung durch eine Besteuerungspolitik mittels Kreditgeldausweitung erschwert. Die sinkende Kaufkraft des Geldes und die Unsicherheiten über zukünftige Entwicklungen machen es schwierig, die Zukunft und ihre potenziellen Risiken einschätzen zu können. Ironischerweise warnte sogar der Vater der modernen Billiggeldpolitik, *John M. Keynes*, vor den zerstörerischen Effekten einer Inflationspolitik. In seiner Schrift „Die wirtschaftlichen Folgen des Friedensvertrages" (1920) schrieb *Keynes*, dass es kein feineres und sichereres Mittel gibt, um die bestehenden Grundlagen einer Gesellschaft umzustürzen, als durch die

Vernichtung ihrer Währung. Er konstatierte außerdem, dass der Vorgang der Währungszerstörung durch Inflationierung des Geldes auch die Kräfte der Wirtschaftsgesetze in den Dienst einer allgemeinen Zerstörung stelle, und zwar auf solche Art und Weise, dass nur sehr wenige Menschen in der Lage sein werden, die Zusammenhänge dieser Vorgänge auch zu erkennen bzw. richtig zu deuten. Nach diesen durchaus normativ-wertenden Äußerungen gegen eine Verschuldungspolitik wollen wir noch einen kurzen Exkurs in die Thematik der ungleichen Verteilung von Macht und Vermögen machen, bevor wir danach zurückkommen zur Wurzel der modernen Geldschöpfung, dem Zentralbankwesen.

Umverteilung: die Schere zwischen Arm und Reich wächst

Wie wir bereits gesehen haben, erzeugt das gegenwärtige Geldsystem aus dem zusammenspielenden Trio zwischen Zentralbanken als Geldmonopolisten, Staaten als Hüter der gesetzlichen Währung und Geschäftsbanken als größte Kreditgeldschöpfer diverse Umverteilungen des Vermögens in der Bevölkerung. Dies wurde einerseits mithilfe des Cantillon-Effektes beschrieben und anderseits auch durch die Konsequenzen hoher Verschuldungsquoten sowie der ungedeckten Giralgeldvermehrung mittels Teilreservesystem der Geschäftsbanken. Das Fiatgeldsystem wurde dabei vor allem durch die sogenannten fünf Konten der Volkswirtschaft als Nullsummenspiel beschrieben (→ Kapitel 2.7). Wo die Schulden wachsen, erhöhen sich auch systembedingt an anderer Stelle die Vermögen. Allerdings verlaufen diese ständigen Umverteilungsprozesse nie gleichmäßig auf alle Menschen verteilt, sondern eher umgekehrt proportional, wobei wenige Menschen immer größere Summen an Vermögen ansammeln, während viele Menschen immer ärmer bzw. verschuldeter werden. Diese soziale Ungleichheit drückt sich auch in der bekannten Metapher der sogenannten wachsenden Schere zwischen Arm und Reich aus.

Das Vermögen fließt zu den Vermögenden.

Der Richtungsfluss des Vermögens, der sich seit Jahrzehnten immer stärker bei den bereits stark Vermögenden akkumuliert, wurde in einer von der unabhängigen Entwicklungsorganisation Oxfam veröffentlichten Studie Ende Januar im Jahr 2014 verdeutlicht. Die Organisation Oxfam, die sich für eine gerechtere Welt ohne Armut einsetzt, weist in ihrer Studie interessante Ergebnisse zum Thema Vermögensverteilung auf. Sie zeigt, dass lediglich 1 Prozent der Weltbevölkerung ungefähr die Hälfte des weltweiten Vermögens besitzt. Der Reichtum dieser wohlhabendsten 1 Prozent beläuft sich dabei auf 110 Trillionen US-Dollar (110×10^{18}), was umgerechnet ungefähr 65-mal so viel ist wie der Wohlstand der gesamten unteren Hälfte der Weltbevölkerung. Anders ausgedrückt bedeutet dies auch, dass die untere Hälfte der gesamten Weltbevölkerung genauso viel besitzt wie die reichsten 85 Menschen der Erde. Außerdem zeigt die Studie, dass sieben von zehn Menschen in Ländern leben, wo sich das ökonomische Ungleichgewicht in den letzten 30 Jahren verstärkt hat. Parallel dazu hat sich das Einkommen des reichsten 1 Prozent zwischen den Jahren 1980 und 2012 in 24 von 26 untersuchten Ländern erhöht. Auch in Hinblick auf die jüngste Finanz- und Wirtschaftskrise, die Ende des Jahres 2007 begann, konnten die reichsten 1 Prozent der US-Bevölkerung 95 Prozent der Wachstumsgewinne einfahren, während die unteren 90 Prozent der Bevölkerung durch die Krise ärmer wurden. Diese systematischen Umverteilungseffekte von Vermögen sind keine Einzelerscheinungen und geschehen auch nicht zufällig oder einfach durch Glück, sondern sind systemischer Natur und weitgehend auch mit den Strukturen, Funktionsweisen und Konsequenzen des aktuellen Fiatgeldsystems in Verbindung zu bringen. Um das Thema der ungleichmäßigen Vermögensverteilung bzw. der sogenannten wachsenden Kluft zwischen Arm und Reich weiter zu vertiefen, wird ein weiteres Beispiel aus der Systemforschung herangezogen.

Unternehmen vernetzen sich durch wachsende Anteilsansprüche miteinander.

Im Jahr 2012 präsentierte der Schweizer Physiker *James B. Glattfelder* zusammen mit Kollegen der Eidgenössischen Technischen Hochschule Zürich (ETH Zürich) eine Studie, die viel Aufsehen in der Öffentlichkeit erregte: Die Wissenschaftler wollten der polemisch klingenden Frage

„Who controls the world?“ nachgehen und entwickelten einen Algorithmus, um die globale Vernetzung bzw. Macht von verschiedenen Großkonzernen zu untersuchen. In ihrer Studie „The Network of Global Corporate Control“ unternahmen die Wissenschaftler eine detaillierte Analyse der Netzwerke von Eigentumsrechten, sogenannten „ownership networks“. Sie konzentrierten sich dabei auf Firmenwerte, gemessen an Betriebserträgen und die Knotenpunkte zwischen Unternehmen, Menschen und Regierungen. Die Verbindungen von Anteilseigentumsstrukturen, gemessen in Prozentsätzen, wurden ebenfalls betrachtet. Die „ownership networks“ zeigen die Muster der Beziehungen von Anteilseignern auf. Dabei erlauben höhere Eigentumsrechte auch erhöhte Kontrolle über andere Unternehmen und so können Analysen auf diesem Feld interessante Antworten auf volkswirtschaftliche Fragen liefern. Durch „ownership network“ Analysen wird ersichtlich, wer die Schlüsselspieler einer Wirtschaft sind und ob diese in ihrer Organisation tendenziell isoliert oder eher interverbunden mit anderen Unternehmen agieren. Auch zeigen die Recherchen auf diesem Feld, wie die Gesamtverteilung von Kontrolle in einer Wirtschaft aufgebaut ist. Die Studie um *Glattfelder* begann mit Daten des Jahres 2007 mit Verbindungen von 13 Millionen Anteilseignern. Um die Komplexität zu vereinfachen, wurde die Studie aber auf internationale Großkonzerne, sogenannte „transnational corporations“ (TNCs) konzentriert. Es wurden dabei die Daten von 43.000 TNCs analysiert. Danach wurden die Netzwerke dieser TNCs, anhand der Eigentümeranteile und deren Knotenpunkte aufgebaut. Dieses TNC-Netzwerk ergab ein kreisähnliches Muster mit einer Peripherie und einem Zentrum. In diesem Zentrum gibt es einen kleinen aber dominanten Kern, der sich aus Firmen ergibt, die eine extrem hohe Interverbundenheit aufweisen. Lediglich 36 Prozent der analysierten TNCs befinden sich im Zentrum des Netzwerkes, aber diese machen zusammen 95 Prozent des gesamten Betriebsertrags aller analysierten TNCs aus. Die Studie zeigte, dass um über eine bestimmte Größe hinauszuwachsen, Unternehmen sich zwangsläufig miteinander durch ständig wachsende Anteilsansprüche vernetzen müssen. Durch diesen hohen Vernetzungsgrad und die starken Abhängigkeiten der Unternehmen untereinander, bekommt auch die politische Floskel „too big to fail" eine ganz neue Dimension.

So kommen wir zurück zum Ursprung der modernen Geldschöpfung, dem Zentralbankwesen. Die Zentralbanken erschaffen Geld, das von Regierungen als gesetzliches Zahlungsmittel definiert wird, und sollen meistens unabhängig von einer bestimmten Regierungspolitik agieren. Jedenfalls hat die EZB diesen Anspruch. Ob Anspruch und Wirklichkeit übereinstimmen, soll im folgenden Kapitel kritisch betrachtet werden.

2.11 Das Zentralbankwesen

Zentralbanken wollen Preisstabilität gewährleisten.

Die Institution der Zentralbank, auch Notenbank genannt, ist im Zeitverlauf der Geldgeschichte eine relativ neuartige Erscheinung. Sie ist zuständig für die Geldpolitik eines Landes oder einer Währungszone und prägt als Geldmonopolistin die Wirtschaftsordnung ihres Einflussgebietes entscheidend mit. Das offizielle Hauptziel der meisten Zentralbanken ist es, eine Preisstabilität in ihrem Währungsgebiet zu gewährleisten. Daneben haben Zentralbanken auch das Ziel, die allgemeine Wirtschaftspolitik ihrer Regierung oder der Staatengemeinschaft zu unterstützen, ohne dabei das oberste Ziel der Preisstabilität zu benachteiligen. Außerdem können Zentralbankziele auch diverse Beschäftigungs- und Wachstumsquoten einer Volkswirtschaft beinhalten.

Als oberste Geldbehörde besitzt sie nicht nur die Währungsreserven eines Landes, sondern verleiht auch den Geschäftsbanken und Staaten Kredite. Obwohl eine blühende Marktwirtschaft ohne Zentralbanksystem durchaus möglich ist, können sich viele Menschen kaum vorstellen, wie eine solche Wirtschaftsordnung aussehen könnte. Das alternative Reformkonzept des Free Banking, das in → Kapitel 3 vorgestellt wird, verleiht einen Einblick in eine Wirtschaftsordnung ohne Geldmonopol (→ Kapitel 3.14). Zentralbanksysteme sind allerdings Institutionen, die nicht auf freien Märkten entstanden sind, sondern als Ergebnis politischer, lobbytechnischer und manchmal auch demokratischer Entscheidungen.

Ein Geldsystem ohne Zentralbanken basiert auf Verantwortung und Vertrauen.

Interessant ist, dass gerade der britische Ökonom *Walter Bagehot* (1826–1877), dessen Analysen die Entwicklungen des modernen Zentralbankwesens maßgeblich beeinflusst haben, einem pluralistischen und wettbewerblichen Geldsystem positive Zustimmung gab. Laut *Bagehot* wäre die natürliche Entwicklung der Geldordnung, die sich ohne staatliche Eingriffe fortgesetzt hätte, ein System, in dem es viele kleine und mittelgroße Banken gäbe. Sie würden ihre eigenen Währungen emittieren und wie jedes Unternehmen volle Verantwortung für den Wert ihres Geldes und ihrer Geschäfte tragen müssen.

Beim Blick auf die historischen Beispiele von Geldsystemen ohne Zentralbanken findet *Bagehot* keine Tendenz, dass einzelne oder Gruppen von Banken ihre Position als Geldemittenten verantwortungslos ausgenutzt hätten. Die Haftpflicht bei Ausfällen sowie der Wettbewerb mit anderen Geldern reichten als Ordnungsrahmen dazu aus, um Banken davon abzuhalten, riskante bzw. betrügerische Geschäfte einzugehen. Ein voll funktionierender Markt würde nach *Bagehot* in seinem Werk „Lombard Street – A Description of the Money Market“ (1873) unweigerlich zur Ächtung und dem Aus dieses Marktteilnehmers führen. So gab es beispielsweise in England und Schottland über viele Jahrhunderte eine große Anzahl von Banken, die alle ihr eigenes Geld emittierten, miteinander im Wettbewerb standen und unterschiedlich gut oder schlecht gewirtschaftet haben. Private Geldbesitzer nutzten dabei dieses meist regional verwurzelte Geld für Tauschgeschäfte und als Recheneinheit zur Bewertung ihrer Produkte und Leistungen und zu deren Kauf und Verkauf.

Die Entwicklung eines freien Marktgeldes ist mit Blick auf die neuen Technologien heute möglich.

Eine Monopolisierung in Richtung einer einzigen privatangebotenen Geldart ist jedenfalls aus den Quellen für die damals noch nicht globale Wirtschaft nicht erkennbar. Free Banking, wie es später vorgestellt wird, nach dem jedermann in einer freien Wirtschaft Geld herstellen kann, war damals schon möglich. Die heutigen technischen Möglichkeiten würden die Entwicklung eines freien Marktgeldes sicher erleichtern. Allerdings bremst die viel verbreitete Vorstellung, dass die Entwicklung eines wettbewerblichen Geldsystems ohne staatliche Lenkung zu kompliziert sei und chaotische Zustände hervorbringen würde, den Schritt in Richtung eines pluralistischen Geldsystems.

In einem monopolisierten Geldsystem erhält die Zentralbank jedenfalls eine außergewöhnliche Stellung. Sowohl theoretisch wie auch praktisch kann sie als Geldmonopolist nie insolvent werden, da sie ihr eigenes und von der Regierung als gesetzliches Zahlungsmittel akzeptiertes Geld jederzeit selbst herstellen kann.

Zwar werden Zentralbanken als Institutionen zur Gewährleistung einer stabilen Geld- und Währungspolitik meistens als staatlich und marktwirtschaftlich übergeordnete Institutionen angesehen, aber in der Praxis ist die interverbundene Zusammenarbeit zwischen Regierungen und Zentralbanken sowie das direkte Eingreifen in die Marktwirtschaft doch häufig erkennbar. Eine Regierung kann einer Zentralbank vorgeben, dass ihr oberstes Ziel die Preisstabilität sein muss, aber in ihrer Handlungsfreiheit, um dieses Ziel zu erreichen, maximale Freiheiten einräumen. Außerdem können Zentralbanken bei der Wahl ihrer Instrumente zur Erreichung ihrer Ziele von Regierungen beeinflusst werden, wie dies beispielsweise in China mit der PBoC der Fall ist, wo eher der Staat für die Währungs- und Geldpolitik des Landes verantwortlich ist.

Geschäftsbanken, Großaktionäre und Finanzinstitutionen können in einigen Ländern Notenbanken besitzen.

Zentralbanken werden oftmals als unabhängige Institutionen gegründet, um eine expansive Geldpolitik von temporär amtierenden Regierungen zu vermeiden. Das Verständnis der Funktion einer Zentralbank aber kann von Land zu Land und je nach politischem System sehr unterschiedliche Ausprägungen haben. Nicht alle Zentralbanken sind wie die EZB nach dem Vorbild der Deutschen Bundesbank als unabhängige Institutionen konzipiert und können wirklich unabhängig von politischer Beeinflussung agieren. In weniger demokratischen Ländern bekommen die Zentralbanken häufig ihre Weisungen direkt von der amtierenden Regierung. Aber auch in Europa und den USA haben einige Zentralbanken interessante Aktionärs- und Kapitalstrukturen. Die US-Notenbank Fed, die Banca d'Italia und die SNB beispielsweise haben unter anderem private Geschäftsbanken, Großaktionäre und Finanzinstitutionen als Eigentümer. In solchen Situationen wird von Privatnotenbanken gesprochen und obwohl offiziell die Aktionäre keinen Einfluss auf die Geld- und Währungspolitik der Zentralbanken haben, passen solche Eigentümerstrukturen nicht unbedingt in das Bild einer von politischen oder privaten Zielen unabhängigen Zentralbank.

Der US-Kongressabgeordnete und mehrfache Präsidentschaftskandidat *Ron Paul* veröffentlichte im Jahr 2009 ein Buch mit dem Titel „End the Fed". Er argumentiert darin, dass es zu Beginn des 20. Jahrhunderts vor allem eine Gruppe privater Großbankiers waren, die in wiederholten Versuchen und durch beständige Lobbyarbeit maßgeblich zur Gründung der Notenbank Fed im Jahr 1913 als private, von deren Geschäftsbanken gehaltene Organisation beigetragen haben. Seit dessen Gründung gibt es somit laut Paul einen Interessenskonflikt zwischen dem öffentlichen Wohl und den Zielen der Eigentümer dieser Privatnotenbank. Für Paul gibt es ebenfalls einen direkten Zusammenhang zwischen dem System des Zentralbankwesens und der Finanzierung von Kriegen, die von Monarchien, Regierungen und entsprechend auch der US-Fed zu diesem Zweck immer wieder eingesetzt worden sind und währenddessen auch den Wert ihrer Währungen aufs Spiel setzten. Paul vergleicht die Inflationspolitik der US-Fed mit den Zuständen der damaligen Weimarer Republik und der im Jahr 2008 galoppierenden Hyperinflation in Zimbabwe, deren Geldvermehrungspolitik die jeweiligen Währungen komplett zerstörten. Seit Einführung der US-Notenbank Fed im Jahr 1913 hat jedenfalls auch der US-Dollar über 95 Prozent seiner Kaufkraft verloren. Vor allem durch die wiederholten Klagen des US-Kongressabgeordneten *Ron Paul* gegen die US-Fed und seine Versuche, mehr Transparenz in die undurchsichtigen Aktivitäten der Geschäfte dieser mächtigen Notenbank zu bringen, sowie viele Informationskampagnen über das Wesen des Geldes steigt das Interesse und der Wunsch nach werthaltigem Geld in den USA stetig an.

Verschiedene Bundestaaten der USA wehren sich gegen die Wertvernichtung ihrer Währung durch das Fiatgeldsystem, und so wurden bereits Ende März 2011 im US-Bundesstaat Utah Gold und Silber von der Regierung als gesetzliche Zahlungsmittel aufgenommen. Dies stellt zwar keine Veränderung des Geldsystems an sich dar, aber sendet dennoch eine deutliche Botschaft aus. Um diesem systematischen Wertverlust, verursacht durch das Zentralbanksystem der US-Fed, ebenfalls entgegenzuwirken, gibt es in den USA eine immer stärker wachsende Bewegung, die aus der Basis der Bevölkerung, als sogenannte Graswurzelbewegung, entstanden ist. Diese politisch motivierte Initiative entstand vor allem durch die Aufklärungsarbeiten *Ron Pauls* und wird primär von der jüngeren Generation getragen. Ihren Kampagnennamen „End the FED!“ hat sie nach dem bereits erwähnten New-York-Times-Bestseller und er beschreibt auch ihr Ziel. Die Vertreter dieser Bewegung wollen die Quelle des Fiatgeldsystems, die US-Notenbank Fed, abschaffen und mit einem System werthaltigen Geldes ersetzen.

Die Graswurzelbewegung in den USA wehrt sich gegen Wertverfall des Dollars.

In den Lehren der Österreichischen Schule ist ebenfalls nicht Preisstabilität, sondern Geldwertstabilität das entscheidende Kriterium für die nachhaltige Stabilität einer Währung und den langfristigen Wohlstand einer Bevölkerung. So bekommt vor allem der Leitzins, der Preis für Geld und eines der Hauptinstrumente von Zentralbanken, in deren Lehren einen hohen Stellenwert. Zentralbanken haben verschiedene Instrumente, um die Geldpolitik bzw. die Wirtschaft ihres Landes oder ihrer Währungszone zu beeinflussen. Die Instrumente können dabei einerseits in die Geldangebotssteuerung und anderseits in die Veränderung der Geldnachfrage eingeteilt werden. Das Geldangebot wird in erster Linie durch die Kreditvergabe gesteuert, wobei die Geldnachfrage vor allem durch die sogenannte Zinspolitik mit der Festsetzung des Leitzinses gesteuert wird.

Der Leitzins kann den Geldpreis verändern.

Eines der wichtigsten Instrumente der Zinspolitik einer Zentralbank ist, wie bereits erwähnt, der sogenannte Leitzins. Der Leitzins ist der Hebel zur Veränderung des Geldpreises auf den Märkten und somit ein wesentliches Instrument der Zinspolitik von Zentralbanken. Zinsen sind im Geldmarkt ein Ausdruck für die Höhe der Kreditkosten. Eine Zentralbank gibt als Geldmonopolist vor, wie hoch oder tief die Leitzinsen, an denen sich wiederum die Geschäftsbanken mit ihrer Kreditvergabe orientieren, sein werden. Durch die Veränderung der Leitzinsen oder gar nur die Ankündigung einer möglichen Veränderung hat eine Zentralbank zwar einen indirekten, aber trotzdem beachtlichen Einfluss, sowohl auf den Verlauf von Börsenmärkten als auch auf das Konsum- und Investitionsklima von Staaten, Unternehmen und Privatpersonen.

Für die Austrians sollte sich der Preis für Geld auf den Märkten bilden und nicht durch eine zentrale Institution wie eine Zentralbank mittels Preisfixierung. Denn, in den österreichischen Lehren, spiegelt der Zinssatz in seiner ursprünglichen Funktion die Wohlstandslage einer Volkswirtschaft. Durch die freie Entwicklung des Geldpreises auf den Märkten bzw. ohne dessen Fixierung würde ein niedriger Zinssatz bedeuten, dass die Menschen viel Geld zur Verfügung haben und evtl. auch bereit sind, dieses auszugeben und erhöht zu investieren bzw. zu konsumieren. Ein hoher Geldpreis signalisiert dagegen die Knappheit von Geld in einer Volkswirtschaft und einen Rückgang der Konsumfreudigkeit sowie wenige Ersparnisse unter den Menschen. Demnach werden Kredite auch teurer verliehen und das Sparen wird wieder durch hohe Zinsen attraktiver. Unternehmen benutzen den Preis für Geld zur Orientierung für ihre Produktion und Projektrealisierungen.

Ein niedriger Zinssatz würde für Unternehmen also bedeuten, dass die Menschen über viele Geldmittel verfügen, die sie normalerweise vorher ansparen mussten, und jetzt bereit sind, das angehäufte Geld vermehrt auszugeben. Das überschüssige Geld soll demnach auch billiger verliehen werden. Ein Zentralbanksystem, das diese Signale selbst setzt und die reale Sparquote missachtet, sendet somit auch fehlerhafte Signale an die Konsumenten und Sparer sowie die Unternehmen aus. Ein künstlich festgesetzter Zinssatz gibt keine reelle Auskunft mehr über die tatsächliche Wohlstandslage einer Volkswirtschaft, sondern dient lediglich dazu, mithilfe von billigen oder teuren Kreditgeldern die Konjunktur anzukurbeln oder abzubremsen. Die volkswirtschaftlichen Konsequenzen einer zentralen Festsetzung des Leitzinses wurden bereits zu Beginn des Buches im Kapitel über die Achterbahnfahrt der Wirtschaft erklärt (→ Kapitel 1.2). Wenn nun durch inflationäre Geldmengenausweitung und künstlich niedrig gehaltene Zinssätze der Zentralbank Unternehmen dazu motiviert werden, über die vorhandene Sparquote zu investieren, und Sparer durch niedrige Zinsen vom Sparen abgehalten werden, tritt das ein, was Robinson Crusoe nach einer gewissen Zeit in seinem dann leeren Teich erleben musste.

Eine Zentralbank senkt also ihre Leitzinsen, wenn sie höhere Geldmengen in eine Wirtschaft schleusen möchte. Sie fordert so die Geschäftsbanken auf, ihr zu folgen und ebenfalls die Zinsen für Kreditgelder zu senken. Niedrige Zinsen bewirken so eine höhere Nachfrage nach Kreditgeld, das folglich für mehr Investitionen und Konsum eingesetzt werden kann. Die Aussichten auf profitable Geschäfte sollen für Unternehmen und Privatpersonen bei niedrigen Zinsen erhöht werden, um so vor allem eine schwächelnde Wirtschaftslage wieder anzukurbeln.

Austrians:
Instrument des Leitzinses ist umstritten

Die Folgen einer niedrigen Zinspolitik, der sogenannten Politik des billigen Geldes, sind tendenziell eine Erhöhung des Preisniveaus in unterschiedlichen Wirtschaftsbranchen sowie eine gestiegene Konsumnachfrage und anwachsende Wirtschaftsaktivitäten. Das Anheben der Leitzinsen wiederum hat den gegenteiligen Effekt. Das Instrument des Leitzinses ist jedoch nicht unumstritten und vor allem die Austrians, die als Vertreter einer Schule der heterodoxen Ökonomie außerhalb des ökonomischen Mainstreams liegen, äußern entschiedene Kritik gegen diesen Hebel. Sie machen das Anheben und Senken der Leitzinsen von Zentralbanken, zur Erhöhung oder Reduzierung der vorhandenen Geldmenge, für größere bzw. künstlich erzeugte Auf- und Abschwünge in der Wirtschaft und damit auch für das Auslösen von Boom-Phasen, Rezessionen und Depressionen verantwortlich.

Instrumente zur Geldangebotssteuerung beinhalten die bereits erwähnte Mindestreservepolitik (→ Kapitel 2.8), Offenmarktgeschäfte und die sogenannte Lombardpolitik. Mithilfe der Offenmarktpolitik greift eine Zentralbank direkt in die Geschehnisse der Marktwirtschaft ein. Sie kann einerseits durch den direkten Kauf von Wertpapieren mithilfe des selbst geschöpften Zentralbankgeldes in den Verlauf der Börsenmärkte eingreifen und so, unter anderem, auch die Geldmenge durch einen direkten Eingriff in die Wirtschaftsgeschehnisse erhöhen oder senken. Anderseits kann sie auch Wertpapiere auf den offenen Märkten verkaufen und beispielsweise das erhaltene Geld vernichten, um eine vorhandene Geldmenge zu reduzieren. Von Vertretern einer freien Wirtschaftsordnung werden Offenmarktgeschäfte von Zentralbanken sehr kritisch betrachtet. Dieses Instrument einer marktübergeordneten Institution, erlaubt direkte Eingriffe beispielsweise auf Börsenmärkten und so können die Strukturen und Geschehnisse einer sonst wettbewerblichen Wirtschaftsordnung durch einen Geldmonopolisten beeinflusst werden. In erster Linie und offiziell geht es zwar darum, mit geldpolitischen Interventionen eine expansive oder restriktive Geldpolitik besser steuern bzw. verfolgen zu können, aber wenn Zentralbanken direkt in offene Marktentwicklungen eingreifen, dann könnte dies mit einem Monopoly-Spiel verglichen werden, indem neben den normalen Spielern auch die Bank mitspielt.

Durch die sogenannte Lombardpolitik vergibt eine Zentralbank Kredite an Finanzinstitutionen oder Staaten. Um Kredite zu vergeben, kauft die Zentralbank Staatsanleihen, Wertpapiere und andere buchungsfähige Sicherheiten und verleiht dagegen ihr aus dem

„Nichts" geschöpftes Zentralbankgeld als Kredit. Die Bilanzierung erfolgt dabei nach dem klassischen Vorgang der doppelten Buchführung. Eine Aktiv- und eine Passivseite müssen immer ausgeglichen werden. Wenn eine Geschäftsbank nun beispielsweise einen Kredit von einer Zentralbank braucht, dann verbucht die Zentralbank auf der Passivseite das geschöpfte Geld als Verbindlichkeit und schreibt auf der Aktivseite eine Forderung auf neue Schuldtitel gegenüber der Geschäftsbank auf. Das gleiche Prinzip funktioniert bei der Finanzierung von Staaten. Die Zentralbank erzeugt das Geld per Knopfdruck oder Druckmaschine und kauft dafür der Regierung ihre Staatsanleihen ab. Die einzige Hürde, die Zentralbanken beim Geldproduzieren also erfahren können, sind rechtlich definierte Vorgaben, welche Werte eine Zentralbank als Schuldtitel aufnehmen darf und welche nicht.

No-Bail-Out-Klausel sollte dem Euro Stabilität geben und wurde nun gebrochen.

Bei der Gründung der EZB wurden im ursprünglichen Stabilitätspakt zwischen der Eurogemeinschaft eine sogenannte No-Bail-Out-Klausel vereinbart, die es der EZB gesetzlich untersagte, Staatsanleihen von krisenbehafteten Mitgliedsstaaten aufzukaufen (Art. 123 AEUV). Diese Vorgabe sollte die Währung davor schützen, in Krisenzeiten missbraucht zu werden. Um also Situationen von größeren Staatsüberschuldungen, wachsenden Abhängigkeiten sowie der Entwertung des Euros zu vermeiden, durfte sich die EZB nicht in die Staatsangelegenheiten der einzelnen Länder, auch in Krisenfällen, einmischen. Die Vorgabe, dass Staatsanleihen keine Möglichkeit darstellen durften, um neues Geld zu schöpfen und so Staaten mit notwendigen Krediten zu versorgen, wurde aber schon relativ schnell während der Eurokrise gebrochen.

Der Stabilitätspakt der Eurogemeinschaft wurde gebrochen, damit die EZB einspringen konnte, um beispielsweise im Jahr 2014 und in Folge griechische und andere Staatsanleihen aufzukaufen und den Ländern somit zu weiterer Liquidität zu verhelfen bzw. den privaten Gläubigerbanken faktisch die Rückzahlung zu garantieren. Griechenland und andere südeuropäische Länder waren und sind zum Teil noch hoch verschuldet und brauchten dringend neue Geldmittel, um abgelaufene Kredite zurückzubezahlen. Da aber den Geschäftsbanken die Situation zu risikoreich erschien und hier keine weiteren Kredite gewähren wollten, übernahm die EZB diese Aufgabe bzw. kaufte auch deren Forderungen ab.

Durch die Geldvermehrung nimmt der Wert des Euro ab.

Seit März des Jahres 2015 hat die EZB zugelegt und kaufte nun Staatsanleihen und andere Wertpapiere im großen Stil. Diese Geldvermehrungsmaßnahme, um vor allem hoch verschuldeten Staaten weitere Kredite zu verleihen und vor der Staatsinsolvenz zu bewahren, ist in den Medien unter *Mario Draghis* Billionenprogramm bekannt geworden. Die EZB beschloss im Januar 2015 unter der Leitung *Draghis,* ab März 2015 monatlich Staatsanleihen und andere Wertpapiere im Volumen von rund 60 Milliarden Euro aufzukaufen. Dies führte auf den Börsenmärkten zu neuen Höchstständen, da das neue Geld weniger in der Realwirtschaft, sondern vor allem im Kreislauf des Bankensystems ankommt. Der Wert des Euro hingegen nimmt bei Geldvermehrungsmaßnahmen dieser Größenordnung ab. Das Gesamtvolumen des EZB-Programms, das auch Quantitativen-Lockerung bzw. „Quantitative-Easing" (QE) genannt wird und nicht selten von Zentralbanken unterschiedlicher Länder zur Krisenbewältigung eingesetzt wird, um eine Konjunktur wieder anzukurbeln oder Verschuldungsprobleme zu lösen, soll auf insgesamt rund 1,14 Billionen Euro ausgeweitet werden. Die Laufzeit des QE-Programms soll laut EZB bis September 2016 weitergehen und ist weltweit und historisch somit eines der größten Ankaufprogramme von Staatsanleihen und Wertpapieren seiner Art.

Das Brechen der No-Bail-Out-Klausel des ursprünglichen Stabilitätspaktes brachte somit eine grundsätzliche Veränderung der Funktion der EZB mit sich. Denn ihre Kernaufgabe, die Preisstabilisierung, wurde auf die Ebene der Staatenrettungen ausgeweitet. In der Vergangenheit endeten die Monetarisierung von Staatsschulden und die Ausdehnung der Geldmenge oftmals in hoher Preisinflation. Demnach ist auch das Szenario einer Hyperinflation in der Eurozone, vor allem nach den flächendeckenden Eingriffen der EZB, in der Zukunft nicht grundsätzlich auszuschließen. Letztlich begibt sich die vermeintlich unabhängige Zentralbank mit diesen Einmischungen in einen Interessenkonflikt, der ihrer Stellung und ursprünglichen Gründungsfunktion nicht gerecht wird.

Die Zentralbank wird für politische Interessen eingespannt.

Verschiedene Funktionen und Instrumente einer Zentralbank, vor allem solche zur Geldmengenvermehrung, wurden in der Konjunkturzyklustheorie der Österreichischen Schule als unsichtbare Krisenverursacher herausgearbeitet, aber viel offensichtlicher ist, dass Zentralbanken vor allem während Krisenzeiten vermehrt politische Ziele unterstützen, die weit über ihre eigentlichen Aufgaben hinausgehen. Die Macht, die ein Geldmonopolist besitzt, um Veränderungen auf volkswirtschaftlicher Ebene anzuleiten, stellt daher ein derartiges moralisches Risiko (moral hazard) dar, dass die Annahme, eine vermeintlich unabhängige Zentralbank zu haben, spätestens in Krisenzeiten unrealistisch wird. Die Verführung, politische Interessen durch das Einspannen einer Zentralbank auszunutzen, ist eben viel zu groß, als dass sich Zentralbanker diesem Druck langfristig jemals widersetzen könnten. Loyalität gegenüber ihren Regierungen, Währungsräumen oder Eigentümern kann politisches und zum Teil irrationales Verhalten somit eventuell erklären.

Wenn die Funktion einer Zentralbank, die nach herrschender Lehre als monopolistische Geldausgabestelle besser funktionieren sollte als bei freier Geldausgabe in einem pluralistischen Währungssystem, nun doch nicht erfüllt wird und Regeln ständig gebrochen und verletzt werden, stellt sich die Frage, ob die Funktion von Geschäftsbanken als Geldintermediäre immerhin von diesen erfüllt wird. Die Frage nach deren Interessenkonflikten ist Gegenstand des nächsten Abschnittes.

2.12 Die Trennung der Bankgeschäfte

Zentralbanken wollen Preisstabilität gewährleisten.

Für das Funktionieren des aktuellen Geldsystems sind neben den Zentralbanken auch die Geschäftsbanken entscheidend. Zentralbanken sind zwar die Geldmonopolisten und haben vielfältige Funktionen und Instrumente, um die Geld- und Währungspolitik eines Staates oder einer Währungszone mitzugestalten, aber es sind die Geschäftsbanken, die die hauptsächliche Kreditvergabe an den Märkten und somit die Liquidität des Geldkreislaufes gewährleisten. Während Zentralbanken Geld aus dem „Nichts" schöpfen können, sind Geschäftsbanken bei ihrer Geldvermehrung auf den sogenannten Geldschöpfungsmultiplikator bzw. die von der Zentralbank festgesetzten Mindestreservevorschriften sowie die Basler Regularien angewiesen (→ Kapitel 2.2 und 2.8).

Investmentbanking ist ein riskanter Geschäftsbereich.

Als Einnahmequellen verfügen Geschäftsbanken neben den kommerziellen Kreditgeschäften auch über das sogenannte Effektengeschäft. Das heißt, hierzu kaufen und verkaufen Geschäftsbanken Aktien und andere an Börsen gehandelte Wertpapiere, um für ihre Kunden sowie für sich selber Profite zu erzielen. Das Effektengeschäft wird häufig auch einfach Investmentbanking genannt und gilt als vermeintlich riskanter Geschäftsbereich. Häufig wird den beiden Geschäftsbereichen einerseits des Kredit-, andererseits des Investmentgeschäfts ein Interessenkonflikt unterstellt. Auftretende Interessenkonflikte beinhalten diesbezüglich einerseits Anlagekonflikte, beispielsweise beim Verkauf zwischen Krediten und Wertpapieren vor allem bei der Unternehmensfinanzierung, und anderseits auch Einnahmekonflikte, wie beispielsweise bei der Frage, ob Geschäftsbanken eher Zinsen oder Provisionen einnehmen sollten.

Universalbankensystem nimmt den Sparer ins Risiko.

Die Vermischung dieser beiden Geschäftsbereiche wird unter dem Wort Universalbankensystem zusammengefasst, wobei nicht alle Länder nach diesem Prinzip funktionieren. In der Eurozone setzt sich vor allem Deutschland für ein Universalbankensystem ein, da häufig argumentiert wird, dass selbst die Trennung dieser beiden Geschäftsbereiche zu keiner garantierten Stabilisierung des Finanzsystems beitragen würde. Wirtschaftsexperten argumentieren in diesem Zusammenhang, dass Geschäftsbanken vor allem eine vernünftige Liquiditäts- und Eigenkapitalausstattung benötigen, um dem Bankensystem tatsächlich erhöhte Stabilität zu verleihen. Frankreich, England, Japan, Italien und die USA dagegen verfügen über ein sogenanntes Trennbankensystem, in dem die Geschäftsbanken so organisiert sind, dass es eine institutionelle Trennung zwischen dem Investmentbanking und den Kreditgeschäften gibt. Ein häufig genannter Vorteil der Trennung dieser beiden Geschäftsbereiche lautet, dass die vermeintlichen Risiken des Investmentbankings von den klassischen Kreditgeschäften getrennt werden können und so die Kundeneinlagen mehr Sicherheit erfahren. Jedoch würde eine Trennung dieser beiden Geschäftsbereiche nicht unbedingt das Banksystem als Ganzes stabiler machen. Denn gerade die jüngste Finanzkrise im Jahr 2008 zeigte, wie die Insolvenz einer reinen Investmentbank, Lehman Brothers, vor allem durch seine starke Vernetzung mit anderen Banken beinahe den Zusammenbruch des gesamten Finanzsystems bewirkte. Ein weiterer häufig auftauchender Kritikpunkt zur Trennung dieser beiden Geschäftsbereiche lautet außerdem, dass in einem Trennbankensystem die Kontrolle der Banken durch Aufsichtsbehörden erschwert wird, da Finanzinstitutionen ihre riskanten Aktivitäten leichter in sogenannte Schattenbanken auslagern und somit die nachhaltige Stabilität des Finanzsystems weiterhin gefährden könnten.

Die Vermischung der Effekten- und Kreditgeschäfte im heutigen Universalbankensystem aber nimmt den Sparer letztlich mit in das Risiko, wenn die Kreditkunden ihre Kredite nicht zurückzahlen und die Bank dadurch insolvent gehen würde. Zwar bestehen heute viele Einlagensicherungssysteme und zum Teil garantieren auch Staaten, wie beispielsweise Deutschland, die Rückzahlung von Spareinlagen bei Bankpleiten, es wird aber faktisch das Kreditrisiko auf risikoaverse Sparer verteilt. Wenn die Geldaufbewahrung und die Kreditdienstleistung getrennte Geschäftsbereiche wären, dann könnten Kunden selber entscheiden, ob sie ihr Geld einfach nur gesichert bei einer Bank aufbewahren wollen oder ob sie es auch verleihen bzw. investieren möchten. Letztlich aber erlaubt nur die Trennung der Bankgeschäfte, dass Kunden selber entscheiden können, welches Risiko sie tragen bzw. zu welchen Konditionen sie Investitionen eingehen möchten. In einem Universalbankensystem sind die Kundeneinlagen aller Sparer letztlich vermischt und somit Teil der Kreditvergabe und Wertpapiergeschäfte der Banken.

Die ungleiche Risikoverteilung ist auch daran zu ersehen, dass auf der einen Seite Geschäftsbanken für die Kreditvergabe trotz ausgeklügelter Ratingsysteme immer noch materielle Absicherungen von ihren Kunden verlangen, auf der anderen Seite aber den Einzahlern und Sparern im Gegenzug keine adäquaten Sicherheiten anbieten bzw. im Krisenfall gar auf Sperrfristen verweisen, in denen die Sparer ihre Gelder angelegt haben. Kredite können von Geschäftsbanken häufig bei Eintritt von Risiken vorfällig gekündigt werden, während Sparern dieses Recht nicht eingeräumt wird. Physisch vorhanden bleiben außerdem die Einzahlungen von Kunden nur in Bruchteilen real bei der Bank. Durch die bereits beschriebene niedrige Mindestreservepflicht vieler Universalbankensysteme ist der Großteil der Kundengelder im Kreditgeschäft verliehen. Des Weiteren wird im Universalbankensystem die Diskriminierung des Einlagengeschäftes auch bei den Zinshöhen deutlich. Während die Bank sich erlaubt, bei schlechten oder sich verschlechternden Risiken von Kreditkunden die Zinsen anzupassen bzw. zu verteuern, haben Sparer diese Möglichkeit bei einer Bankschieflage nicht und müssen mit dem bei Vertragsschluss vereinbarten Zinssatz auskommen.

Risiko:
Bank Run bei Schieflage der Bank

Die Angst der Sparer von einer Nichtrückzahlung soll diesen meist auch durch den Verweis auf die sogenannte Bodensatztheorie genommen werden. Im Normalfall heben in der Tat die Sparer nach Fälligkeit ihre Einlagen nicht sofort und selten gänzlich ab, das heißt, es besteht ein dauernder Bodensatz von Einlagen, der die Rückzahlung bei fälligen Einlagen sichern kann, obgleich der Großteil der Einlagen eben im Kreditgeschäft verwandt wurde. Außerdem müssen Kunden bei ihren Banken, manchmal bereits Wochen im Voraus, eine Ankündigung machen, wenn sie größere Bargeldabhebungen vornehmen möchten. Die Banken brauchen eine gewisse Vorlaufzeit, um das nötige Bargeld beschaffen zu können. Dass diese Bodensatztheorie somit nur theoretisch vor Krisen schützt, ist bei Bankpleiten erlebbar. Kommt eine Bank in Schieflage und verlieren die Einleger das Vertrauen in diese Bank, kommt es zu einem Bank Run und alle Kunden wollen möglichst sofort ihre Einlagen abheben. Dass der Bodensatz dabei nicht ausreichen wird, um allen Kunden ihr Geld auszuzahlen, leuchtet unmittelbar ein. Ob die weiter oben beschriebene Neureglung von Basel III, über 30 Tage einen solchen Bank Run aushalten zu müssen, einem realen Stresstest bei einer Bankschieflage genügt, muss die Zukunft zeigen. Hier kann letztlich nur auf den sogenannten Geldgeber der letzten Instanz (lender of last resort), die Zentralbank, gehofft werden, die aber wiederum wohl nur durch Ausgabe frischen und damit zusätzlichen Geldes einen Bank Run abwenden wird.

Zentralbanken sind die Kreditgeber der letzten Instanz für Geschäftsbanken in Krisenlagen.

Unabhängig, ob das Bankensystem nun als Trenn- oder Universalbankensystem organisiert ist, die Instabilität des Fiatgeldsystems bleibt weiterhin ein wichtiges Diskussionsthema. Zentralbanken haben in ihrer gegenwärtigen Funktion keine umfassende Kontrolle über die Geldmengenveränderungen und die Geschäftsbanken können mittels Geldmengenmultiplikator und Teilreservesystem Kräfte in Bewegung setzen, die das Gleichgewicht der Wirtschaft, nicht immer in kausalen Zusammenhängen sichtbar, aber dennoch erkenntnistheoretisch nachvollziehbar, verzerren. Obwohl Geschäftsbanken die größten Geldschöpfer im gegenwärtigen System sind, tragen sie durch die Vorschrift eines gesetzlichen Zahlungsmittels keine direkte Verantwortung für die Geldwertstabilität bzw.

den Erhalt des Geldsystems und können diese Aufgabe den Staaten und deren Zentralbanken überlassen. Die zu Beginn des Buches erklärten überdurchschnittlich hohen Boom- und Bust-Effekte der sogenannten Konjunkturzyklustheorie hängen direkt mit der Vermehrung des weltweit ungedeckten Fiatgeldsystems sowie seinen beteiligten Institutionen zusammen. Konsequenzen dieser Geldordnung wurden durch die systematische Reduktion der Kaufkraft des Geldes und die daraus resultierende schleichende und manchmal latente Verarmung größerer Teile der Bevölkerung mit der Inflationierung eines intrinsisch wertlosen Schuldgeldsystems in Verbindung gebracht.

Im Folgenden werden unterschiedliche Reformansätze, Systemoptimierungsvorschläge und komplementäre Währungsformen vorgestellt, die allesamt den Anspruch verfolgen, höhere Stabilität und mehr Nachhaltigkeit in das Geldsystem zu bringen.

3. Ein Blick über den Tellerrand

Wie in → Kapitel 2 erläutert, stellt das aktuelle Fiatgeldsystem mit Zentralbanken, Teilreservebanking und staatlicher Gewährleistung des Geldmonopols geschichtlich betrachtet eine relativ neue Form des Geldsystems dar. Die Währungen, als weltweit ungedeckte Papier-, Münz- und Giralgelder, konnten sich erst ab dem 20. Jahrhundert mithilfe des technologischen Fortschritts und diverser Eingriffe von Regierungen immer weiter ausbreiten. Auch gab es im Verlauf der Jahrhunderte immer wieder unterschiedliche Geldformen, von Papier- bis Edelmetallwährungen.

Bei dem relativ großen Spektrum an Vorschlägen aus der Literatur oder real existierender Alternativen verschiedener Systemreformvorschläge können die Konzepte grundsätzlich in zwei Denkschulen eingeteilt werden: Es geht letztlich um die Anhänger zentral geplanter bzw. verwalteter Systeme versus die Modelle der freien Marktwirtschaft.

Die Vorschläge der einen Gruppe gründen auf der Vorstellung, Geld sei zu wichtig, um es den unvorhersehbaren Kräften der Märkte zu überlassen, während die andere Seite ihre Konzepte auf dem Argument aufbaut, dass nur die freie Marktwirtschaft jemals ein wertvolles, verantwortungsbewusstes und nachhaltiges Geldwesen hervorbringen kann. Die eine Denkrichtung spricht sich also für ein gesetzlich verordnetes Geldsystem aus, während die andere die Freiheit der Märkte bevorzugt. Zusätzlich gibt es auch Mischformen von alternativen Geldsystemen, die zum einen aus gesetzlich vorgegebenen Währungen und zum anderen aus systemergänzenden Geldformen des Privatsektors aufgebaut sind. Je nachdem, wie die Entwerfer der unterschiedlichen Vorschläge die Frage Staat versus Markt für sich beantworten, entwickeln sie darauf aufbauend Vorschläge mit jeweils abweichenden Konsequenzen. Dabei behält das Medium Geld in jedem Fall eine sehr große Bedeutung für die Bevölkerung und deren Wirtschaftsform. Geld bleibt also bei allen Systemreformvorschlägen, gleich ob zentral gesteuert oder dezentralisiert, das wesentliche Mittel zur Erlangung verschiedener Ziele.

Alle hier vorgestellten Systemreformvorschläge sollen dabei nicht einfach eine Komplementärlösung zu der bereits existierenden Form des Geldsystems anbieten und deren partielle Probleme auch nur partiell unter Beibehaltung des existierenden Systems lösen helfen, sondern es grundsätzlich neu strukturieren. Die Vorschläge bieten dabei, je nach Konzeption, unterschiedliche Möglichkeiten für die weitere Entfaltung der Währungssysteme an.

Reformforderung: Zentralbanken abschaffen und konkurrierende Währungen zulassen

Vorschläge, die sich für mehr Kontrolle des Staates im Geldwesen einsetzen, kritisieren vor allem, dass sich gegenwärtig Regierungen bei Geschäftsbanken verschulden müssen, um an Kredite zu gelangen, während diese hohe Profite erwirtschaften und die Eigenverantwortung durch ihre wichtige Rolle im Finanzsystem teilweise auch auf Staaten oder Zentralbanken abschieben können. Diese Vorschläge möchten die gegenwärtige Funktion der Zentralbank neu ordnen, ihr mehr Macht verleihen und parallel dazu das Teilreservesystem sowie den Geldschöpfungsmultiplikator der Geschäftsbanken abschaffen. Reformvorschläge, die sich auf die Lösungen der Marktwirtschaft stützen, fordern grundsätzlich die Abschaffung des Geldmonopols und die damit verbundene Privilegierung des Bankensektors. Gefordert wird dies manchmal in Form einer Abschaffung des Zentralbanksystems und andernorts auch durch die gesetzliche Zulassung konkurrierender Privatwährungen. Dabei kritisieren Befürworter der pluralistisch marktwirtschaftlichen Geldordnung ebenfalls die gesellschaftszerstörerischen Auswirkungen des Teilreservesystems und die ungedeckte, aber abgesicherte Geldschöpfungsmacht der Geschäftsbanken bei keinerlei Haftung für den Wert des Geldes. Letztendlich haben aber alle Reformvorschläge dasselbe Ziel. Sie wollen mehr Stabilität in das globale Finanzsystem bringen und dadurch ein zukunftsorientiertes, ethisch vertretbares und nachhaltiges Geldwesen hervorbringen, das den Bedürfnissen der Volkswirtschaften sowie der menschlichen Würde im 21. Jahrhundert entspricht.

Es werden nun im ersten Teil Optimierungen des Geldsystems vorgestellt, die zum Ziel haben, das bereits bestehende zentralverwaltete Geldwesen so neu zu strukturieren, dass es in Zukunft erhöhte Stabilität und Nachhaltigkeit aufweist. Danach werden Komplementärwährungen dargestellt, die letztlich die Wirtschaftsstruktur jedes Geldsystems ergänzen können und dadurch stabilisieren und verbessern möchten. Bei den Systemergänzungen werden zahlreiche Ideen vorgestellt, die zum Teil in der Vergangenheit existierten oder auch gegenwärtig vorkommen und in verschiedenen Ländern oder Gesellschaftsformen bereits unterschiedliche Verwendungen finden. Schlussendlich folgen grundlegende Reformvorschläge des bestehenden Geldsystems. Bei den Systemreformvorschlägen sind zum Teil revolutionäre Umbauten des Geld- und Finanzsystems nötig, die zumeist die Aufhebung des Geldschöpfungsmonopols der Zentralbanken erfordern und erhöhte Geldwertstabilität durch einen privaten Währungswettbewerb erzielen.

Systemoptimierungen: zahlreiche Modelle und ein Ziel

Dieser erste Teil der alternativen Geldsysteme setzt sich aus Optimierungsvorschlägen des aktuellen monopolisierten Geldsystems zusammen. Die Vorschläge verlangen, je nach Konzeption, unterschiedliche Änderungen der Herstellungsweise und Deckungsgrundlage eines zentralgesteuerten Geldsystems. Im Folgenden werden das 100%-Geld von *Irving Fisher* bzw. die Vollgeldreformvorschläge der sogenannten Monetative dargestellt. Danach werden diverse ressourcengedeckte Währungsvorschläge aufgezeigt und erläutert. In Folge wird das sogenannte Weltwährungskonzept anhand der Reformideen von *John M. Keynes'* Bancor-Plan vorgetragen. *Silvio Gesells* Schwundgeld bzw. Freigeldreform, im Rahmen seiner Freiwirtschaftslehre, runden den Teil der Optimierungsvorschläge eines zentralgesteuerten Währungssystems ab. Ein kurzer Exkurs über die Chancen und Risiken zur Einführung des sogenannten Bedingungslosen Grundeinkommens (BGE) wird am Ende des Kapitels vorgestellt. Das BGE liefert zwar kein Reformkonzept des Geldsystems als solches, aber es würde dennoch eine radikale Veränderung der aktuellen Gesellschaftsordnung und Wirtschaftsform nach sich ziehen und wäre außerdem mit allen vorgestellten Systemoptimierungsvorschlägen vereinbar.

3.1 Irving Fishers Vollgeld

Ein Vollgeldkonzept beschreibt ein Geldsystem, in dem die alleinige Geldschöpfungsmacht bei einer einzigen zentralen Institution liegt. In den meisten Fällen wäre dies die Zentralbank eines Landes, die im Idealfall unabhängig von den politischen Interessen der Regierung arbeitet. Indem das Teilreservebanksystem abgeschafft wird und Geschäftsbanken die Möglichkeit zur selbstständigen Schöpfung von Giralgeld entzogen wird, soll die Steuerungsfähigkeit über die Geldmenge erhöht werden. Befürworter dieser Konzepte argumentieren, dass gegenwärtig rund 90 Prozent unserer Geldmittel auf elektronischem Wege durch die Geschäftsbanken hergestellt werden und diese davon nicht nur übermäßig stark profitieren, sondern auch durch ihre Funktionsweise die Erzeugung von Finanzblasen stimulieren. Diese eigenmächtige Herstellung von elektronischem Geld durch die Geschäftsbanken und die daraus resultierenden Risiken für potenzielle Finanzkrisen sind der Ausgangspunkt verschiedener Vollgeldkonzepte. Durch das Teilreservesystem schöpfen private Banken vermeintlich unkontrollierbare Summen aus Kreditgeld, das Teuerungen und Spekulationsblasen vor allem auf den Börsenmärkten initiiert und somit für eine Destabilisierung der Realwirtschaft im Allgemeinen verantwortlich sei.

Die Reformvorschläge der Vollgeldkonzepte zielen darauf ab, den Geschäftsbanken das Privileg der ungedeckten Giralgeldschöpfung zu entziehen und überschüssige Zinsgewinne weniger den

Geschäftsbanken und vermehrt der Öffentlichkeit zugutekommen zu lassen. Durch eine Reform, die der Zentralbank die alleinige Kontrolle über die Geldschöpfung erteilt, soll außerdem eine effektive Geldmengensteuerung erreicht werden. Geschäftsbanken können demnach kein eigenes Geld mehr produzieren und müssen es sich entweder von der Zentralbank, anderen Geschäftsbanken oder anderweitig aus dem Privatsektor leihen. Sie können dabei nicht mehr auf das Teilreservesystem zurückgreifen und demnach nur noch so viel Geld verleihen, wie sie von ihren Kunden oder durch Kredite zur Verfügung bekommen haben. Die bereits beschriebene Multiplikation der Geldschöpfung durch Basel II und III, also die Vergabe eines Vielfachen an Kreditgeldes vom eigenen Kapital, wäre damit nicht mehr möglich (→ Kapitel 2.2). Auch wird eine Trennung der beiden Bankgeschäfte, Effekten- und Kreditgeschäfte, wie im letzten Kapitel beschrieben, in einem Vollgeldsystem als sinnvolle Veränderung des Bankwesens vorgeschlagen.

Geldhoheit eines Landes: die Monetative als vierte Gewalt

Bei den Vollgeldkonzepten gibt es Varianten, bei denen das Geldschöpfungsmonopol bei den Zentralbanken des Landes liegt, oder es wird eine vierte Gewalt – neben den drei anderen Staatsgewalten, Legislative, Judikative und Exekutive, eingerichtet –, die folglich die Geldmenge festlegt. In beiden Fällen wird den Geschäftsbanken die eigenständige Geldschöpfung untersagt. Befürworter dieses letztgenannten Modells geben der vierten Gewalt den Namen Monetative. Das Kunstwort Monetative drückt eine vierte Staatsgewalt aus, die die Geldhoheit eines Landes oder einer Währungsunion ausübt. Es handelt sich dabei entweder um eine reformierte und in ihrer Gewalt gestärkte Zentralbank oder eine neu gegründete Institution, die als oberste und einzige Geldausgabestelle fungiert. Die Monetative ist als unabhängige Vollgeldmonopolistin auch von potenziellen Ansprüchen der Regierungen und seiner Parlamente vollkommen befreit. Im Rahmen einer effektiven Geldmengensteuerung sind die Ziele der Vollgeldreform die Stabilisierung der Wirtschaft und der Preise sowie eine Vermeidung spekulativer Blasenbildungen an den Finanzmärkten. Der

Staat finanziert sich in diesem Reformansatz über zinsfreie Kredite bei der öffentlich-unabhängigen Monetative statt über Kredite privater Geschäftsbanken. Das Endziel dieses Systemreformvorschlages ist es, gemäß dessen Anhängern, die Finanzbranche vollständig in den Dienst der Öffentlichkeit und der Realwirtschaft zu stellen.

Im Jahr 1935 stellte der Wirtschaftsprofessor *Irving Fisher* (1867–1947), diesen Überlegungen folgend, sein sogenanntes 100 %-Geld vor. Er machte in seinem Buch „100 %-Money" (1935) vor allem die unkontrollierbare Geldmengenvermehrung, die durch das Teilreservesystem der Geschäftsbanken ausgeübt wird, für die Weltwirtschaftskrise zwischen den Jahren 1929 und 1933 verantwortlich. Als Lösungsvorschlag stellte er sein 100 %-Geld als Alternativsystem vor. In seinem Vorschlag sollte das Mindestreservesystem der Geschäftsbanken abgeschafft werden und diese zu einer vollständigen Deckung ihrer Kundeneinlagen durch Zentralbankgeld verpflichten. Solche und ähnliche Vorschläge gab es auch schon früher, wobei die Ziele immer ähnlich waren.

Die Geldschöpfungsmacht sollte komplett an eine einzige unabhängige und übergeordnete Instanz abgegeben werden und die Geschäftsbanken sollten ihre Einlagen mit dem emittierten Geld dieser übergeordneten Instanz zu 100 Prozent decken. Ähnliche Vorschläge zu *Irving Fishers* Modell finden sich auch schon früher in den Reformansätzen des österreichischen Ökonomen *Eugen Böhm von Bawerk* (1851–1914), einem Vertreter der Österreichischen Schule und Begründer der Österreichischen Kapitaltheorie. Ein weiterer Vorschlag, der auf den gleichen Grundsätzen wie das 100 %-Geld *Fishers* steht, ist der Full-Reserve-Banking-Plan *Milton Friedmans* (1912–2006) und seiner Gruppe Chicagoer Ökonomen. Dieser Plan ist ebenfalls ein Gegenentwurf zum Teilreservebanksystem. Das 100 %-Geld und alle weiteren Vorschläge dieses Reformkonzeptes sind demnach als grundsätzliche Lösungsvorschläge zum ungedeckten und beliebig vermehrbaren Teilreservesystem zu verstehen. Es verpflichtet Geschäftsbanken, auf Dauer 100 Prozent Geldreserven für all ihre Kundeneinlagen zu halten, und soll somit das Finanzsystem langfristig und umfassend stabilisieren.

Die Konzepte verstehen sich allesamt als Modelle für die Lösung der Probleme des ungedeckten Fiatgeldsystems und geben Regierungen ein starkes Instrument in die Hand, um Bank Runs, Bankinsolvenzen und größere Finanzkrisen zukünftig zu vermeiden. Bis heute hat aber noch kein Land der Welt ein vollständig in die Wirtschaft integriertes Vollgeldkonzept umgesetzt. Verschiedene Modelle, die als Vorläufer dieser Idee gelten könnten, gab es jedoch schon.

Im Zuge der Liberalisierungswelle zu Beginn des 19. Jahrhunderts wurde beispielsweise das Bankensystem in der Schweiz weitgehend dereguliert. Mehrere Kantone erlaubten privaten Banken, ihre eigenen Noten herauszugeben, und so entwickelten sich vor allem drei Haupttypen aus kommerziellen, kantonalen und lokalen Banken.

Lateinische Münzunion: frühes Geldmonopol mit Anspruch, Weltgeld zu sein

Durch eine Volksabstimmung am 18. Oktober 1891 allerdings wurde das Notenmonopol an den Bund übertragen und das pluralistische Geldsystem sowie die private Notenausgabe wurde in der Schweiz gänzlich verboten. Dies geschah auch zu einer Zeit, während sich die sogenannte Lateinische Münzunion, die am 23. Dezember 1865 durch die Schweiz, Frankreich, Belgien und Italien gegründet wurde, stetig fortentwickelte. Durch diese Währungsunion herrschte in vielen Ländern Europas ein bimetallischer Silber-Gold-Standard, der mehr Vereinfachungen, Effektivität und Stabilität in den Wirtschaftssystemen der teilnehmenden Nationen hervorbringen sollte. Durch das Fortschreiten der Münzunion und deren steigender Akzeptanz in vielen europäischen und nicht europäischen Ländern, wie beispielsweise auch Belgisch-Kongo, und die Ausgabe der Münzen durch die Zentralbanken gewann das zentralgesteuerte Geldsystem an Popularität. Von *Napoleon III.* (1808–1873), dem Nachfolger *Napoleon Bonapartes,* wurde die Lateinische Münzunion vor allem als ökonomischer Hebel betrachtet, um in Europa mittelfristig eine politische Union zu bezwecken und langfristig ein einheitliches Weltgeld zu erzielen.

Schweizer Geschäftsbanken wurden nach Übertragung des Notenmonopols an den Bund in das Zentralbanksystem eingegliedert und dazu gezwungen, fremde Noten zum Nennwert anzunehmen. Die Zentralisierung des Bankensystems entwickelte sich in den 1890er Jahren weiter und im Jahr 1907 wurde die Schweizerische Nationalbank (SNB) gegründet und konnte ihre Geschäftsaktivitäten vollständig aufnehmen. Seitdem prägte sie die Wirtschaftspolitik der Schweiz maßgeblich. Mit dem technologischen Fortschritt aber gewann das elektronische Giralgeld immer mehr an Bedeutung und obwohl der Bund das Monopol auf Banknoten immer noch besaß, konnten private Geschäftsbanken nun mithilfe der elektronischen Kreditgeldherstellung Giralgeld eigenständig schöpfen und somit Geld, zwar auf veränderte Weise als zur Zeit vor der Digitalisierung, aber trotzdem wieder selbstständig schöpfen.

Die jüngste Vollgeldinitiative in der Schweiz, die bei erfolgreichem Eingang aller 100.000 notwendigen Unterschriften auch zu einer Volksabstimmung führen könnte, wirbt um Zustimmung mit dem Argument, dass der Bund wieder vollständige Kontrolle über alle Geldschöpfungsaktivitäten wie damals nach der letzten Volksabstimmung im 19. Jahrhundert erlangen sollte. Kritiker der Vollgeldkonzepte aber argumentieren, dass es gar nicht im Aufgabengebiet einer Zentralbank läge, vollständige Kontrolle über die Geldmenge zu besitzen, sondern ausschließlich für Preisstabilität zu sorgen. Dagegen wiederum einzuwenden wäre, dass eine Zentralbank, ausgestattet mit vollständiger Geldschöpfungsmacht, einen wesentlich größeren Hebel in der Hand hätte und somit unterschiedliche Konjunkturlagen besser stabilisieren, vorbeugen und beeinflussen könnte. Käme es zu einer Volksabstimmung mit entsprechender Mehrheitsentscheidung für ein Vollgeldsystem in der Schweiz, würden Geschäftsbanken nach wie vor ihre Aufgaben für Kreditgeschäfte sowie der Vermögensverwaltung und Regelung des Zahlungsverkehrs behalten. Danach könnten sie aber nur noch Geld benutzen, das durch andere Kundeneinlagen vollständig gedeckt ist. Schweizer Geschäftsbanken könnten somit kein eigenes Kreditgeld mehr schöpfen und müssten sich weitere Liquidität entweder vom Privatsektor oder vorwiegend von der Zentralbank ausleihen.

Ein Hauptvorteil eines Vollgeldes wäre nach Auffassung dessen Vertreter vor allem die Glättung der schwankenden Konjunkturzyklen. Geschäftsbanken könnten in diesem System ihre Kreditvergabe nicht schlagartig erhöhen oder verringern und könnten somit auch nicht die Geldversorgung des Marktes eigenständig beeinflussen. Dadurch wäre auch die Möglichkeit eingeschränkt, Spekulationen und Finanzblasen mit geringem Realitätsbezug aufzublähen. Sowohl Finanzmärkte als auch die Realwirtschaft würden somit eine Erhöhung ihrer Stabilität durch ein Vollgeldsystem erfahren. Weil die Kreditvergabe der Geschäftsbanken durch die vollständige Deckung in jeder Konjunkturlage stabil wäre, würde dies konsequenterweise auch eine langfristig stabilisierende Wirkung auf das gesamte Finanz- und Wirtschaftssystem ausüben. Des Weiteren könnte eine Vollgeldreform auch die üblichen Inflations- und Deflationsgefahren unseres Fiatgeldsystems dadurch verringern, dass Geschäftsbanken kein Giralgeld selber mehr herstellen könnten. Somit hätten sie keinen Einfluss mehr über die Geldmenge des Marktes und dementsprechend auch weniger Einfluss auf Verzerrungen der Marktwirtschaft wie bereits beschrieben (→ Kapitel 1.2). Im Vollgeldsystem würde also die vierte Gewalt im Staat, die Monetative, alle Geldmengenerhöhungen und -reduktionen vollständig steuern. Diese Macht hat gegenwärtig keine Zentralbank allein durch Erhöhung bzw. Senkung des Leitzinses oder unter Einbezug anderer Instrumente der Geld- und Währungspolitik.

Im Vollgeldsystem gäbe es auch keine durch Steuergelder finanzierten Bankenrettungen mehr. Denn es handelt sich um ein vollständig gedecktes Geldsystem und somit können die Geldeinheiten auf den Konten der Kunden auch nicht mehr verschwinden. Ein Bank Run ist demnach in einem Vollgeldsystem gar keine Möglichkeit mehr und so auch keine Gefahr für die Stabilität einer Bank bzw. des gesamten Finanzsystems. Außer eine Geschäftsbank fängt gegen das Gesetz an, mehr Geld zu verleihen, als sie tatsächlich durch Kredite oder Kundeneinlagen besitzt. Falls eine Geschäftsbank aber aus anderen Gründen als der Zahlungsunfähigkeit in Konkurs geraten sollte, blieben die Bankkunden immer noch Eigentümer ihres Geldes und würden somit keinerlei Verluste ihrer Ersparnisse erfahren.

Vollgeldreform löst das Problem der staatlichen Bankenrettung.

Das Vollgeld wird als eine Art Bargeld in elektronischer Form betrachtet. Aktuell gibt es einen Unterschied zwischen Giralgeld und Bargeld, aber im Vollgeldsystem wären beide Geldarten als gleich zu betrachten. Wenn eine Bank im Fiatgeldsystem insolvent geht und der Staat für die Einlagen der Kunden nicht bürgt, dann gehen die Vermögen der Kunden einfach verloren, weil die Konten weder gedeckt waren noch physisch existierten. Die Vollgeldreform würde also auch das Problem der staatlichen Bankenrettungen weitgehend auflösen, denn Banken, die zu groß oder zu systemrelevant geworden sind, um insolvent zu gehen, würde es durch die vollständige Deckung aller Kundeneinlagen gar nicht mehr geben.

Da die Geldmenge nicht mehr unkontrollierbar wachsen könnte, hätte die Monetative die Möglichkeit, das Wachstum der Geldmenge stärker an die Realwirtschaft anzupassen. Allerdings könnte zu diesem Punkt auch das Markt-versus-Staat-Argument eingebracht werden, um zu behaupten, dass eine Marktwirtschaft viel besser dafür geeignet sei, um die richtige Geldmenge durch eine dezentrale Kreditvergabe herauszufinden, als dies eine marktübergeordnete Zentralinstanz jemals schaffen könnte. Jedoch ist hierbei auch zu betrachten, in welchem System die Geldmengenveränderungen stattfinden bzw. ob die Kreditvergabe der Geschäftsbanken in einem Fiatgeldsystem tatsächlich vorteilhafter für die Wirtschaft ist als die zentralgesteuerte Geldmenge eines Vollgeldsystems.

Durch eine alleinige Steuerung der Geldmenge, beispielsweise mittels einer Monetative, könnten sich der gegenwärtig permanent beschleunigende Wettlauf der Wirtschaft und der daraus resultierende Wachstumszwang für Unternehmen deutlich reduzieren. Aktuell üben die systematisch steigende Geldmenge und die sich daraus entfaltende Geldentwertung einen starken Druck auf die

Wachstumsziele vieler Unternehmen aus. Folglich hätten ein reduziertes Wachstum der Geldmenge oder ein Geldmengenwachstum, das an das tatsächliche Wachstum der Realwirtschaft angepasst ist, auch positive Effekte auf verschiedenen Ebenen. Das Wachstum der Unternehmen würde nicht länger unter dem Druck einer ständig wachsenden Geldmenge stehen und die Geldmenge könnte umgekehrt an das natürlich stattfindende Wachstum der Unternehmen angepasst werden. Folglich könnte auch die unternehmerische Ausbeutung der Natur gemäßigter vorangehen und das Arbeitsklima und die -bedingungen innerhalb der Unternehmen könnten sich entspannen. Schlussendlich würden sich diese Veränderungen auch positiv auf den Zustand der Gesellschaft als Ganzes auswirken, so die Vertreter dieses Reformkonzeptes. Außerdem würde die vermeintliche Privilegierung des Bankensektors im Vergleich zu allen anderen Unternehmen wegfallen.

Im Vollgeldsystem könnten sich Schulden der privaten Haushalte reduzieren.

Da Vollgeld nicht durch Kreditvergabe von Geschäftsbanken geschöpft wird, sehen die unterschiedlichen Konzepte auch eine Reduzierung der Staatsschulden vor. Ein Staat könnte sein Geld als zinsfreies Darlehen direkt von der Zentralbank erhalten und wäre für seine überschüssige Finanzierung nicht mehr von den privaten Geschäftsbanken abhängig. Auch würden sich in diesem System die Schulden der Privathaushalte langfristig reduzieren, denn zum einen gäbe es weniger Möglichkeiten, neue Schulden aufzunehmen, und zum anderen wäre es für Menschen attraktiver zu sparen. Auch sehen Vollgeldreformvorschläge vor, dass die Einnahmen, die eine Zentralbank durch Zinsen generiert, vollständig den nationalen, regionalen oder kommunalen Regierungen zufließen. So können diese zusätzlichen Gewinnüberschüsse durch Rückflussmöglichkeiten in die öffentlichen Kassen auch wieder der Gesellschaft zugutekommen.

Nachdem das sogenannte Vollgeldsystem als erste Alternative einer veränderten Geld- und Finanzordnung vorgestellt wurde, soll nun auf ein weiteres Modell hinsichtlich der Deckung bestehender

Währungen eingegangen werden. Dass Geld stets auch aus Edelmetallen bestand oder mit realen Gütern gedeckt bzw. hinterlegt war, wurde im Teil über die Geschichte des Fiatgeldsystems bereits verdeutlicht (→ Kapitel 2.6). Die Frage ist also, ob nach Abschaffung der Golddeckung des Dollars bzw. der Abkehr vom oben beschriebenen Bretton-Woods-System (→ Kapitel 2.4) eine Rückkehr zu einer ressourcengedeckten Währung nicht sinnvoll wäre, um Geld- und Finanzmärkte wieder zu stabilisieren.

3.2 Ressourcengedeckte Währungen

Ressourcengedeckte Währungen sind Gelder, die nur auf der Grundlage realer Güter emittiert werden können. Sie eignen sich als Tauschmittel, die ihren Wert aus der jeweiligen Deckungsgrundlage erhalten, aber auch als Recheneinheit, denn sie können durch ihre realen Werte mit anderen Geldarten, Produkten und Dienstleistungen verglichen werden. Zum Sparen eignen sich ressourcengedeckte Währungen ebenfalls gut, da sie einen realen Wert jenseits der gesetzlichen Vorschrift besitzen und somit auch eine Wertaufbewahrungsfunktion ausüben. Ziel der ressourcengedeckten Währungen ist, den Wertverlust des Geldes einzuschränken. Das Geldsystem soll durch eine werthaltige Deckung stabilisiert werden, wobei die grenzenlose Ausweitung des Kreditgeldes einen Sicherheitsriegel vorgeschoben bekommt. Dadurch soll die Werthaltigkeit des Geldes, über den guten Willen der Zentralbanker und Politiker hinaus, gewährleistet werden. Des Weiteren versuchen manche Konzepte dieser Geldsysteme auch ökologische Ziele zu verwirklichen. Die Einsetzbarkeit von ressourcengedeckten Währungssystemen ist global und könnte auf regionaler, nationaler oder internationaler Ebene Verwendung finden.

Die Geldmenge mit Emissionsrechten bestimmter umweltschädlicher Abfallprodukte zu verbinden, um die Wirtschaft nachhaltiger zu machen

So gibt es verschiedene Vorschläge von Währungen, die auf Emissionsquoten basieren. Dabei verfolgen diese vorwiegend das Ziel, sich ökologischen Herausforderungen wie Umweltverschmutzung, Klimaerwärmung oder Zerstörung der natürlichen Ökosysteme zu stellen. Das Finanzsystem soll zusätzlich mit der Realwirtschaft verbunden werden, wobei der Verbrauch von natürlichen Ressourcen mithilfe eines Quotensystems eingeschränkt und gesteuert werden soll. Die Geldmenge wird folglich dadurch gesteuert, dass sie an Emissionsquoten gekoppelt ist und die Geldschöpfung nur mittels einer Quotenvereinbarung erfolgen kann. Die Abstimmung der Quotenverteilung kann, je nach System, in zentraler oder dezentraler Verfahrensweise stattfinden. Geld, das durch Emissionsrechte nicht erneuerbarer Energien gedeckt ist, verbindet natürlich vorkommende Werte mit dem Geldwert. Durch diese Verbindung soll die Krisenanfälligkeit des Wirtschafts- und Finanzsystems reduziert und die Geldmengenausweitung zweckdienlich begrenzt werden.

Ein Pionierkonzept der Idee, die Geldmenge durch Quotenvergabe an Emissionsrechte zu koppeln, stammt vom englischen Ökonomen, Ökologen und Schriftsteller *Richard Douthwaite* (1942–2011). Um die Wirtschaft ökologischer und nachhaltiger zu gestalten, schlägt er vor, die Geldmenge mit Emissionsrechten bestimmter umweltschädlicher Abfallprodukte zu verbinden. Sein Konzept lässt sich sowohl auf nationaler als auch auf internationaler Ebene anwenden. Er schlägt ein viergliedriges Geldsystem vor, wobei ein Glied dieses Systems eine internationale Reservewährung darstellt, die an Emissionsrechte gekoppelt ist. Die Länder bekommen ihre Emissionsrechte von einer internationalen, nicht staatlichen Institution zugeteilt. Dieses Konzept sieht ebenfalls vor, dass ungedeckte und beliebig vermehrbare Weltwährungen wie Euro, US-Dollar oder Yuan nicht mehr als Reserven gehalten werden sollen. *Douthwaites* Vorschlag sieht somit eine Art Weltwährung vor, die in unterschiedlichen Verhältnissen an CO_2-Emissionsrechte gekoppelt ist. 45 Prozent all dieser Rechte sollen zwischen den Ländern verteilt werden und von dort aus am Markt handelbar gemacht werden. Die restlichen 55 Prozent sollen in einem offenen Auktionsverfahren versteigert werden.

Mehrgeldsteuerkonzept zur Vorbeugung ökonomischer und ökologischer Krisen

Diese Idee wurde auch von anderen Ökonomen aufgegriffen und weiterentwickelt. Bei den Quotendeckungen steht nach wie vor im Mittelpunkt, dass die Geldmenge an ein Bündel nicht erneuerbarer Ressourcen wie CO_2-Rechte gebunden wird. Einzelne Staaten oder zusammengeschlossene Währungsräume könnten Quoten zugeteilt bekommen, die von den Ländern ausgehandelt und durch eine zentrale Instanz verteilt werden. Das Geldmengenwachstum ist danach für die Staaten an die Höhe der zugewiesenen Quoten gebunden. Das Wirtschaftswachstum könnte so auf ein organisches Maß beschränkt werden. Der deutsche Ökonom und Leiter der Kommission „Steuern und Finanzmarkt" des Bundesverbands für Wirtschaftsförderung und Außenwirtschaft, *Dirk Solte*, schlägt vor, dass die Quotenausgabe von einer internationalen, staatlich unabhängigen Organisation durchgeführt werden soll. Dabei kann die Vergabe der Rechte mit der Höhe des realisierbaren Bruttoinlandsprodukts (BIP) des jeweiligen Landes verknüpft werden. Somit wäre sichergestellt, dass ein Land, in Hinblick auf einen effektiven Verbrauch der begrenzten Ressourcen, nicht schneller wachsen kann, als ökologisch zumutbar wäre. Ebenfalls schlägt Solte ein Mehrgeldsteuerkonzept vor, um zukünftigen ökonomischen und ökologischen Krisen vorzubeugen. Das Wirtschaftswachstum der Länder soll dabei durch Reformen an Kriterien der Nachhaltigkeit gebunden werden. Grenzen für das Wachstum könnten dabei sowohl für das Bruttosozialprodukt (BSP) eines Landes, das im Vergleich zum Bruttoinlandsprodukt (BIP) auch die erwirtschafteten Gewinne im Ausland miteinbezieht, als auch für die Weltwirtschaft gesetzt werden. Ein Teil dieses Konzeptes beinhaltet die Geldschöpfungsmöglichkeiten von nationalen Zentralbanken durch die Begrenzung international ausgehandelter Emissionsrechte.

Das Konzept der Mehrgeldsteuer fordert, dass an den Börsen gehandelte Finanzprodukte wie Aktien, Anleihen, verbriefte Sicherheiten, Optionsscheine und andere Wertpapiere stärker reguliert werden und einer sogenannten Mehrgeldsteuer unterlegt werden.

Dieser Vorschlag wird dadurch begründet, dass Finanzprodukte auf den Börsenmärkten ähnlich wie Geldsurrogate wirken und somit auch als Geld angesehen und dementsprechend besteuert werden müssten. Ein wesentlicher Argumentationspunkt hierbei ist, dass die allermeisten Finanzprodukte vollkommen ungeeignet seien, um die Realwirtschaft zu finanzieren, und somit eine Art geschlossene Parallelwelt aufgebaut werde. In dieser Parallelwelt finde eine Wertschöpfung statt, die weitgehend von den realen Wirtschaftsaktivitäten losgelöst sei. Die Ausweitung solcher Finanzprodukte soll demnach durch eine Mehrgeldsteuer eingeschränkt werden bzw. Teile der Gewinne aus diesen Geschäften sollen durch die Steuer in öffentliche Kassen zurückfließen und so mit der Realwirtschaft in Verbindung gebracht werden. Zur Höhe der verhängten Steuer wird vorgeschlagen, dass diese umgekehrt proportional zum Risiko des jeweiligen Produktes stehen soll. Ebenfalls könnten Kredite nach dieser Methode besteuert werden. Je tiefer der Zinssatz für einen Kredit also ist, desto höher wäre demnach auch die zu zahlende Steuerabgabe.

Handelbare Emissionsrechte für alle

Andere Vorschläge für gedeckte Währungssysteme, die auf Emissionsquoten basieren, sogenannte „Carbon-Currencies", fordern, dass alle Bürger der Welt eine bestimmte Anzahl von handelbaren Emissionsrechten zugeteilt bekommen. Die CO_2-Rechte können dann individuell auf den Märkten gehandelt werden. Die Begrenzung des Geldmengenwachstums und das Kanalisieren des Wirtschaftswachstums in ökologisch nachhaltige Richtungen stehen dabei ebenfalls im Fokus. Ökologische Herausforderungen sollen durch die Emissionswährungen gelöst werden. Auch beinhalten diese globalen Ansätze oftmals auch Platz für komplementäre Währungen und schlagen Ideen vor, wie mehrere Währungssysteme nebeneinander gleichzeitig funktionieren könnten. Inwiefern jedem Menschen eine individuelle Quote von Emissionsrechten zugeteilt werden könnte und welche Voraussetzungen dafür erfüllt sein müssten, bleibt umstritten. Ebenfalls offen bleiben die Fragen nach einer technischen Umsetzbarkeit dieser Idee.

„Nur Gold ist Geld, alles andere ist Kredit."
Roland Baader

Das wohl bekannteste und am meisten verbreitete Konzept einer ressourcengedeckten Währung ist neben den emissionsbasierten Währungen allerdings das System eines Goldstandards. Gold als physisches Edelmetall hat eine universelle und zeitlose Werthaltigkeit und behauptete sich deshalb durch die gesamte Geschichte als erfolgreichstes Geld. Der deutsche Volkswirt und Vertreter der Österreichischen Schule *Roland Baader* (1940–2012) prägte den Spruch „nur Gold ist Geld, alles andere ist Kredit." Da Gold ein sehr knappes Edelmetall ist, wird ein Goldstandard als sehr effektives Mittel angesehen, um eine Geldentwertung zu verhindern. Viele Währungsexperten setzen sich für die Rückführung zu einer zeitgemäßen Form des Goldstandards ein.

Papiergeld wird früher oder später wertlos sein.

Vom französischen Philosophen, Aufklärer und Schriftsteller *François-Marie Arouet* (1694–1778), auch bekannt als *Voltaire,* stammt angeblich die Aussage, dass Papiergeld früher oder später immer zu seinem intrinsischen Wert, nämlich null, zurückkehren wird. Golddeckungen werden aber nicht immer als etwas Positives für eine erfolgreiche Geldpolitik betrachtet. In der Schweiz beispielsweise wurde in einem nationalen Volksentscheid die sogenannte Goldinitiative im November 2014 abgelehnt. Diese sah vor, die Nationalbank daran zu hindern, weitere Goldreserven zu verkaufen, und wollte sie verpflichten, mindestens 20 Prozent ihres Vermögens in physischem Gold halten und innerhalb der Schweiz lagern zu müssen. Andere Experten schlagen die Rückkehr zu einem ressourcengedeckten Weltfinanzsystem vor, das Gold dabei nicht als physische Deckungsgrundlage verwendet, sondern seinen Preis lediglich als Referenzpunkt verwenden könnte. Ebenfalls könnte sich Gold als gemeinsamer Recheneinheitsstandard in einem pluralistischen Geldsystem wie dem Free Banking behaupten (→ Kapitel 3.14).

Neoklassiker: Fiatgeldsystem muss auf strengen Regeln basieren

Verschiedene neoklassische Geldtheoretiker haben argumentiert, dass ein Fiatgeldsystem, das auf strengen Regeln basiert, jede Form des Goldstandards übertreffen würde. Theoretisch ist dies wahrscheinlich auch richtig, aber in der Praxis schaffen es die Gesetzeshüter einfach nicht, Währungsregeln auf Dauer einzuhalten. Der Grund dafür könnte in einer einfachen Erklärung aus der Politischen Ökonomie liegen. Sie argumentiert, dass auch die verantwortungsvollsten Entscheidungsträger eine stärkere Motivation haben, ihre eigenen Interessen zu verfolgen, als sich den gegebenen Gesetzen auf Dauer und ohne Abweichungen zu unterwerfen und ihre Staatstätigkeit somit zu einem absolut selbstlosen Dienen zu machen. Dies gilt sowohl für die Verantwortlichen der Zentralbanken als auch die Entscheidungsträger aus der Politik. Früher oder später würden sich die Menschen geänderten Gegebenheiten anpassen und dem volkswirtschaftlichen Druck weichen müssen. Danach müssten auch vorher gesetzte Regeln, beispielsweise zur Stabilisierung des Geldsystems und Sicherung des Geldwertes, aufgegeben werden.

Doch auch ein Goldsystem hat seine Nachteile. Die Geldmenge und Liquiditätsversorgung des Marktes wird von der Goldproduktion und dem Goldmarkt abhängig. Die Geldbedürfnisse der Wirtschaft können nur gemäßigter bedient werden und es herrscht generell weniger Flexibilität im Geldmarkt bzw. Liquidität in der Wirtschaft. In der Geschichte wurde diese Inflexibilität des Goldstandards immer wieder als Mangel kritisiert.

Ausschluss Griechenlands aus der Lateinischen Münzunion im Jahr 1908

Des Weiteren kann auch eine durch Edelmetall oder Waren gedeckte Währung seinen Anker verlieren oder missbraucht werden. Die Lateinische Münzunion des 19. Jahrhunderts beispielsweise wurde durch eine Regelungslücke durch die Griechen und Italiener ausgenutzt und destabilisierte dadurch den Geldwert der gesamten gemeinsamen Wirtschaftszone. Die damalige europäische Währungsunion legte in seinen Vorschriften nur den Metallgehalt von Münzen fest. Das Papiergeld wurde nicht in die Regulierungsvorschriften eingenommen, da es damals noch nicht als richtiges Geld betrachtet wurde.

Im Zahlungsverkehr aber zirkulierten die Papierscheine genauso wie die Münzen und wurden als ebenbürtige Währung akzeptiert. So konnten die europäischen Südländer der damaligen Währungsunion ihre Geldmengen einfach durch das Drucken von Papiergeld und ohne einen zusätzlichen Bedarf an physischem Gold oder Silber ausweiten. Damals wurde dies als krimineller Akt erkannt. Es folgte im Jahr 1908 der Ausschluss Griechenlands aus der Währungsunion. Einige Jahre später aber begannen auch andere Mitgliedsländer der Lateinischen Münzunion, diese mit zusätzlichem Papiergeld zu verwässern, und als sie anfingen, die zuvor gesetzten Regeln vollständig zu missachten, um ihre Vorbereitungen für den ersten Weltkrieg zu finanzieren, wurde die einheitliche Edelmetallwährung vollends zerstört. Somit sind Edelmetall-gedeckte Währungen letztlich auch nur so stark wie der Wille der Entscheidungsträger, die Deckungsvorschriften auch wirklich zu befolgen.

Das Bretton-Woods-System schaffte zu Beginn große Stabilität.

Der Goldstandard des 19. Jahrhunderts bescherte dem Finanzsystem und der Weltwirtschaft bis kurz vor Beginn des ersten Weltkriegs tatsächlich eine Zeit großer Stabilität und Prosperität, wurde aber durch politische Willkür und Kriegsvorhaben letztlich vernichtet. Auch das im Gold verankerte Bretton-Woods-System, das in → Kapitel 2.4 dargestellt wurde, scheiterte als der damalige US-Präsident *Richard Nixon* (1913–1994) am 15. August 1971 die nominale Gold-Dollar-Bindung für nichtig erklärte und so Freiraum schaffte, um wieder einmal das Geldsystem zu missbrauchen bzw. mit Papiergeld aufzublasen. Auch in diesem Beispiel wurde das Edelmetall-gedeckte Währungssystem zerstört, um unter anderem den kostenintensiven Krieg in Vietnam finanzieren zu können.

Das Bretton-Woods-System schränkte die politischen Optionen der USA ein.

Eine ressourcengedeckte Währung sollte aber über nationale Ziele und Interessen hinausgehen. Da Staaten sich nicht mehr an die Regeln halten wollten und stattdessen eigene Ziele verfolgten, brach der funktionierende Goldstandard des 19. Jahrhunderts zusammen.

Kritiker des Goldstandards fragen sich deshalb auch, warum die Verpflichtung an ein fixes Goldverhältnis die Entscheidungsträger stärker binden würde, als dies ein schriftliches Gesetz tun könnte. Genauso wenig wie Verfassungsaufträge die Zentralbanken oder Regierungen vor Gesetzesbrüchen zurückhalten, könnte bei gesetzlich festgesetzten Wechselkursverhältnissen auch einfach das Regelwerk eines Goldstandards bei günstiger Lage verändert oder generell irgendwann einfach missachtet werden.

Die Stabilität eines Geldwesens, wenn es durch einen Staat oder eine übergeordnete Instanz verwaltet wird, setzt diverse Bedingungen voraus. Die Ethik und Durchsetzungsfähigkeit der Politiker und Zentralbanker müssten auch in den schwierigsten Lagen bestehen können. Ihre Entscheidungen müssten sich ausschließlich um das höchste Wohl der Gesellschaft drehen und diese Ziele dürften niemals zur Verwirklichung irgendwelcher kurz- oder mittelfristigen politischen oder überpolitischen Interessen aufgehoben werden. Diese Voraussetzungen gelten sowohl für ein zentralgesteuertes Fiatgeldsystem als auch für ein ressourcengedecktes Geldsystem. Aber wie bereits der griechische Philosoph *Aristoteles* zu Beginn des Buches zitiert wurde, müsste eine Obrigkeit perfekt sein und die Könige über eine göttliche Intelligenz verfügen, damit ein Papiergeldsystem auch langfristig funktionieren könne. Kein zentralisiertes Geldsystem ist also jemals vor den Eingriffen und Gestaltungswünschen seiner Entscheidungsträger auf Dauer sicher.

Der Terra als ein gedecktes Währungs- und Weltwährungskonzept

Eine weitere Konzeption eines gedeckten Währungskonzeptes, das ursprünglich als Weltwährungskonzept konzipiert wurde, ist der sogenannte Terra. Diese Weltwährungsidee wurde bereits zu Beginn der 1930er Jahre veröffentlicht und stellt eine globale Referenzwährung dar, die durch einen Warenkorb an realen Werten gedeckt ist und mit diesen arbeitet. Der Inhalt des Warenkorbes des Terras soll stark mit dem globalen Wirtschaftssystem verknüpft werden. Ende der 1990er Jahre griff der belgische Ökonom *Bernard A. Lietaer* diese Idee auf und setzte sich für seine Verbreitung ein. Der Terra könnte auch als eine Art globales Komplementärwährungssystem betrachtet werden, denn diese Währung soll den Welthandel vereinfachen, während sie als inflationssicher propagiert wird. Als Währung fungiert der Terra sowohl als Tauschmittel als auch als Verrechnungseinheit. Er besitzt zwar die Wertmaßstabfunktion des Geldes, eignet sich aber nicht, um als Wertaufbewahrungsinstrument zu dienen. Dies liegt an der eingebauten Liegegebühr dieser Währung.

Terra: ein Warenkorb der wichtigsten Waren und Dienstleistungen des globalen Handels

Der Terra oder die „Trade Reference Currency" (TRC) ist also als internationale Referenzwährung konzipiert und bekommt seinen Wert durch einen Warenkorb der wichtigsten Waren und Dienstleistungen des weltweiten Handels. Durch die eingebaute Liegegebühr, die bei Hortung der Währung als Strafgebühr bezahlt werden muss, soll der Terra für eine regelmäßige Zirkulation und genügend Liquidität im Markt sorgen und dadurch Rezessionen vorbeugen bzw. beheben. In einem konjunkturellen Aufschwung würde sich der Umlauf von Terra-Einheiten reduzieren, da die Rohstoffnachfrage steigt und Unternehmen ihre Terra-Einheiten gegen Rohstoffe eintauschen würden. Durch die Zusammensetzung aus einem Warenkorb, der die global am meisten gehandelten Güter und Dienstleistungen der Weltwirtschaft abbildet, wird dafür gesorgt, dass ein globaler Wertmaßstab hergestellt wird und eine Verbindung zwischen der Währung und der Realwirtschaft entsteht.

Der Warenkorb soll standardisiert werden, um die darin abgebildeten Güter gewichtet zusammensetzen zu können. Dabei soll die Gewichtung der einzelnen Güter im Warenkorb sich nach ihrer Bedeutung auf dem Weltmarkt richten. In seiner ursprünglichen Form Anfang der 1930er Jahre sollte sich der Warenkorb aus Gold, Getreide, Fleisch, Kupfer, Stahl, Baumwolle, Wein, Energie, Arbeitszeit und Transportkosten zusammensetzen. Diese Zusammensetzung müsste dementsprechend aktualisiert und an die gegenwärtigen Bedingungen neu angepasst werden. Jedes Land bekäme danach eine individuelle Untergliederung der verschiedenen Güter und Dienstleistungen, abhängig vom jeweiligen Bruttoinlandsprodukt (BIP) der entsprechenden Länder.

Den Terra an die Realwirtschaft zu knüpfen soll Spekulationen vermeiden.

Der Terra sollte als Referenzwährung eine ähnliche Funktion erfüllen wie der Goldstandard des 19. Jahrhunderts. Dabei verspricht er eine inflationsfreie Währung zu sein, denn die Geldwertveränderungen verlaufen nur über die Veränderungen der im Warenkorb abgebildeten Werte. Auch wenn der Terra als Weltwährung konzipiert ist, wäre er mit einem pluralistischen Währungssystem vereinbar. Es gibt verschiedene Varianten dieser Idee, die eine Kombination mit weiteren regionalen, nationalen und internationalen Währungen vorschlagen und sich als eine Art organisches System verstehen (→ Kapitel 3.2). Bei all den Varianten würden die verschiedenen Währungen jedoch in einem flexiblen Wechselkursverhältnis zum Terra stehen. Durch die Warenkorbdeckung bzw. die Anbindung des Terra-Systems an die Realwirtschaft sollten auch Spekulationen mit dem Terra vermieden werden. Des Weiteren fungierte der Terra als Wertmaßstab für ein multidimensionales Weltwährungssystem, wobei die Güter seines Warenkorbes unabhängig von den Landeswährungen bemessen werden könnten.

Während schwächelnder Konjunkturphasen sitzen Länder oft auf Überschüssen von Rohstoffen. Unternehmen könnten diese hiermit gegen Terra-Einheiten umtauschen. Da der Terra auch mit einer vollständigen Umtauschmöglichkeit von Terra-Einheiten in andere Währungen ausgestattet ist, sollte er für eine Glättung der Konjunkturschwankungen sorgen und demnach antizyklisch für eine Stabilisierung der Weltwirtschaft sorgen.

Im nächsten Abschnitt soll es ebenfalls um eine Systemoptimierung auf globaler Ebene gehen. Nicht die Pflicht zum Vollgeld, das nur Kredite in Höhe von Erspartem erlaubt und nicht die Hinterlegung von Papiergeld durch jederzeit eintauschbare Ressourcen, wie beispielsweise Edelmetalle, ist dabei der Ausgangspunkt, sondern die Vision eines Weltgeldes. Dieses Weltgeld soll Krisen verhindern und über einen internationalen Zusammenschluss verwaltet werden. Kein Geringerer als der weltbekannte Ökonom *John Maynard Keynes* hat dieses Konzept ausgearbeitet.

3.3 John Maynard Keynes' Bancor-Plan

Ein einziges Währungssystem für die gesamte Welt zu schaffen bzw. zu nutzen, ist eine relativ alte Vorstellung. Die Vision dahinter ist die eines weltweiten Friedens und Wohlstands für alle. Prominentester Befürworter eines einheitlichen und weltweit geltenden Währungssystems ist der englische Nationalökonom *John M. Keynes*, der unter anderem mit seinem sogenannten Bancor-Plan in die Literatur eingegangen ist. Das Konzept wurde und wird in der Wirtschaftswissenschaft kontrovers und häufig bei auftretenden Finanzkrisen als Alternative zum bestehenden Währungssystem diskutiert.

Währungsreformvorschlag von Keynes und Schumacher

Der Geldsystemreformvorschlag des Bancor-Plans wurde erstmals im Jahr 1943 von den britischen Ökonomen *John M. Keynes* (1883–1946) und *Ernst F. Schumacher* (1911–1977) veröffentlicht und ein Jahr später bei der Konferenz von Bretton Woods vorgestellt. Der Bancor sollte eine internationale Verrechnungseinheit darstellen und an alle teilnehmenden nationalen Währungen durch einen festen Wechselkurs gebunden werden. Dabei sollte der Wert des Bancor in seiner ursprünglichen Konzeption durch eine Golddeckung gewährleistet sein. Im Bancor-Plan sollte die Währung von einer internationalen Zentralbank emittiert werden und eine internationale neu zu gründende Institution, die *Keynes* schlicht Internationale Clearing Union (ICU) nannte, sollte analog einer supranationalen Weltzentralbank die Geldmenge steuern. Faktisch sollte über den Bancor, als Währungseinheit, analog einer Goldunze eine internationale Verrechnung der weiterhin bestehenden nationalen Währungen möglich werden.

Strafzinsen bei Handelsbilanzdefiziten und -überschüssen

Jede nationale Zentralbank sollte ein eigenes Konto bei der ICU erhalten, um ihre Leistungsbilanzen in der Währungseinheit Bancor ausgleichen zu können, und jedes Land sollte dabei ein Anfangsguthaben bekommen, das aus den Handelsvolumen der Vergangenheit errechnet werden sollte. Je nach außenwirtschaftlicher Aktivität eines Landes also würde für dieses dann eine Quote errechnet, um festzulegen, wo die maximale Verschuldungsquote liegen sollte und wie hoch das maximale Guthaben in Bancor-Einheiten sein dürfte. Als Sicherungsmechanismus sollte jedes Land ab einem bestimmten Handelsbilanzüberschuss bzw. -defizit einen Strafzins auferlegt bekommen. Je nach Höhe der Über- oder Unterschüsse in der Handelsbilanz sollte sich dieser Strafzins zwischen 1 und 2 Prozent bewegen. Diese Sanktionsmaßnahmen sollten für ein stabileres Weltwährungssystem sorgen und einen florierenden Austausch des Handels auf globaler Ebene sicherstellen.

Neben der Regulierungsfunktion beinhaltete der Sicherungsmechanismus auch ein spezifisches Anreizsystem. Länder mit Handelsüberschüssen könnten diese als Kredite an Länder mit Handelsdefiziten verleihen, um dem Strafzins zu entkommen. Dies sollte eine weitere Treibkraft für einen flüssigen Welthandel darstellen. Als Begründung für diesen Strafzins wurde angeführt, dass bei Handelsüberschüssen eines Landes eine Kreditvergabe ohne Zinsgebühr an andere Länder immer noch attraktiver sei, als dafür einen Strafzins bezahlen zu müssen. Dies sollte einen Anreiz darstellen, dass Länder zum einen ihre Bancor-Einheiten oder Goldreserven nicht horten würden und zum anderen würde es das Geld im Fluss halten. Auch *Keynes* wies nämlich wie andere hier noch vorgestellte Theorien (→ Kapitel 3.4) auf die Bedeutung der Umlaufgeschwindigkeit des Geldes hin. Des Weiteren könnten Länder zusätzliche Bancor-Einheiten durch Gold ankaufen. Allerdings war ein Rücktausch von Bancor-Einheiten in Gold im ursprünglichen Bancor-Plan nicht vorgesehen. Dies sollte sicherstellen, dass der Bancor seine Reserven nicht verlieren würde und somit zur Stabilisierung des Systems beitragen konnte.

Bancor-Plan musste dem Dollar als globale Leitwährung weichen.

Der von *Keynes* vorgestellte Bancor-Plan wurde allerdings bei der Konferenz von Bretton Woods nicht übernommen, wie dies im → Kapitel 2.4 bereits vorgestellt wurde. Stattdessen trat der US-Dollar als Weltleitwährung an seine Stelle. Wie die Geschichte zeigt, wurde allerdings schnell ersichtlich, dass eine nationale Währung wie der US-Dollar nicht geeignet war, als unabhängige und internationale Reservewährung zu dienen. Der US-Dollar als internationale Leitwährung stand seit seiner Einführung in dieser Position unausweichlich in einem ständigen Interessenkonflikt zwischen nationalen Zielen und seinen internationalen Stabilisierungszwecken. Um dieses Dilemma zu lösen, setzte der damals gegründete Internationale Währungsfonds (IWF) Ende der 1960er Jahre einen international ausgerichteten Währungskorb auf. Dieser Währungskorb enthielt die damals stärksten Weltwährungen und sollte es Ländern ermöglichen, ihre Dollarreserven in diese umzutauschen. Allerdings konnte sich dieses Konstrukt als globale Währungsreserve mit einem Mischkorb aus nationalen Währungen ebenfalls nicht durchsetzen.

Die Wahl des US-Dollars als Leitwährung führte mitunter auch dazu, dass die USA ein extrem hohes Leistungsbilanzdefizit anhäufen konnte und andere Länder auf immensen Höhen von US-Staatsanleihen und Währungsreserven in US-Dollar sitzen blieben. Ein Hauptziel des Bancor-Plans war es, genau solche Ungleichgewichte in den Handelsbilanzen der Länder nicht aufkommen zu lassen. Überschussländer wären gezwungen worden, ihre Überschüsse beispielsweise durch den Druck der Strafzinszahlungen oder durch zinslose Kreditvergabe an Defizitländer zurückzufahren. Länder, die ein permanentes Bancor-Defizit aufwiesen, sollten durch Sanktionsmaßnahmen wie Pfändung der Goldreserven, Abwertung der Währung oder strengen Kapitalkontrollen zu einem gesunden Gleichgewicht zurückgeführt werden.

Bancor-Plan findet aktuell wieder Befürworter in China, Russland und Frankreich sowie dem IWF.

Angesichts der letzten Finanzkrise 2008 und der im Anschluss danach auftretenden konstanten Gleichgewichtsprobleme des globalen Finanzsystems wurde der Bancor-Plan ab dem Jahr 2009 wieder breiter öffentlich diskutiert. Dieses Reformkonzept erhielt unter anderem sowohl von *Zhou Xiaochuan*, dem Präsidenten der Chinesischen Zentralbank (PBoC), als auch von den damaligen Präsidenten Russlands, *Dmitri Medwedew*, und Frankreichs, *Nicolas Sarkozy*, Zustimmung. Auch der IWF griff das Thema auf und präsentierte die Möglichkeit, eine internationale Referenz- und Reservewährung, wie *Keynes* sie durch den Bancor ursprünglich vorschlug, weiterzuentwickeln. Eine Expertenkommission der Vereinten Nationen (UN) sprach sich ebenfalls positiv bekräftigt über die Vorteile eines supranationalen Währungssystems aus. Warum gerade China an der Abschaffung des US-Dollar-getriebenen internationalen Finanzsystems Interesse hat und stattdessen eine internationale Referenzwährung wie den Bancor-Plan vorzieht, wird bei Betrachtung der chinesischen Devisenreserven offensichtlich. Neben den politischen Führern vieler Länder plädieren auch Ökonomen und Währungsexperten für die Einführung eines internationalen Währungssystems, das jenseits nationaler Interessen liegt und für die Funktionsweisen einer globalisierten Welt dienlicher ist.

Ob eine Weltwährung nach den Vorstellungen von *Keynes* letztlich auch größere Finanzkrisen vermeiden könnte, kann nur theoretisch überlegt werden. Ein Realexperiment steht noch aus und könnte sich nur unter größerer Kooperation zwischen den Nationen der Erde verwirklichen. Ebenfalls systemoptimierend kann das nun folgende Konzept des deutschen Finanztheoretikers, Gesellschaftsreformers und liberalen Weltenbummlers, *Johann Silvio Gesell*, angesehen werden. Während das Modell von *Keynes* nie richtig Wirklichkeit wurde, findet das Geldkonzept von *Silvio Gesell* in vielen der sogenannten Regionalwährungen (→ Kapitel 3.6) bereits seit Jahrzehnten eine mehr oder weniger erfolgreiche Umsetzung. Die bekannteste Aussage von *Silvio Gesell* ist sicher die Feststellung, dass alles roste, nur das Geld nicht. Dass aber auch Geld rosten und damit schwinden kann, stellt er konsistent dar und versucht damit ebenfalls ein stabiles und transparentes neues Finanzsystem aufzubauen.

3.4 Silvio Gesells Schwundgeld

Im Vergleich zu verschiedenen Geldtheorien und neuen Systemideen des 20. Jahrhunderts stellt die Freiwirtschaftslehre von *Johann Silvio Gesell* (1862–1930) eine Besonderheit dar. Seine Systemreformvorschläge enthalten relativ umfassende und für seine Zeit völlig neuartige Konzeptionen. Seine Lehre bezieht sich auf drei große Gesellschaftsbereiche und wird mit den Worten „Freiland", „Freiwirtschaft" und „Freigeld" zusammengefasst. Die Ideen *Gesells* beinhalten dabei zahlreiche Versprechungen einer besseren Welt und gewinnen vor allem in Kreisen alternativer Geldtheoretiker und bei Befürwortern der Regionalität immer mehr an Popularität.

Idee: Schwundgeld und die Freigeldtheorie global und nicht nur regional umsetzen

Es gibt aktuell weltweit Tausende komplementäre Währungssysteme oder Tauschkreise, in denen die Geldtheorie von *Silvio Gesell* oftmals eine zentrale Rolle spielt. Zwar sind viele regionale Komplementärwährungen nach dem Schwundgeldkonzept von *Silvio Gesell* aufgebaut, aber mit den Zielen seiner Lehre haben sie häufig nur wenig gemein. Denn das von *Gesell* vorgeschlagene Freigeld ist nicht primär für die Entwicklung von später noch näher zu beschreibenden Regionalgeldern gedacht, sondern vor allem für eine monopolistische Umsetzung auf globaler Ebene. Regionale Komplementärwährungen, lokale Tauschkreise und andere kommunale Währungsinitiativen werden von *Gesell* in seinen Originalschriften entschieden abgelehnt. Denn pluralistische Währungssysteme und vor allem Geldsysteme mit Realwert betrachtet *Gesell* als eine primitive Form vorzivilisatorischer Geldwirtschaft. Als energischer Verfechter einer komplett globalisierten Wirtschaftsstruktur und vereinten Weltgesellschaft, war *Gesell* ein großer Befürworter von internationalen Freihandelsabkommen. In seiner Vorstellung einer globalisierten Weltgemeinschaft gibt es somit keine Berechtigung für den Schutz nationaler Märkte oder die strategische Verstärkung regionaler und lokaler Handelsstrukturen. Freiheit ist ein von *Gesell* häufig verwendeter Begriff. Beim Geldsystem jedoch sieht *Gesell* keine Freiheit vor (→ Kapitel 3.14), sondern vertritt die Theorie seines zentralverwalteten monopolisierten Frei- bzw. Schwundgeldes.

Nur eine monopolistische Umsetzung im großen Stil kann dem Schwundgeld langfristig Erfolg verschaffen.

Für ihn muss das Währungssystem unter die Kontrolle einer marktübergeordneten Zentralinstanz gesetzt und verwaltet werden. Die Freigeldtheorie wurde also für eine globale Umsetzung konzipiert. *Gesells* Kritik am heutigen Geldsystem zielt vor allem gegen die verhängnisvollen Auswirkungen des Zins- und Zinseszinssystems. Laut *Gesell* ist der Zinssatz für langfristige Geldmittel, der sogenannte Kapitalzins, keine rein nationale Größe, die nur für einzelne Staaten abgeschafft werden könnte, sondern muss auf internationaler Ebene in allen Ländern gleichzeitig abgeschafft werden, um wirkungsvoll den negativen und ungerechten Folgen der Zins- und Zinseszinseffekte zu entkommen. In seiner Freiwirtschaftslehre bezeichnet *Gesell* den Zinsanteil, den ein Gläubiger von seinem Schuldner fordert und sich dadurch leistungslos bereichert, als den Urzins. Andere Befürworter der Lehren *Gesells,* wie beispielsweise der Volkswirt und Schwundgeldtheoretiker *Bernd Senf,* kritisieren stark die Wirkung der Zins- und Zinseszinseffekte. Die Kritik basiert auf der Tatsache, dass wenn Zinsen kapitalisiert werden, in der Zukunft auch die vorher erhaltenen Zinsen des ursprünglichen Kapitals weiter mitverzinst werden. In diesem System wächst somit das Gesamtkapital exponentiell und wird von *Gesell* bzw. *Senf* als wesentliche Ursache von Wirtschaftskrisen, Staatsüberschuldung und verantwortungsloser Umweltausbeutung benannt.

Das Schwundgeld kurbelt die Wirtschaft an.

Bei der Freigeldtheorie von *Silvio Gesell* handelt es sich um das bekannte und von alternativen Geldkreisen geschätzte Schwundgeld. *Gesell* hat die Freigeldlehre vor allem mit den Erkenntnissen seiner Betrachtungen von natürlichen Phänomenen verknüpft. In der Natur ist nichts von Dauer und alles rostet, verfällt oder altert im Laufe der Zeit. *Gesell* argumentiert daher, dass auch Geld diesem natürlichen Schwund unterliegen müsse. Dieser

Effekt des Rostens von Gütern soll also durch das Konzept des Schwundgeldes bei Finanzmitteln nachgebaut werden.

Des Weiteren soll das Schwundgeld durch seinen systematischen Wertverfall auch eine ankurbelnde Wirkung auf die Wirtschaft haben. Die Umlaufgeschwindigkeit wird demnach durch einen künstlichen Wertverfallmechanismus garantiert. Je höher der Wertverlust des Schwundgeldes ist, desto schneller zirkuliert das Geld, weil alle Geldhalter sich von diesem Schwundmechanismus entlasten möchten und das erhaltene Geld folglich so schnell wie möglich wieder ausgeben werden, so *Gesell*. Dieser Prozess stellt sicher, dass Geld von keinem Nutzer gehortet und somit dem Markt entzogen werden kann. Geld würde demnach auf die Rechen- und Zahlfunktion reduziert werden und seine Wertaufbewahrungsfunktion verlieren.

Das freie und ungehinderte Fließen des Geldes steht also bei der Freigeldtheorie im Mittelpunkt. Ob sich die Geldbesitzer für dieses Fließen freiwillig entscheiden oder mittels Schwundmechanismus dazu gezwungen werden, spielt dabei keine entscheidende Rolle. Die Wertaufbewahrungsfunktion des Geldes wird in der Freigeldlehre als schädlich für die Gesellschaft angesehen und soll deshalb mittels eines eingebauten Entwertungsmechanismus beseitigt werden. Das Geld ist mit einem Negativ- oder Strafzins behaftet, der in regelmäßigen Abständen von den Besitzern des Geldes bezahlt werden muss. Dadurch werden die Marktteilnehmer ermutigt, ihr Geld so schnell wie möglich wieder auszugeben, was die Wirtschaft ohne eine reine Geldmengenvermehrung ankurbeln soll. Außerdem können Menschen mit größeren Vermögen ihr Leben dadurch nicht einfach auf den leistungslosen Zinseinnahmen aufbauen. Wegen der eingebauten Umlaufsicherung wird das Freigeld von Vertretern dieser Theorie auch als Geld ohne Inflation vermarktet.

Schwundgeld muss von übergeordneter und vor allem unabhängiger Instanz herausgegeben werden.

Für *Gesell* ist Geld nicht einfach ein Produkt des Marktes zur Erleichterung des Tauschhandels, sondern die überlegenste aller Markterscheinungen. Demnach sollte das Geld auch der Macht privater Anbieter entzogen werden und nur von einer marktunabhängigen und -übergeordneten Instanz als Schwundgeld herausgegeben werden. Gerade weil Papier- oder Giralgeld das einzige Produkt ist, das theoretisch keiner natürlichen Verderblichkeit unterliegt, charakterisiert *Gesell* Geld als ein besonderes Gut, das den Einbau eines künstlichen Verfallsmechanismus benötigt, um seine Effektivität zu vergrößern und allen Marktteilnehmern maximal dienen zu können. Ein Leitgedanke hinter *Gesells* Umlaufsicherungsmodell ist es, die Möglichkeit zu entfernen, den Wert seines Vermögens durch Hortung und Entzug aus der Realwirtschaft zu steigern, denn dieses Verhalten wird in seinen Lehren als ungerecht und gesellschaftsschädigend verurteilt. Gerade weil der positive Zinsmechanismus Menschen dazu anregt, ihr Geld dem Marktkreislauf zu entziehen und in realwirtschaftsferne Finanzprodukte anzulegen, um ihr Vermögen zu steigern, kommt dieses Geld nicht der Gesellschaft zugute, sondern nur den entsprechenden Individuen.

Allerdings betrachtet die Freigeldtheorie das Thema Geldhaltung nicht differenziert. Es gibt hier keine Unterscheidung zwischen dem Geldhalten für die Absicherung einer unsicheren Zukunft, dem Ansammeln von Geld für zukünftige Investitionen und einer sogenannten habgierigen Hortungsmentalität. Für *Gesell* liegen die Ursachen von Wirtschaftskrisen somit immer in einer abnehmenden Liquidität im Markt. Die dadurch entstehenden Engpässe sollten laut *Gesell* nicht durch Geldmengenvermehrung, also Inflation, sondern durch eine Umlaufsicherung des Geldes gelöst werden. Wohlstand wird nach dieser Logik durch einen erhöhten Konsum bzw. durch erhöhte Geldausgaben erzeugt. Diese Denkrichtung ähnelt auch den Aussagen vieler Befürworter der keynesianischen Wachstumslehre.

Keynes als prominenter Befürworter des Schwundgelds

So war *Keynes* auch ein Befürworter der Lehren *Gesells* und charakterisierte seine wirtschaftlichen Ideen rund um die Reform des Geldsystems als revolutionär. Auch *Keynes* verfolgte die Idee einer erhöhten Umlaufgeschwindigkeit des Geldes, um Wirtschaftskrisen zu lösen, als er erklärte, dass der Gleichgewichtsmechanismus des Marktes unter gewissen Umständen nicht optimal funktioniert. Er erklärte, dass das Sparen von Geld während Wirtschaftskrisen noch mehr Probleme kreiert, als bereits vorhanden sind, und demnach Regierungen eingreifen müssten, um Arbeitsplätze herzustellen und den Konsum wieder anzuregen. *Keynes* behauptete, dass in diesem Falle auch völlig sinnlose Maßnahmen hilfreich seien, um die Volkswirtschaft aus einer Krise zu befreien. Entscheidend dabei sei nur, dass die Geldmenge immer im Fluss bleibt. Selbst wenn Regierungen, laut *Keynes*, alte Flaschen mit Geldscheinen auffüllen und vergraben lassen und danach Arbeiter bezahlen, diese wieder auszugraben, sei der Volkswirtschaft geholfen. Die Austrians hingegen propagieren, dass Wohlstand nur durch vorheriges Ansparen und sinnvolles Investieren von Geld langfristig und bei einer passenden Gelegenheit oder günstigen Marktlage erzeugt werden kann, nicht durch Schuldenerhöhung oder kreditfinanzierten Konsum. Demgegenüber steht somit die Aussage, dass Konsum der Motor für mehr Wohlstand sei und die reine Erhöhung der Liquidität im Markt bzw. die Erhöhung der Umlaufgeschwindigkeit des Geldes für mehr Wohlstand, Wachstum und Möglichkeiten sorgt.

Silvio Gesell erklärt, dass ein Zurückhalten von Geld aus dem Marktkreislauf wirtschaftsschädigend und letztlich krisenverursachend ist. Die künstliche Stimulierung der Tauschmittelfunktion des Geldes, treibt Konsum und Investitionen im Markt an und soll demnach höheren Wohlstand für alle erzeugen. Denn, Geld soll so schnell wie möglich in den Wirtschaftskreislauf zurückgelangen und nicht langfristig gehortet werden.

Das Zinssystem als größtes Problem erkannt

Das größte Problem im Geldsystem liegt für *Gesell* im Zinssystem. Nach seiner Logik lohnt es sich für Geldhalter, ihr Geld bei einem bestimmten Zinssatz auf der Bank zu halten und auf einen Anstieg der Zinsen zu warten, anstatt es nach Erhalt wieder auszugeben. Dieses Verhalten wird pauschal als Hortung definiert und die vorgeschlagene Umlaufsicherung soll die Möglichkeiten des Geldhortens aufheben und es konstant in den

Fluss des Marktes zurückbringen. Durch diesen Mechanismus haben Geldhalter gezwungenermaßen kein Interesse daran, ihr Geld längerfristig aufzubewahren. Sie wären sogar eher dazu bereit, es zinsfrei an andere zu verleihen, anstatt es zu halten und dafür noch die Steuer der Umlaufsicherung bezahlen zu müssen. Die daraus resultierende schnelle Umlaufgeschwindigkeit soll dafür sorgen, dass sich der Preis für Geld immer weiter in Richtung null bewegt.

Auch die Preisstabilität ist für Vertreter der Freigeldlehre eine wichtige Priorität. Dass Preisstabilität aber wenig mit Geldwertstabilität zu tun hat, wird dabei nicht selten verkannt. Wobei langfristige Geldwertstabilität in einem Schwundgeldsystem kein Kriterium ist. Auch wird dabei nicht auf die Tatsache geachtet, dass sich in einer freien Marktwirtschaft der Geldpreis je nach Vorlieben der Menschen, ihr Geld vermehrt auszugeben oder zu sparen, verändern kann. Sinkende und steigende Preise sind Normalerscheinungen jeder Wirtschaft und diese Preisschwankungen sind, vor allem beim Geldpreis, ein Indikator für den tatsächlichen Wohlstand einer Gesellschaft. Problematisch sind nicht die Veränderungen der Preise von Gütern und Dienstleistungen, sondern die Verzerrungen der Wirtschaftsstrukturen durch künstliche Stimulierungen der Märkte mithilfe von Geld. Wenn eine Realwirtschaft höhere Mengen eines Produktes herstellt als in der Vergangenheit, bei gleichbleibender Geldmenge, sinkt der nominale Wert dieses Produktes. Das heiß, der Wert, ausgedrückt in Geldeinheiten, sinkt für dieses Produkt. Zugleich bedeutet dies auch einen realen Wohlstandsanstieg für die Gesellschaft. Wenn sich also das reale Tauschverhältnis von Gütern verändert, wird dies durch eine Veränderung der Preisstruktur ausgedrückt. In seiner Freigeldtheorie verwechselt *Gesell* diese beiden Zustände und verurteilt das Sinken der nominalen Preise als einen Fehler im Geldsystem. Mehr Güter und Dienstleistungen bedeuten zwar mehr Wohlstand, aber mehr Wohlstand braucht nicht unbedingt mehr Geld bzw. eine künstlich erhöhte Umlaufgeschwindigkeit des Geldes.

Durch die Umlaufsicherung gibt es in *Gesells* System theoretisch keine Notwendigkeit, die Geldmenge permanent zu erhöhen und es dadurch systematisch zu entwerten, wie dies aktuell der Fall ist. Das Geld wird durch die künstliche Umlaufsicherung in periodischen Abschnitten entwertet. Die Umlaufsicherung und zinslose Kreditvergabe sollen ab einer bestimmten Reife im Geldsystem eine Vorhersehbarkeit für alle Marktteilnehmer erzeugen, die für mehr Preisstabilität sorgen soll.

Die Preisstabilität soll zusätzlich dadurch erlangt werden, dass sich die ausgegebene Geldmenge an der Geldnachfrage orientiert. Die Umlaufsicherung soll bewirken, dass Kredite auch zinsfrei vergeben werden und dadurch schnellstmöglich wieder eine Nachfrage finden können. Indem das Geld ab einem bestimmten Zeitpunkt eine optimale Umlaufmenge erreicht und die Menschen den Konsum oder die zinsfreie Ausgabe von Geld bevorzugen, könnte sich das Geld auch evtl. auf eine konstante Zirkulationsmenge im Markt einpendeln und somit auch keine größeren Preisschwankungen mehr verursachen. Weitere Geldmengenerhöhungen könnten demnach in dosierten und steuerbaren Mengen am natürlichen Wachstum der Realwirtschaft vorgenommen werden. Dass Preisschwankungen aber in einer Marktwirtschaft normal sind und nominale Preise nicht mit den realen Tauschverhältnissen zwischen Gütern gleichgesetzt werden können, wird in diesem Reformvorschlag jedoch nicht berücksichtigt.

Freiheitstheorie als totalitäre Ordnungsform

Die anfänglich freiheitlich anmutenden Versprechungen der Lehre *Gesells* haben also bei genauerer Betrachtung weniger mit Freiheit als mehr mit einer totalitären Ordnungsform gemein. Das Freigeld soll von einer marktübergeordneten Instanz hergestellt, veräußert und allen Marktteilnehmern aufgezwungen werden. Diese müsste auch in der Lage sein, andere Tauschmittel zu verbieten, um somit den Umlaufsicherungsmechanismus des Freigeldes vor Ausweichmöglichkeiten zu schützen. Die Geldproduktion dürfte nicht bei privaten Marktakteuren liegen und müsste unter strengster Kontrolle in eine übergeordnete Institution eingebettet sein. Wie auch viele Vertreter von den bereits erwähnten Vollgeldkonzepten betrachtet die Freigeldlehre *Gesells* Geld als ein öffentliches Gut, dessen Herstellung privaten Akteuren gänzlich verboten sein müsste.

Schwundgeld ist als Regionalwährung beliebt.

Obwohl *Gesell* die Freigeldreform ursprünglich als globales Konzept erdachte, erlangt seine Idee vor allem bei Vertretern von Regionalwährungen und alternativen Tauschkreisen heutzutage große Zustimmung. Auch eines der weltweit erfolgreichsten Komplementärgeldsysteme, der Schweizer WIR Bank Genossenschaft (→ Kapitel 3.9), wurde zwar anfangs nach der Freigeldtheorie von *Gesell* aufgebaut, musste aber die Umlaufsicherung des Komplementärgeldes nach einiger Zeit wieder aufgeben.

Während bisher systemoptimierende Alternativen vorgestellt wurden, soll nun am Ende dieses Abschnittes und bevor systemergänzende und revolutionierende Alternativen vorgestellt werden, ein Exkurs zu einer immer populäreren Idee gemacht werden, dem sogenannten Bedingungslosen Grundeinkommen. Dieser Begriff taucht häufig in der aktuellen Diskussion um das Geld- und Finanzsystem auf, vor allem im Zusammenhang mit einer vermeintlichen Gerechtigkeit der Vermögensverteilung in einer Gesellschaft. Da es sich nicht um eine Optimierung des Geldsystems handelt, sondern lediglich um eine neue Form eines sozioökonomischen Transferkonzeptes, wird es in diesem Rahmen nur als Exkurs behandelt. Trotzdem bleibt zu vermerken, dass alle der bereits vorgestellten Systemoptimierungsvorschläge mit diesem revolutionären Finanztransfermodell vereinbar sind.

3.5 Exkurs – Das Bedingungslose Grundeinkommen

Das Bedingungslose Grundeinkommen (BGE) ist ein weltweit diskutierter sozialpolitischer Denkansatz, der grundlegende Fragen des Zusammenlebens und Arbeitens in einer Gesellschaft aufwirft. Die Idee wirbt für die Möglichkeit, alle Menschen eines Landes mit einem gesetzlich festgesetzten Grundeinkommen bedingungslos zu versorgen. Dieses leistungslose Einkommen ist weder an den persönlichen Wohlstand, die vorherige Erwerbstätigkeit, den Gesundheitszustand, die Lebensweise oder sonst irgendeine andere Bedingung geknüpft.

Ein würdevolles Leben für alle gewährleisten

Als Transferleistungskonzept soll es die materielle Existenz aller Bürger eines Landes sichern und ihnen ein würdevolles Leben gewährleisten. Das BGE soll aber für die Menschen kein zusätzliches Geld sein, sondern bereits existierende Einkommen ersetzen bzw. umverteilen und Möglichkeiten anbieten, seine Arbeits- und Lebensweise, ohne aus dem Gesellschaftssystem abzurutschen, neu gestalten zu können. Die Bedürftigkeit oder der soziale Status einer Person spielen dabei keine Rolle. Jeder Mensch wird mit einem Einkommen, gemessen an den Gesamteinnahmen der Volkswirtschaft, gleichermaßen beteiligt und bekommt monatlich ein festgesetztes Gehalt, um die persönliche Existenz und die menschlichen Grundbedürfnisse abzudecken. Je nach Konzeption werden Kinder dabei auch berücksichtigt und sollen mit einem geringeren Betrag ebenfalls abgesichert werden.

Seit den Anfängen des 20. Jahrhunderts werden überall auf der Welt verschiedene Konzeptionen des BGE diskutiert. Man könnte das Einkommenssystem der ehemaligen Sowjetunion evtl. auch als Variante eines bedingungslosen Grundeinkommens verstehen, denn hier wurde jeder Mensch entlohnt, unabhängig von seiner Produktivität. Das BGE ist im Wesentlichen eine radikale Auseinandersetzung mit einer Reihe von grundlegenden Fragen und Zusammenhängen über unsere Lebensweise als Menschen in einer Gesellschaft. Es geht dabei um eine kulturelle Frage, die nicht nur neue Denkimpulse setzen soll, sondern auch eine gesellschaftliche Wende einleiten will.

Gesellschaftlich verkrustete sozioökonomische Verhältnisse auflockern

Das BGE soll die festgefahrenen sozioökonomischen Verhältnisse in unserer Gesellschaft auflockern und jedem Menschen einen Freiraum geben, miteinander in finanzieller Freiheit zusammenzukommen, um

Beziehungen auf neue Art und Weise eingehen zu können. Dieser Idee steht die Tatsache zugrunde, dass in der gegenwärtigen Gesellschaft die Beziehungen vieler Menschen nicht auf menschlicher, sondern geschäftlicher Ebene gründen. Wie Menschen ihre Lebenszeit wirklich nutzen wollen und was sie für richtig und sinnvoll halten, soll ihnen durch das leistungslose Grundeinkommen ermöglicht werden. Befürworter dieses sozialökonomischen Umverteilungskonzeptes sprechen dabei von der zukunftsorientierten Weiterentwicklung des Gesellschaftsvertrags zu mehr Menschlichkeit, Freiheit und Demokratie.

Ein weiterer Kerngedanke des BGE basiert auf der materiellen Lebenssituation der westlichen Gesellschaften im 21. Jahrhundert. Als Gesellschaft sind wir heutzutage materiell gesehen ungefähr viermal so reich wie zu Beginn des 20. Jahrhunderts und die Konsummöglichkeiten und Warenangebote sind beinahe unbegrenzt. Dennoch scheinen die Menschen nicht zufriedener oder gar glücklicher geworden zu sein. Im Kern verstehen sich alle Konzeptionen des BGE als Instrumente der Veränderung für ein menschenwürdigeres Dasein, jenseits von wirtschaftlichen Zwängen und finanzieller Nötigung.

Das wachstumskritische Buch vom Professor der politischen Ökonomie *Robert Skidelsky* und dem Professor für Philosophie *Edward Skidelsky* „Wie viel ist genug? Vom Wachstumswahn zu einer Ökonomie des guten Lebens“ (2013) liefert im Zusammenhang mit den Überlegungen für ein BGE Denkanstöße. Dabei wird vor allem das Wirtschaftssystem des 21. Jahrhunderts und seine negativen gesellschaftlichen Auswirkungen auf die Menschen infrage gestellt und neu überdacht. Auch die Handlungen jedes einzelnen Individuums und die daraus resultierenden Effekte für seine Umwelt bekommen dabei eine besondere Bedeutung. Die Autoren argumentieren, dass es für ein erfülltes und glückliches Leben wesentlich mehr benötigt als das routinierte und maschinenähnliche Arbeiten im sogenannten Hamsterrad.

BGE geht mit Umverteilung einher und stößt deswegen auf Widerspruch.

Die Frage nach der Finanzierung für ein BGE löst allerdings bei vielen Menschen Widerstände aus, denn letztlich kann ein Einkommen für nicht arbeitende Personen nur von denen finanziert werden, die arbeiten oder bereits Vermögen haben, das verteilt werden könnte. Bei einer funktionierenden Wirtschaftsordnung mit stabiler Wertschöpfung wäre laut den Anhängern dieser Idee die Finanzierung allerdings durchaus möglich. In entwickelten Ländern wie der Schweiz gäbe es keine Mangelerscheinungen und der produktive Markt funktioniert ebenfalls relativ reibungslos. Durch den immer höheren Einsatz von Maschinen in der Produktion werden auch immer weniger Menschen für viele manuelle Arbeiten gebraucht. Somit würde auch die Gesellschaft vor ganz neue Herausforderungen gestellt. Wie bereits erwähnt, stellt aber das BGE kein zusätzliches Einkommen dar, sondern beinhaltet die Aufgabe einer Existenzsicherung. Jedes ursprüngliche Einkommen wird um den Betrag des Grundeinkommens reduziert, sodass Mehrarbeit durchaus entlohnt würde und nicht sozialistisch eingezogen wäre, aber auch nicht arbeitende Personen erhielten eben das Grundeinkommen.

Eine Schweizer Initiative errechnete zur Finanzierung ihres BGE-Konzeptes ein Bedarfsvolumen von 200 Milliarden Schweizer Franken pro Jahr bei einer Bevölkerung von rund 8 Millionen Menschen. Dabei entfielen im Sinne einer Gegenfinanzierung die aktuell erheblichen Transferzahlungen für Arbeitslosen-, Renten- und Krankenversicherung, da das Grundeinkommen ja unabhängig von Arbeit, Arbeitsstatus oder Krankheit bezahlt wird. Würden die aktuellen Transferzahlungen in Höhe von 70 Milliarden CHF (2014) gegengerechnet, müssten also noch 130 Milliarden CHF aufgebracht werden, um ein BGE für alle Menschen in der Schweiz zu gewährleisten. Dieser Betrag könnte nun nur noch durch eine Steuer auf Einkommen, das über dem Grundeinkommen verdient wird, oder durch Abschöpfung von Vermögen, beispielsweise durch eine höhere Erbschaftssteuer, erbracht werden.

Eine Kernfrage bei diesem soziopolitischen Finanztransferkonzept ist, ob Menschen bei regelmäßigem Erhalt eines BGE überhaupt noch arbeiten würden. Die Gründer der gleichnamigen Schweizer Volksinitiative bejahen diese Frage entschieden und erklären, dass ein BGE überhaupt erst die Voraussetzung für eine leistungsfähige Gesellschaft der Zukunft schafft. *Daniel Häni* erklärt, dass es um die Frage geht, Freiheit in der Arbeit zu erfahren und den Spaß im Leben nicht einfach auf die Freizeit nach der Arbeit reduzieren zu müssen. Menschen sollen frei sein, um zu entscheiden, was sie arbeiten wollen, und diese Entscheidung nicht aus einem Einkommensdrang heraus fällen müssen. Trotzdem stößt der Gedanke eines leistungslosen Einkommens bei vielen Menschen auf Unstimmigkeiten und passt auch nicht mit den Vorstellungen einer wettbewerbsgetriebenen Wirtschaft überein. Zwar erklären viele Anhänger dieser Initiative, dass sie auch mit einem BGE weiterhin zur Arbeit gehen würden oder anderweitig produktiv in der Gesellschaft wirken wollen, aber viele Menschen streiten dies ab und sind davon überzeugt, dass ein BGE eben wegen der auftretenden Unwilligkeit zu arbeiten nicht funktionieren würde.

Dies könnte daher rühren, dass die meisten Menschen ihre eigene Vertrauenswürdigkeit sehr hoch einschätzen, aber anderen eher weniger Vertrauen zumuten. Ein einfaches Gedankenspiel erklärt diesen Umstand: Fragt man beispielsweise eine Handvoll Menschen, ob sie im Auftrag einen durchsichtigen Umschlag mit Bargeld auf deren Bank bringen würden, behaupten die allermeisten Befragten von sich, diesen Auftrag vertrauenswürdig auszuführen. Interessant wird es, wenn man die Frage umdreht und Menschen fragt, ob sie in einer schwierigen Situation einer fremden Person einen durchsichtigen Umschlag mit ihrem Bargeld mit dem gleichen Auftrag überreichen würden. Bei der umgedrehten Frage zeigt sich, dass Menschen generell andere als weniger vertrauenswürdig als sich selbst einschätzen.

Die Gründer und Anhänger der Schweizer Initiative für ein BGE argumentieren, dass die meisten Menschen gerne arbeiten, wenn ihre Tätigkeit für sie einen Sinn macht und von anderen wertgeschätzt wird. Die Idee dahinter ist, dass Menschen produktiver, leistungsfähiger und kreativer sind, wenn sie nicht mehr zur Arbeit gehen müssen, sondern weil sie dies wollen. Als Basis für höhere Wertschöpfung sind diese Gedanken sicherlich nützlich. Ebenfalls könnte hinzugefügt werden, dass die allermeisten Menschen wohl weitaus mehr als das entsprechende Grundeinkommen von 2.500 Schweizer Franken monatlich beziehen wollen. Somit würden sie auch arbeiten, nicht weil sie dies müssen, um zu überleben, sondern weil sie durch ein erhöhtes Einkommen auch mehr Ressourcen haben werden, um ihre Lebenswünsche besser umzusetzen.

BGE setzt Regeln zur Migration der Einkommensbezieher voraus.

Trotzdem könnten sich Bezieher eines BGE damit zufriedengeben, physisch weder in der Schweiz zu leben noch zu arbeiten und das Einkommen in südamerikanischen oder südostasiatischen Ländern auszugeben und dort arbeitslos bestens zu leben. Ein BGE müsste daher noch zu definierende Regeln zur Migration der Einkommensbezieher erfahren. Bezogen auf das Geldsystem würde der Wegfall aller sozialen staatlichen Transferleistungen durch das ersetzende BGE auch den Wegfall vieler sogenannter Transaktionskosten bei Banken und deren Kunden führen. Banken könnten ihre sogenannte Bodensatztheorie völlig neu kalkulieren, und unabhängig von der Kombination mit einem Vollgeld, ressourcengedeckten Geld oder einem Bancor-Plan, wäre die Einführung machbar und möglich. Ob ein Land einst den Mut zur Einführung hat, wird sich zeigen. Dass es in Deutschland einmal eine Zusammenführung der verschiedensten Arbeitslosenversicherungen zu einem Hartz-IV-Gesetz geben würde, hätten allerdings in den 1970er Jahren viele Menschen auch nicht für möglich gehalten.

Systemergänzungen: vom Regiogeld bis zum Handy-Banking

Der zweite Blick über den Tellerrand des bestehenden Geldsystems richtet sich auf die sogenannten Komplementärwährungssysteme.

Regionale, kommunale und lokale Geldsysteme werden zu Beginn dieses Kapitels vorgestellt und anhand diverser Praxisbeispiele verständlich erklärt. Danach wird das aktuell weltweit erfolgreichste Komplementärgeldsystem der WIR Bank vorgestellt und erläutert. Schlussendlich folgen die Darstellungen von Geldsystemen, die ohne Geld im klassischen Sinne funktionieren bzw. mit Zeit, Punktesystemen oder digitalen Bits als Tauschmittel und Recheneinheit. Das Beispiel des erfolgreichen Handy-Banking in Afrika rundet das Kapitel der Systemergänzungen ab und soll als Exkurs dazu dienen, Ideen anzuregen, wie diese innovative und zeitgemäße Bezahlungsform evtl. in der Zukunft auch in anderen Ländern Anwendung finden könnte.

Nebengeld ist in Deutschland gesetzlich untersagt, existierende Komplementärwährungen werden aber nicht verboten.

In Deutschland ist es durch den Artikel 35 des Bundesbankgesetzes verboten, sogenanntes „Nebengeld“ zu verwenden. Dieses Gesetz besagt:

„Mit Freiheitsstrafen bis zu 5 Jahren oder mit Geldstrafe wird bestraft, 1. wer unbefugt Geldzeichen (Marken, Münzen, Scheine oder andere Urkunden, die geeignet sind, im Zahlungsverkehr an Stelle der gesetzlich zugelassenen Münzen oder Banknoten verwendet zu werden) [...] ausgibt, 2. wer unbefugt ausgegebene Gegenstände der in Nummer 1 genannten Art zu Zahlungen verwendet.“ Des Weiteren besagt in der EU der Artikel 106 im Vertrag von Amsterdam (1997): „Die EZB hat das ausschließliche Recht, die Ausgabe von Banknoten [...] zu genehmigen. Die EZB und die nationalen Zentralbanken sind zur Ausgabe von Banknoten berechtigt. Die von der EZB und den nationalen Zentralbanken ausgegebenen Banknoten sind die einzigen Banknoten, die in der Gemeinschaft als gesetzliches Zahlungsmittel gelten. Die Mitgliedstaaten haben das Recht zur Ausgabe von Münzen.“

Der Gedanke ist in der Europäischen Union populär und wird sogar unterstützt.

Trotz dieser Rechtsvorschriften wurden aktuell von den zuständigen Behörden in Deutschland noch keine Verbote oder

Strafen gegen die durchaus existierenden Komplementärwährungen erlassen. Dies könnte zum einen daran liegen, dass deren Einflussmöglichkeiten viel zu klein sind, um irgendeine Art von Bedrohung zum gesetzlichen Zahlungsmittel darzustellen. Zum anderen wird die Autorität von gesetzlichen Währungen durch diese Initiativen in keinerlei Weise infrage gestellt, sondern im besten Fall positiv ergänzt. Zentralbanken und Regierungen betrachten komplementäre Tauschsysteme deshalb zunehmend weniger als Konkurrenz zum gesetzlichen Zahlungsmittel denn als sozial und wirtschaftlich stärkende Ergänzungsmittel. Gerade innerhalb der Europäischen Union ist der Regionalitätsgedanke zunehmend populär. Die Stärkung der Regionen unter der Überschrift „Nachhaltige Wirtschaft" führt inzwischen dazu, dass auch regionale Währungen positiv betrachtet und z. T. auch von öffentlicher Seite gefördert werden.

Vor allem die Europäische Union (EU) unterstützt und beteiligt sich an der Weiterentwicklung von geschlossenen und oftmals bargeldlosen Komplementärgeldsystemen. Geschlossene Geldsysteme in diesem Zusammenhang bedeuten, dass sich die Einsetzbarkeit der Tauschmittel auf vorher definierte lokale oder regionale Gebiete beschränkt und nur bei teilnehmenden Organisationen und Unternehmen eingelöst werden kann. Außerdem binden diese regionalverankerten Komplementärwährungen ihren Geldwert an den Euro und sind meistens nicht in die gesetzliche Währung umtauschbar.

Bereits im Jahr 1998 beteiligte sich die Europäische Kommission an einem komplementären Währungsprojekt, das unter dem Projektnamen „Barataria" lief. Dieses Projekt zielte darauf ab, vier unterschiedliche Regionen innerhalb der EU, bestehend aus Städten und ländlichen Gebieten, durch ergänzende Tauschmittelsysteme zu stärken. Hierbei wurden kommunale Währungsprojekte in ländlichen Gebieten von Schottland und Irland sowie in urbanen Gegenden von Madrid und Amsterdam unterstützt.

Auch transnationale Projekte werden unterstützt.

Auch das transnationale Kooperationsprojekt „Community Currencies in Action" (CCIA) wird vom Europäischen Fonds für regionale Entwicklung (EFRE) mitfinanziert. Ziel der CCIA-Initiative ist, verschiedene komplementäre Währungssysteme in teilnehmenden nordwesteuropäischen Ländern auf kommunaler Ebene einzuführen und weiterzuentwickeln. Dadurch sollen Netzwerke aufgebaut werden, die unter Einbezug sozialer, ökologischer und wirtschaftlicher Perspektiven den Unternehmen und Menschen in diesen Gegenden neue Geschäfts- und Konsummöglichkeiten eröffnen. Im Frühling 2015 lancierte die französische „Crédit Municipal de Nantes" als einer der sechs Währungspartner von CCIA die regionale Komplementärwährung „SoNantes". Ziel des SoNantes ist es, die nachhaltige Entwicklung kleiner und mittlerer Unternehmen (KMU) zu fördern und dabei den wirtschaftlichen Wohlstand regionaler Gegenden zu unterstützen.

Klares Bekenntnis zu mehr Regionalität in Zeiten der Globalisierung

Die Finanzierung und Unterstützung vieler solcher komplementären Währungsprojekte zeigt also, dass die EU und ihre Institutionen durchaus daran interessiert sind, die Möglichkeiten von komplementären Tauschsystemen zu nutzen, um ländliche und städtische Gebiete in Europa zu stärken. Komplementäre Währungen sind aber nicht nur politisch immer mehr opportun, sondern auch in den Augen ihrer Befürworter ein klares Bekenntnis zu mehr Regionalität im sogenannten Kampf gegen die Anonymisierung und den Qualitäts- sowie Identitätsverlust der Globalisierung. Neben diesem ideologischen Aspekt ist sicherlich die Identifikation der Menschen mit „ihrem" Geld eine Begründung für die Akzeptanz dieser komplementären Systeme. Auch die Stärkung der Zivilgesellschaft durch regionales Engagement und Zusammenhalt von Wirtschaften kann ein Grund für die Erstarkung dieses Gedankengutes sein.

Zentral ist die Frage nach Akzeptanz und Vertrauen.

Die größte Hürde bei der Verwendung komplementärer Währungssysteme ist allerdings die Frage nach der Notwendigkeit der Steuerung dieser Geldmengen bzw. Gelder. Damit verbunden ist eindeutig die Frage nach dem

Vertrauen von Menschen in komplementäre Währungen, die evtl. auch ohne zentrale Steuerung existieren. Wenn also keine zentrale, von einer Regierung eingesetzte bzw. akzeptierte Institution das Geld ausgibt, sondern dies durch zum Teil regionale Selbsthilfegruppen erfolgt, stellt sich die Frage nach Akzeptanz und Vertrauen. Die Verbreitung, Anwendung und Entwicklungsprozesse vieler komplementärer Währungssysteme hängen daher maßgeblich von der Bereitschaft und dem Verständnis der Menschen und Unternehmen ab, diese auch zu verwenden. Ansätze hierzu sind in den folgenden Abschnitten dargestellt.

3.6 Regionalgeldsysteme

Die Regionalwährungen sind Tauschmittel. Sie sind auf örtlich definierte Regionen oder lokale Wirtschaftsgebiete bewusst beschränkt. Sie sind Zahlungsmittel, ersetzen aber die Landeswährung nicht, sondern ergänzen sie im besten Fall. Einerseits haben sie nicht das Ziel, das gesetzliche Zahlungsmittel zu ersetzen, andererseits sind sie dazu auch gar nicht in der Lage.

In Deutschland zirkulieren rund 40 verschiedene Regionalwährungen.

Vor allem die Stärkung der Gemeinschaft steht bei solchen Währungsinitiativen im Vordergrund. Damit eine Regionalwährung Erfolg hat, braucht es somit auch eine Gemeinschaft, die ähnliche Interessen, Werte und Weltanschauungen teilt. Regionalwährungen haben zu Beginn der neuen Jahrtausendwende einen starken Aufschwung erlebt. Diese Ausbreitung spitzte sich bis zum Höhepunkt der Finanzkrise im Jahr 2008 zu und nahm dann wieder ab, während sich die Volkswirtschaften erholten. Ende 2012 zirkulierten rund 40 verschiedene Regionalwährungen in Deutschland. Der Erfolg dieser komplementären Währungen hängt zum einen stark von der ökonomischen Situation der Regionen ab und zum anderen auch von den persönlichen Einstellungen der potenziellen Teilnehmer.

Regionalwährungen sind eng an eine Region gebunden und unterstützen dadurch Unternehmen vor Ort – auch Kredite sind möglich.

Regionalwährungen werden einerseits als Scheine oder Münzen emittiert und folgen meistens dem Währungskonzept der Schwundgeldtheorie von *Silvio Gesell*. Andererseits treten sie auch in Form von regional einlösbaren Gutscheinen auf. Erfolgreichere Modelle kreieren ihre Währungen auch als elektronisches Giralgeld und benutzen gewöhnliche E-Kartensysteme, um Bezahlungen in Läden und Supermärkten durchzuführen. Das Ziel von Regionalwährungen ist dabei sehr einfach: In der Kurzform Regiogeld genannt, soll die ökonomische Situation einer bestimmten Region unterstützt, Arbeitsplätze geschaffen und das Gemeinwohl durch stärkeren Zusammenhalt der Gesellschaft gefördert werden. Die Regionalwährungen binden die Zahlungsmöglichkeiten des Geldes an eine bestimmte Region und wollen dadurch sowohl regionale Unternehmen fördern als auch das Bewusstsein für mehr Regionalität in der Bevölkerung erweitern. Die Kaufkraft des Regiogeldes wird dabei meist nicht durch eine Realwertdeckung gewonnen, sondern durch die Kopplung an eine gesetzliche Währung. Das heißt, bei Regionalwährungen innerhalb der Eurozone entspricht der Geldwert von einem Euro meistens auch einer Einheit des Regiogeldes.

Ein weiteres Ziel ist es, die unternehmerischen Handlungsmöglichkeiten der lokalen Betriebe zu erweitern und ihnen neue Einkommensquellen zu eröffnen. Regionalwährungen können Kredite ohne Zinsbelastungen gewährleisten und ebenfalls zur Realisierung eines Projektes oder zur Finanzierung einer gemeinschaftsfördernden Sache in Umlauf gebracht werden.

Steuern können weder lokal noch national mit Regionalwährungen beglichen werden.

Die zirkulierenden Regionalwährungen sind meistens in die gesetzliche Währung eintauschbar und bekommen demnach ihren Wert durch eine Deckung mit der offiziellen Währung. Unternehmen schließen sich in Netzwerken zusammen und garantieren den

Nutzern, dass sie ihr Regionalgeld bei ihnen gegen Waren und Dienstleistungen eintauschen können. Andernfalls akzeptieren Unternehmen auch Zahlungen in einer Mischform aus gesetzlicher und regionaler Währung. Geschichtlich haben Regionalwährungen vor der Zeit der monopolisierten Staatswährungen praktisch überall in der einen oder anderen Form Verwendung gefunden. In Zeiten gesetzlicher Einheitswährungen ist es allerdings nicht allzu einfach für Regionalgelder, sich durchzusetzen, da Steuern weder lokal noch national mit diesem Geld bezahlt werden können. So fragen sich viele potenzielle Teilnehmer, warum sie neben der zu allen Zwecken verwendbaren gesetzlichen Währung ein Regiogeld benutzen sollten. Daher bleiben viele dieser komplementären Währungsinitiativen meistens lokal begrenzte idealistische Vorstellung, die sich nur sehr selten zu etablierten Zahlungsformen in der Region entwickeln und eine wirkliche Ergänzung zur gesetzlichen Währung darstellen.

Acht Qualitätsprinzipien als Bekenntnis zur Kooperation

Der Fachverband Regiogeld e.V. listet acht Qualitätsprinzipien und Werte auf, die die Mitglieder des Vereins zu erzielen versuchen: So sollten, dem ersten Grundsatz zufolge, die Gemeinschaft der Verbraucher, Anbieter, Kommunen, Vereine und teilnehmende Organisationen von der Regionalwährung profitieren. Weiterhin soll das Geld in dem geschlossenen Kreislauf die Innovationsentwicklung fördern und so die regionalen Wirtschaftsaktivitäten und Wertschöpfungen erhöhen. Die Regionalwährung soll drittens in Volumen und Umlaufgeschwindigkeit nachhaltig gesteuert werden und Möglichkeiten für Sparer und Abnehmer von zinsfreien Krediten anbieten. Weiterhin sind Regeln, Daten und Informationsflüsse für alle Nutzer transparent und zugänglich zu machen. Grundsätzliche Entscheidungen müssen durch direktdemokratische Abstimmungen getroffen werden. Die Initiative soll auf einem theoretisch und praktisch umsetzbaren Fundament gebaut werden und die Mitarbeiter sollten engagiert und professionell genug sein, um den Erfolg des Regiogeldes auch zu ermöglichen. Die Finanzierung wird durch die Beteiligten der Initiative angestrebt und Überschüsse fließen in Projekte für das Allgemeinwohl zurück. Letztlich sollen sich die

Mitglieder verpflichten, Informationen miteinander auszutauschen, Infrastrukturen zu teilen und eine generell kooperative Zusammenarbeit zu pflegen.

Diese acht Grundsätze des Regiogeld-Verbandes zeugen von der kooperativen Grundhaltung, die zum Teil auch von den Sozialreformern *Friedrich Wilhelm Raiffeisen* (1818–1888) und *Herrmann Delitzsch* (1808–1883) für ihre Genossenschaften geprägt wurde. Zwar sind Regionalwährungen meistens nach dem Freigeldkonzept von *Silvio Gesell* als sogenannte Schwundgelder konzipiert, aber ihr Charakter beinhaltet stets die Idee der Hilfe zur Selbsthilfe, um die wirtschaftlichen Aktivitäten der Regionen zu stärken oder neu zu beleben.

Schwundgelder werden wie bereits erwähnt auch als umlaufgesicherte Währungen bezeichnet. Währungen mit einer Umlaufsicherung sind mit einem Negativzins belastet und sollen einerseits einen regen Umlauf des Geldes garantieren und anderseits das Horten von Geld im Kreislauf verhindern. Der Negativzins verlangt von den Nutzern ab einer bestimmten Zeit eine Gebühr für jede aufbewahrte Geldeinheit, damit das Geld verwendbar bleibt. So soll die ungehinderte Zirkulation der Geldmenge garantiert werden. Da die meisten Regionalwährungen in Deutschland zu Beginn des neuen Jahrtausends entstanden sind und dies während einer Phase der wirtschaftlichen Stagnation stattfand, haben sich die allermeisten dieser Komplementärwährungen in ihrer Konzeption somit den Prinzipien des Freigeldsystems von *Silvio Gesell* angeschlossen.

Schwundgeld eignet sich nicht als Wertaufbewahrungsmittel.

Das Freigeld sollte dazu dienen, dass Geld zwangsläufig immer wieder in den Markt zurückfließt, welches durch den Negativzins-Mechanismus erreicht werden soll. Dieser Negativzins soll zum einen den Umlauf der Geldmenge und zum anderen den Konsum anregen. Die regionale Stabilität und der gesellschaftliche Zusammenhalt sollen durch die Umlaufsicherung der regional begrenzten Währung ebenfalls gewährleistet werden. Bislang haben Schwundgelder ihre Wirkungskraft vor allem in Zeiten wirtschaftlicher Tiefphasen gezeigt. Durch den Strafzins überwinden sie Liquiditätsengpässe und wirken antizyklisch, wodurch sie den Regionen helfen, ihre Arbeitsplätze wieder aufzubauen und die wirtschaftlichen Aktivitäten in Schwung zu bringen. Sobald sich aber die konjunkturelle Lage eines Landes verbessert, Kredite leichter zugänglich werden und die Menschen wieder vermehrt konsumieren, lassen erfahrungsgemäß auch die vorherigen Vorteile der umlaufgesicherten Regionalwährungen nach. Häufig wird auch Schwundgeld im Vergleich zu einem Geld mit Zahlungs- und Wertaufbewahrungsfunktion bei normaler wirtschaftlicher Lage von den meisten Menschen schlechter bewertet.

Drei Gründe, die für Komplementärwährungen bzw. Schwundgeld sprechen.

Die Analyse „Kritik der Freiwirtschaft nach Silvio Gesell“ (2008) des Ökonomen *Rahim Taghizadegan*, dem Gründer des österreichischen Instituts für Wertewirtschaft, zeigt drei Gründe auf, warum Komplementärwährungen, die oftmals auch als Schwundgelder konzipiert werden, starken Zulauf finden. Dabei wird aber auch gezeigt, dass dieser Gewinn an Popularität nur wenig mit der Umlaufsicherung des Geldes zu tun hat. Erstens erlauben regionale Währungen Steuerabgaben teilweise zu vermeiden. Zweitens stärken sie den regionalen Bezug für Menschen und ihre Heimatorte. Drittens erzeugen sie das Gefühl, die Kontrolle über ihr Geld und dessen Wert, wenn auch nur begrenzt, zurückzugewinnen.

Der erste Grund, warum regionale Komplementärwährungen und regionale Tauschsysteme erfolgreich sind, liegt an der Umgehungsmöglichkeit von gesetzlicher Kontrolle sowie der Steuerpflicht. Viele regionale Tauschkreise definieren sich als gemeinnützige Organisationen mit gesellschaftsstärkenden Zielen und genießen somit komplette Steuerfreiheit. Kommerzielle Transaktionen können somit meist ohne die Notwendigkeit staatlicher Abgaben getätigt werden. Das Gefühl, tauschen zu können, bei dem beide Parteien den vollständigen Wert ihrer Waren oder Dienstleistungen steuerfrei behalten können, ist eben besser, als wenn dieser durch das ständige Einmischen einer unbeteiligten Partei beeinflusst wird. Steuerfreie Tauschkreise und die Nutzung komplementärer Währungssysteme bieten also eine Möglichkeit, den vollen Wert seiner erworbenen Güter und Dienstleistungen genießen zu können. Somit können sich vor allem Kleinunternehmen von Steuerabgaben zumindest bei bestimmten Geschäften teilweise befreien. Die lokalen Tauschkreise, Nachbarschaftshilfen und regionalen Währungssysteme sind also gerade deshalb erfolgreich, weil sie einen hundertprozentigen Gewinn im Tauschhandel versprechen und somit als gerecht empfunden werden können, so *Taghizadegan*. Anbieter und Nachfrager erhalten den vollständigen Wert ihrer Güter und Dienstleistungen. Alle Beteiligten werden gleichermaßen behandelt und fühlen sich dabei nicht von einer fremden Steuerlast oder einem unpersönlichen Regulierungsapparat beeinflusst.

Der zweite wichtige Grund für den Erfolg der regionalen und lokalen Wirtschaftskreise ist die starke Identifikation der Teilnehmer mit ihrem Wohnort und ihrer Region. In Zeiten der steigenden Globalisierung und Massenproduktion gewinnt das verstärkte Einkaufen in regionalen Wirtschaftsstrukturen an Attraktivität. Viele Menschen sehnen sich nach Produkten hoher Qualität, die zugleich umweltschonend hergestellt wurden und auch die Wirtschaft ihres Wohnortes bzw. des Herstellungsortes stärken. Viele Komplementärwährungen nehmen durch ihre regionale oder lokale Begrenztheit genau diese Funktion ein, was bei teilnehmenden Betrieben und Menschen auf Zustimmung trifft. Dass diese Währungen oftmals an einen Schwundmechanismus gekoppelt sind, ist dabei eher nebensächlich und vielmehr als eine zusätzliche Stärkungsfunktion der regionalen Betriebe anzusehen, insofern die Regionalwährung ein Volumen erreicht hat, um wirklich einen spürbaren Unterschied zum gesetzlichen Zahlungsmittel zu machen.

Drittens wird der Faktor Mitbestimmung genannt. Komplementärwährungen geben Menschen die Möglichkeit, die Geldentwertung durch lokale Herstellung des Geldes abzubremsen und ihr Bedürfnis nach einer Selbstbestimmung und Verantwortungsübernahme des eigenen Lebens zu befriedigen. Das gesetzliche Geld, das in seinem Herstellungsverfahren, seinem Volumen und seiner Ausgabe jenseits jeder persönlichen Einflussmöglichkeit liegt, wirkt sich bei vielen Menschen negativ aus. Regiogelder erlauben den Teilnehmern, zumindest die Inflation der eigenen heimischen Regionalwährung kontrollieren zu können. Zusätzlich bekommt ein Geld, bei dem die Hersteller bzw. Initiatoren der Initiative und ihre Bewegungsgründe bekannt sind, oftmals mehr Vertrauen als das unpersönliche und unkontrollierbare gesetzliche Zahlungsmittel. Es schafft Nähe und Verständnis, wenn die Geldhersteller persönlich bekannt sind und es außerdem die Möglichkeit gibt, sich in der Verwaltung des Geldsystems zu engagieren bzw. in dessen Entwicklung mitwirken zu können. Dieses Gefühl der Rückgewinnung von Kontrolle über das Geldwesen und seinen Wert ist ein wesentlicher Grund für den Erfolg der Regionalwährungen, ob sie nun mit oder ohne Negativzins konzipiert sind.

Die Tauschmittelfunktion steht im Vordergrund.

Im Vordergrund der Regionalgelder steht ausschließlich die Tauschmittelfunktion des Geldes. Viele Regionalwährungen sind außerdem auch als offene Verrechnungssysteme konzipiert. Das heißt, sie erlauben den Um- und Rücktausch in die offizielle Landeswährung. Der Umtausch von gesetzlicher Währung in eine Regionalwährung wird meistens eins zu eins verrechnet. Jedoch kann der Rücktausch von der Regionalwährung in die gesetzliche Währung mit Gebühren belastet sein. Diese künstliche Ausstiegsbarriere soll die Teilnehmer im Regionalgeldsystem dazu motivieren, langfristig in das Regiogeld bzw. die Region zu investieren.

Umtausch in und Deckung durch gesetzliche Währung sind gewährleistet.

Regionalwährungen sind meist durch die gesetzlichen Währungen gedeckt und werden zum gleichen Verhältnis in den Unternehmen gehandelt. Somit bekommen Regionalwährungen ihre Kaufkraft bzw. ihre Recheneinheitsfunktion durch eine vollständige Anbindung an die gesetzliche Währung. Regionalwährungen werden häufig durch private Initiativen lanciert und danach in zentralen Einrichtungen wie beispielsweise einem Rathaus oder einer lokalen Bank emittiert, umgetauscht und verwaltet. Normalerweise schafft Regiogeld auch keine zusätzliche Liquidität für eine Region, sondern erhält die bereits vorhandenen Geldmengen in der Region.

Das Hauptziel der Regiogelder ist somit die Konzentration und Beschränkung des Umlaufs von Geld in einer bestimmten Region. Natürlich können die Anbieter einer Regionalwährung diese auch durch Nachdruck des Geldes inflationieren und evtl. Kredite vergeben, die nicht durch einen Ankauf in der Landeswährung kreiert wurden. Wenn eine Regionalwährung rein elektronisch in Umlauf kommt, können auch Wechselgeschäfte zwischen Unternehmen dazu verwendet werden, um das Geld zu erzeugen. Ein Inflationieren einer relativ kleinen Geldmenge muss jedoch sehr sorgfältig geplant werden und kann dem System schnell großen Schaden erbringen bzw. dieselben Auswirkungen eines Boom- und Bust-Verlaufes haben, wie in → Kapitel 1 allgemein beschrieben.

Wenn der Rücktausch aus einer Regionalwährung mit Kosten verbunden ist, das Geld durch die Umlaufsicherung systematisch an Wert verliert und darüber hinaus auch sehr unflexibel bzw. nur in einem begrenzten Wirtschaftsraum eintauschbar ist, dann muss logischerweise auch die Frage gestellt werden, warum ein Regiogeld überhaupt verwendet werden sollte. Der Erfolg von Regionalwährungen ist von Ort zu Ort sehr unterschiedlich und hängt maßgeblich von den dort wohnenden Menschen und arbeitenden Betrieben ab. Wenn die Mehrheit einer Region die Eigenschaften des Regiogeldes nicht schätzt bzw. nicht als vorteilhaft gegenüber der gesetzlichen Währung empfindet, dann wird die erfolgreiche Umsetzung unmöglich oder deutlich erschwert.

Trotzdem gibt es erfolgreiche Regionalgeldsysteme. Ihr Erfolg basiert dabei einerseits auf der Ebene eines persönlichen Nutzens für die Konsumenten und anderseits auf wirtschaftlichen Vorzügen für die Unternehmen. Konsumenten benutzen Regiogelder meist aus ideeller Überzeugung, durch die Teilnahme an einem Regionalgeldsystem in ihrer Region einen sinnvollen und nachhaltigen Beitrag leisten zu können. Neben den ideellen Überzeugungen wollen Unternehmen vor allem auch von einer Neukundengewinnung profitieren. Durch die Teilnahme als Anbieter von Gütern oder Dienstleistungen in einem ausgereiften regionalen Netzwerk bekommen so Unternehmen Marketingvorteile, neue Absatzmöglichkeiten und potenzielle Neukunden.

Vorhandene Liquidität bleibt in der Region.

Schnelle Zirkulationsgeschwindigkeit und minimales Zurückhalten von Geld aus dem Wirtschaftskreislauf sind, den Ideen von *Gesell* folgend, die Leitprinzipien der umlaufgesicherten Regionalgelder. Durch die begrenzte Nutzung des Geldes in einer bestimmten Region soll vorhandene Liquidität in der Region und bei den lokalen Geschäften, Läden und Menschen erhalten bleiben, anstatt in Großstädte oder über das Internet abzufließen. Der Geldabfluss im Zuge der Globalisierung soll somit aus regionalen Gebieten vermieden werden. Der Fokus liegt dabei auf der Stärkung der regionalen Wirtschaftskreisläufe und der Gemeinschaft. Zwar haben Regionalwährungen im Wettbewerb mit der offiziellen Landeswährung weniger Bedeutung, aber wenn das Konzept von genügend Menschen verstanden und getragen wird und sich dazu eine ausreichende Menge von unterschiedlichen Unternehmen dem Netzwerk anschließen, können positive Effekte auf regionaler Ebene erzielt werden. Außerdem könnte ein bereits ausgereiftes System während einer internationalen Rezession oder einem Zusammenbruch des globalen Geldsystems eine ganz neue Dynamik für die entsprechende Region entfalten.

Bekanntes Beispiel: der Chiemgauer als erfolgreichstes Regionalgeld Deutschlands.

In Deutschland und auch weltweit ist umsatztechnisch eines der erfolgreichsten Regiogelder der sogenannte Chiemgauer. Ende 2013 wurden von allen damaligen 3.649 Mitgliedern des Chiemgauer Netzwerks über 7 Millionen Euro bzw. Chiemgauer umgesetzt. Der Chiemgauer benutzt wie die meisten Regionalgeldinitiativen eine Umlaufsicherung für sein Geldsystem. Demnach wird jeder Chiemgauer täglich mit einem Schwundsatz von 0,022 oder 8 Prozent im Jahr besteuert. Um diesem Negativzins auszuweichen, können die Geldhalter neben dem Ausgeben und In-Umlauf-Bringen ihrer Chiemgauer ihr überschüssiges Geld auch auf einem speziellen Konto parken, wo es zinsfrei an andere Nutzer und gemeinnützige Projekte weiterverliehen wird.

Der Chiemgauer ist ein eurogedecktes Regiogeld, und der Umtausch von Euro in Chiemgauer erfolgt eins zu eins. Dabei dürfen aber keine Privatpersonen, sondern nur Unternehmen die Regionalwährung in Euro wieder zurücktauschen. Hierbei müssen die Unternehmen bei jedem Rücktausch von Chiemgauer in Euro auch hier eine Gebühr von rund 5 bis 10 Prozent an den Chiemgauer Verein entrichten. Diese Gebühr wird einerseits für die Kostendeckung der Verwaltung verwendet und anderseits auch an gemeinnützige Vereine der Region vergeben. Unternehmen bekommen somit einen Anreiz, regionale Absatzmöglichkeiten für ihre Chiemgauer zu finden und zu nutzen, anstatt diese einfach in Euros zurückzutauschen.

Das Wunder von Wörgl

Die bekannteste Erfolgsgeschichte der schwundgeldkonzipierten Regionalwährungen in Europa ereignete sich zu Beginn des 20. Jahrhunderts in der österreichischen Gemeinde von Wörgl mit dem sogenannten Wörgl-Schilling. Seitdem ist dieses Schwundgeld-Experiment als das „Wunder von Wörgl" in die Geschichte eingegangen. Das „Wunder von Wörgl" wird meistens als ausschlaggebendes Argument verwendet, um die Überlegenheit von umlaufgesicherten Geldsystemen hervorzuheben bzw. zu beweisen. Jedoch ist es wichtig, bei diesem Beispiel auch den zeitlichen Kontext zu erläutern.

Während sich dieses Erfolgsbeispiel ereignete, herrschte die erste große Weltwirtschaftskrise. Auch die Region Wörgl geriet Anfang der 1930er Jahre in zunehmende finanzielle Schwierigkeiten. Die österreichische Kleinstadt Wörgl bei Innsbruck litt unter einer wirtschaftlichen Depression und hatte Schulden in Millionenhöhe. Hunderte von Arbeitslosen konnten sich nicht mehr selbstständig unterhalten und wurden von öffentlicher Sozialhilfe abhängig. Außerdem herrschte im Zusammenhang mit der Weltwirtschaftskrise auch eine allgemeine Kreditklemme. Der damalige Bürgermeister von Wörgl, *Michael Unterguggenberger* (1884–1936), schlug vor, eine umlaufgesicherte Regionalwährung, basierend auf den Ideen *Silvio Gesells,* herauszugeben, um die drängenden Herausforderungen anzugehen. 1932 wurden also Wörgl-Schillinge im Wert von über 30.000 offiziellen Schillingen herausgegeben. Die Haushaltskassen der Stadt sollten durch das selbst gedruckte Geld wieder aufgefüllt werden, während Gehälter an Angestellte sowie Kredite in der Währung vergeben wurden. Das Geld wurde in allen Läden akzeptiert und zirkulierte durch den Negativzins relativ schnell, während es die Wirtschaft belebte und neue Arbeitsplätze schuf. Das Vorhaben entwickelte auffällig positive Effekte für die Gemeinde. Die Arbeitslosigkeit der Region sank um rund 25 Prozent und die Menschen konnten ihre Konsumtätigkeiten durch die steigenden Einnahmen wieder erhöhen. Ebenfalls konnten mehrere Bauvorhaben durch neue Investitionen in Wörgl-Schilling realisiert werden. Die Stadt konnte nun selbstständig Kredite vergeben, und dies in einem Umfeld, das von Beginn an nur sehr wenig Geld hatte. Außerdem waren die Menschen durch die hohe Arbeitslosigkeit und allgemein schlechte Lebenssituation schnell bereit, diese neue Chance aufzugreifen. Die Umlaufsicherung verhalf der Währung dabei, schnell zu zirkulieren und den Konsum in der Gegend zu erhöhen.

Das Ende des erfolgreichen Experiments vom Wörgler Schwundgeld bekam jedoch einen relativ dramatischen Beigeschmack. Die Nationalbank Österreichs sah dem Ereignis mit Besorgnis um seine Vormachtstellung zu und verbot kurzerhand das Schwundgeld im September 1933 unter Androhung des Armeeeinsatzes. Mittlerweile wollten sich über 140 Gemeinden um Wörgl dieser Währung anschließen und es bestand wohl eine reale Gefahr, dass die Regionalwährung den österreichischen Schilling zu ersetzen drohte. Danach ging das Experiment als „das Wunder von Wörgl" in die Geschichte der alternativen Geldsysteme ein und verhalf vor allem der Freigeldtheorie von *Silvio Gesell* zu größerer Bekanntheit und Anerkennung.

Schwundgeld ist in Krisenzeiten erfolgreich.

Der Erfolg dieses Beispiels könnte auch dadurch erklärt werden, dass vor dem Hintergrund der wachsenden Krisensituation, die sich durch den Ausbruch der Weltwirtschaftskrise im Jahr 1929 entwickelte, die eigenständige Ausgabe einer umlaufgesicherten Währung die Gemeinde aus der Schieflage befreien konnte. Liquiditätsengpässe konnten so durch das Schwundgeld überwunden werden. Auch in Teilen Deutschlands zirkulierten Ende der 1920er Jahre mehrere umlaufgesicherte Regionalgelder, die sich an der sogenannten Wära orientierten. Die Wära war ein Schwundgeld, das in seiner Konzeption ebenfalls von der Freiwirtschaftslehre *Silvio Gesells* inspiriert war und als Vorläufer vieler gegenwärtiger Regiogelder in Deutschland bezeichnet werden kann.

Bei Argumentationen über die Vorteile von regionalen Schwundgeldern muss daher klar auf den zeitlichen Kontext und die wirtschaftliche Lage der betreffenden Regionen hingewiesen werden. Denn unter den Umständen einer funktionierenden Wirtschaft entwickeln sich die Schwundgelder im Vergleich zu Währungen mit einer gewissen Wertaufbewahrungsfunktion wie die gesetzlichen Währungen erfahrungsgemäß nur sehr schleppend und sind auch von einer starken Überzeugungsarbeit bei den Teilnehmern abhängig. Es bleibt daher umstritten, inwiefern die Umlaufsicherung eines Geldes auch außerhalb von Krisenzeiten nützlich und für eine Wirtschaftsstruktur förderlich ist.

Nicht alle Menschen wollen Geld ohne Wertaufbewahrungsfunktion.

Wie auch das Experiment in Wörgl zeigte, versuchten die Menschen relativ schnell, dem Schwundgeld zu entkommen, als sich die nationale Wirtschaftslage erholte und das gesetzliche Zahlungsmittel wieder zugänglicher wurde. Ein Geld ohne Wertaufbewahrungsfunktion bzw. mit eingebauter Umlaufsicherung ist offenbar nicht im Interesse aller Menschen, und so bleibt es fraglich, inwiefern sich eine mit Negativzinsen behaftete Währung auch in normalen wirtschaftlichen Zeiten durchsetzen kann. Dabei ist außerdem zu vermerken, dass auch die gesetzlichen Fiatwährungen durch ihre systematische Inflationierung und dem daraus resultierenden Wertverlust mit einer Art inoffiziellen bzw. intransparenten Umlaufsicherung behaftet sind. Halten Menschen größere Geldsummen beispielsweise Jahre lang nur auf dem Girokonto bei ihrer Bank und bekommen dafür die Zinsen, dann kann sich die Geldmenge zwar nominal erhöhen, aber die gesunkene Kaufkraft des Geldes kann trotzdem zu einem Realverlust des Vermögens beitragen. Das heißt, der Realzins, der die nominale von der Bank angegebene Verzinsung um die Inflationskosten bereinigt, kann durchaus auch negativ sein, wenn die Inflationsrate höher als der angebotene Zinssatz der Geschäftsbank ist.

Regionalwährung setzt auf ökonomischen Erfolg einer Region.

In vielen ökonomisch schwächeren Ländern sind regionale Währungssysteme ein verankerter Bestandteil wirtschaftlicher und gesellschaftlicher Fördermaßnahmen. Regionalwährungen sind am ökonomischen Erfolg einer bestimmten Region orientiert. Jede Region ist einzigartig und hat unterschiedliche gesellschaftliche, wirtschaftliche und kulturelle Strukturen. Auch wenn die Konzeption von Regionalwährungen nicht überall auf *Silvio Gesells* Schwundgeldideen beruhen, ist es dennoch ihr Hauptziel, die einzigartigen regionalen Strukturen zu erhalten und zu fördern.

Der Golddinar entspricht den Grundprinzipien des Korans.

Ein weiteres Beispiel für Regionalwährungen, die nicht als Schwundgelder, sondern als Edelmetallwährungen konzipiert sind, stellen die in Teilen Malaysias und Indonesiens zirkulierenden regionalen Gold- und Silberwährungen dar. Verwendet werden sie parallel zur nationalen Währung, und ihre Konzeption stützt sich in erster Linie auf die Grundprinzipien des Korans. Diese Währungen sind unter anderem der sogenannte Golddinar und der Silberdirham. Die Initiatoren dieser regionalen Edelmetallwährungen bauen ihr Währungssystem dabei vor allem auf theologischen Argumenten auf. So steht im Koran (4,29), dass die Menschen nur Handel in gegenseitigem Einvernehmen betreiben sollen. Dieser Vers stellt für religiös motivierte Geldausgeber die Grundlage für ein teilweises oder gänzliches Verbot von ungedecktem Papiergeld im Ganzen und Zinsen im Speziellen dar.

Fiatgeld mit Koran nicht vereinbar

Staatliches Geld muss zwar von der dortigen Bevölkerung angenommen und auch zur Bezahlung von Steuern entrichtet werden, aber viele Handelsgeschäfte werden in diesen Regionen durch Regionalgelder abgewickelt, die nicht als „betrügerisches“ Fiatgeld und damit den Koranvers erfüllend betrachtet werden. Dieses Regionalgeld soll auch das im Koran festgesetzte Wucherverbot (2,275) erfüllen. Laut diesem Gebot ist es den Muslimen nur erlaubt, einen Handel zu treiben, wenn der Tausch von Produkten und Dienstleistungen in einem gleichen und fairen Wertverhältnis zueinander stattfindet. Das allgemein verstandene Zinsverbot kommt in seiner Bedeutung diesem Gebot gegenüber zu kurz. Da der direkte Tauschhandel stark begrenzt ist, wird das indirekte Tauschmedium Edelmetall verwendet. So kann der Wert von Gütern mit einem Preis gemessen und mit anderen Gütern verglichen werden. Eine muslimische Begründung für regionale Edelmetallgelder ist, dass Gold und Silber die am besten geeigneten Mittel zur Erfüllung dieser Tauschfunktion sind. Letztlich wird das Wort Geld so einfach vermieden und durch Gold als langfristig wertvolle Handelsware ersetzt.

Das dritte Argument liefert der sogenannte Zakat. Diese für Muslime verpflichtende Abgabe eines bestimmten Teils ihres Vermögens für bedürftige Menschen und andere Personengruppen bildet eine der fünf Säulen des Islams. Der Silberdirham und Golddinar stützt sich ebenfalls auf dieses Argument, da diese Abgabe in Gold oder Silber zu entrichten ist. Im Jahr 2006 produzierte die Regionalregierung im malaysischen Bundestaat Kelantan eine erste Edelmetallwährung. Bei der Erstausgabe wurde fälschlicherweise behauptet, dass diese neue Währung ebenfalls ein gesetzliches Zahlungsmittel sei, und so wurde sie mit Begeisterung von vielen Menschen angenommen. Nachdem die Produktion vorerst durch die malaysische Zentralregierung eingestellt wurde, gab es ab dem Jahr 2010 eine Fortsetzung der Münzprägungen. Diese Edelmetallwährung dient bis heute als komplementäre Währung, kann aber nicht für die Entrichtung von Steuern und anderen offiziellen Abgaben verwendet werden.

Edelmetallmünzen sind selten im Umlauf und werden eher gehortet.

Obwohl die Gold- und Silbermünzen mittlerweile im Wert von über 14 Millionen US-Dollar emittiert wurden, ist ihre Zirkulation relativ unbedeutend. Dies liegt vor allem an zwei Gründen: Erstens wird bewusst beim Verkauf der Edelmetallmünzen ein Aufschlag verlangt, der ungefähr doppelt so hoch ist wie sein effektiver Wert im Handel. Diese Maßnahme soll die Spekulationsmöglichkeiten mit der sogenannten korangleichen und damit „göttlichen" Währung begrenzen und unterbinden. Ein weiterer Grund ist, dass die Kaufkraft der Münzen einfach zu hoch ist, um sie im Alltag effektiv anwenden zu können. Zwar sind die Münzen dreimal dünner als die Ein-Euro-Münze, aber durch den reinen Edelmetallgehalt ist ihre Kaufkraft wesentlich höher. Eine Golddinar-Münze besitzt 4,25 Gramm Gold und ist somit ungefähr genauso wertvoll wie ein durchschnittliches Monatseinkommen eines Angestellten aus der Region.

Durch diese rein praktischen Gründe und auch weil das Geld eben nicht als offizielles Zahlungsmittel anerkannt wird, haben sich die Menschen dazu entschieden, die Münzen einfach der Zirkulation zu entziehen und als beständiges Wertaufbewahrungsmittel zu horten. Weltweit allerdings akzeptieren einige Hundert Geschäfte diese regionale und religiös motivierte Edelmetallwährung. Über Online-Plattformen wie „Dinarpal" oder „eDinar" können die Nutzer z. B. ihre Einkäufe auch elektronisch mit dem intrinsisch wertvollen Geld bezahlen. Mittlerweile emittieren auch andere Provinzen in Malaysia und Indonesien ihre eigenen Komplementärwährungen aus Gold- und Silbermünzen. Bei einem Zusammenbruch des Fiatgeldsystems würden die Golddinars jedoch höchst wahrscheinlich vollkommen vom Markt verschwinden und wegen einer starken Aufwertung des Goldpreises fast nur noch gehortet werden. Für Zahlungszwecke würden sie sich in ihrer physischen Münzform dann wohl nicht mehr eignen.

Deutschland: Donau-Taler zur Rettung der Innenstadt

Ein anderes Beispiel einer regionalen Komplementärwährung in Deutschland ermöglicht hier evtl. noch weitere Einblicke in die Funktionsweisen, Hintergründe und Auswirkungen einer Regionalwährung. Eine Initiative zur Rettung der Innenstadt Riedlingens, einer schwäbischen Kleinstadt an der Donau, beobachtete ein zunehmendes Schließen von Geschäften in der Innenstadt und immer weniger Kulturangebote für die Bürger. Mit Hintergrundinformationen des Chiemgauers und der Idee, eine eigene Stadtwährung zu prägen, entstand der sogenannte Donau-Taler, der bis heute im Umlauf ist. Auch hier wurde das theoretische Modell des Schwundgeldes von *Silvio Gesell* zugrunde gelegt. Hauptziel des Donau-Talers war es, den Menschen in der Region bewusst zu machen, dass es nicht gleichgültig ist, wo sie ihr Geld ausgeben, sondern sie können die städtischen Geschäfte durch das Regiogeld stärken. Ein weiteres Ziel war der Aufbau eines starken wirtschaftlichen Netzwerkes, um die Abwanderung von Arbeitsplätzen aus der Region zu stoppen und dort langfristig wieder zu fördern. Der Donau-Taler gibt in seinen Statuten den Teilnehmern und Nutzern den Auftrag, möglichst ausschließlich in Donau-Taler den persönlichen Konsum in der Stadt zu bezahlen.

Der Donau-Taler soll den gesellschaftlichen Zusammenhalt stärken und ein Bewusstsein für die Region kreieren. Die bewusstseinsverändernde Wirkung des Donau-Talers wird dadurch sichtbar, dass manche Menschen inzwischen versuchen, ihre Einkäufe nur noch in der Stadt Riedlingen zu tätigen, und auch regionale Produkte bevorzugen. Regionale Unternehmen stärken sich also gegenseitig, wie dies einst in Wörgl der Fall war, das heißt, der Riedlinger Bäcker lässt mit Donau-Talern seine Bäckerei vom Riedlinger Maler renovieren und dieser kauft seinen Fernseher nicht bei Amazon, sondern beim Riedlinger Elektrofachhändler usw. So wundert sich auch kein im Internet einkaufender Bürger mehr, warum Ladengeschäfte schließen, und fängt an, ein Bewusstsein für die eigene Stadt und deren wirtschaftliche Struktur zu entwickeln. Das private wie auch unternehmerische Netzwerk führt nicht nur zu Wachstum in der Stadt, sondern auch zu einem beobachtbaren sozialen Zusammenhalt und folglich künftig eventuell auch zum gesellschaftlichen Wohlstand der gesamten Region.

Auf Nachfrage bei den Initiatoren des Donau-Talers wurden drei Erfolgsfaktoren für die Stadtwährung deutlich: Das Regiogeld muss von den Bürgern als ihr eigenes Geld wahrgenommen werden, wozu Medien- und Pressearbeit beitragen kann. Das Geld erhält eine hohe Umtauschgebühr bei Rücktausch in Euro oder ist zum Teil gänzlich davon ausgeschlossen. Die Schwundgeldmarke ist notwendig für einen kontinuierlichen und schnellen Geldumlauf. Diese Geldflussmarke bedeutet konkret, dass nach sechs Monaten, also zweimal jährlich, eine spezielle Marke auf die Geldscheine geklebt werden muss, um den Geldschein überhaupt noch fungibel, also umlaufbar zu halten. Um diese Marke zu bekommen, muss der Geldhalter ebenfalls eine geringe Gebühr bezahlen. Die Idee dahinter ist einfach. Jeder versucht die Gebühr zu vermeiden und möchte somit das Geld vor den jährlichen Stichtagen so schnell wie möglich ausgeben. Diese Form der Umlaufsicherung sorgt dafür, dass das Geld ständig in Bewegung bleibt.

Regionalwährungen können regionale Kundenströme und Umsätze sichern.

Regionalwährungen verstehen sich also als regionale komplementäre Lösungen zur Stärkung der eigenen Region und zum Teil bewussten Abkehr von den Folgen der Globalisierung und des digitalen Handels. Indem sich starke regionale Wirtschaftskreisläufe formieren und die Region dadurch unabhängiger von globalen Zusammenhängen und Herausforderungen gemacht wird, können die verschiedenen Regionen eine kräftigende Eigendynamik entwickeln. Die komplementären Regionalwährungen sollen das regionale Vertrauen der Menschen untereinander stärken, ihnen eine Identität mit ihrer Region verleihen und den gesellschaftlichen Zusammenhalt ausbauen. Sie können für stabilere Kundenströme und höhere Umsätze in der Region sorgen. Durch den Gebrauch von Regionalwährungen wird Geld in der Region gehalten, anstatt aus der Region in andere kurzfristig attraktivere Gebiete abzufließen. Somit haben Regionalwährungen das Potenzial, ein geschlossenes, aber starkes Netzwerk für die Unternehmen einer bestimmten Region zu bilden. Dabei spielen sie keine Ersatzlösungen für Staatsgelder, sondern im Idealfall eine Ergänzungsfunktion.

Ohne als Komplementärwährung zu fungieren, wären Regionalwährungen schnell überfordert, denn sowohl nationale als auch regionale Geldsysteme sind auf die Bedürfnisse ihrer Gebiete abgestimmt und haben auch unterschiedliche Aufgaben. Für eine gegebene Region können Regionalwährungen effektiver und nachhaltiger als andere Währungen wirken. Wobei es hier auch auf die Konzeption und Akzeptanz sowie die Stärke des Netzwerkes bzw. die Reichweite und internationale Abhängigkeit der regionalen Unternehmen ankommt.

Der begrenzte Wirkungsraum von Regionalwährungen kann sich in einer globalisierten Welt am besten in Zusammenhang mit nationalen oder internationalen Währungen entfalten. In kleineren Regionen haben Regionalwährungen höhere Chancen, die Wirtschaftsaktivitäten wirkungsvoll und nachhaltig zu unterstützen, weil die bekannten gesellschaftlichen Strukturen vieler Regionen das Potenzial eines starken Netzwerkes beinhalten. Die Möglichkeit, in internationalen Geschäften genutzt zu werden, kann demnach auch gar kein Ziel von Regionalwährungen sein. Die Nahversorgung durch eine Regionalwährung könnte theoretisch auch ohne die Deckung einer Landeswährung funktionieren, aber diese Funktion bliebe je nach Konzeption mehr oder weniger eingeschränkt, da sich die Kaufkraft des Geldes entweder durch Ankopplung an eine im Markt akzeptierte Währung oder durch Realwertdeckung bildet. Fürsprecher von Regionalwährungen sind davon überzeugt, dass es für überregionale Geschäfte überregionale Währungen braucht und sich für regionale Geschäfte Regionalwährungen besser eignen.

Die Lage von Euro-Krisenländern durch Einführung von Staatswährungen bzw. eigenen Binnenwährungen, parallel zum Euro, verbessern.

Denkbar wäre es, dass Regional- oder Nationalwährungen in einem System bestehen, bei denen sie eine Ergänzung zu internationalen Währungen darstellen (→ Kapitel 3.2). Hieraus erschließt sich auch die Idee, die Lage der in wirtschaftliche Schwierigkeiten geratenen Länder der Eurozone durch die parallele Einführung national begrenzter Währungen zu verbessern. Durch die Möglichkeit, parallele Staatswährungen zum Euro stark abwerten zu können, sollen diese Länder eine Chance bekommen, ihre wirtschaftlichen Strukturen wieder aufzubauen und wettbewerbsfähiger zu werden. Neben dem gesetzlich vorgeschriebenen Zahlungsmittel hätten die Länder oder Regionen dann auch ihre eigenen Binnenwährungen. Dieser Vorgang wäre eine Möglichkeit, vergleichsweise schwächeren Wirtschaftsgebieten wieder Raum zur Entfaltung zu geben und die Regeneration ihrer Wirtschaftslage einzuleiten. Der Euro als internationale Währung müsste dabei keineswegs aufgegeben werden. Die Idee beruht auf dem Prinzip, eine nationale oder regionale Wirtschaftszone durch eine komplementäre Währung von unten heraus anzukurbeln.

Auch verschiedene Städte versuchen, entweder alleine oder in Zusammenarbeit mit zivilgesellschaftlichen Initiativen, bestimmte Wirtschaftszweige und kulturelle Angebote in der Umgebung für die städtische Bevölkerung durch sogenannte kommunale Währungssysteme attraktiv und zugänglicher zu machen. Dieses Komplementärwährungskonzept wird anhand verschiedener Beispiele im nächsten Abschnitt vorgestellt.

3.7 Kommunale Wertmarken

Tauschfunktion häufig mit nachhaltiger und ökologischer Zielsetzung verbunden

Die Verbreitung von komplementären Währungskonzepten, die mithilfe direkter kommunaler Beteiligung gegründet werden, ist eine relativ neuartige Erscheinung. Seit einigen Jahren spielen lokale Regierungen und gemeinnützige Nichtregierungsorganisationen (NGO) in urbanen, aber auch ländlichen Gebieten wesentliche Rollen bei der Zielsetzung, Initiierung und Umsetzung von neuen Komplementärwährungsprojekten. Diese Geldsysteme sollen in erster Linie eine Tauschfunktion einnehmen und werden oftmals mit nachhaltigen ökologischen Zielen kombiniert. Bei den meisten kommunalen Währungskonzepten möchten lokale Regierungen oder NGOs, dass die Menschen umweltbewusster konsumieren, ihren CO_2-Fußabdruck reduzieren und generell ein ethisch stärkeres Bewusstsein beim Einkaufen entwickeln. Diese Währungskonzepte sind weder als Wertmaßstab- noch Wertaufbewahrungsmittel erdacht und sie eignen sich im Vergleich zu anderen Tauschsystemen auch nicht sehr gut, um den sozialen Zusammenhalt einer Gemeinschaft zu stärken. Kommunale Währungskonzepte sprechen in erster Linie einzelne Menschen als Individuen an und nicht eine Gemeinschaft im Kollektiven. Sie sind als komplementäre Geldsysteme konzipiert, um das Konsumverhalten einzelner Personen für überwiegend ethische und umweltbewusste Entscheidungen zu beeinflussen.

Kommunale Währungskonzepte wollen vor allem Konsumenten dazu anregen, einen verstärkt nachhaltigen Umgang mit ihrer Umwelt einzugehen. Diese Währungsformen beinhalten oftmals spezielle Subventionierungsmechanismen, um für die betreffenden Menschen bestimmte Produkte, Dienstleistungen und Verhaltensweisen attraktiver zu machen. Dabei kann es sich um Gutschein- oder Rabattsysteme handeln, die entweder elektronisch oder als Kärtchen ausgegeben werden und die Menschen dazu ermutigen, bestimmte regionale, biologische oder nach ethischen Standards geprüfte Produkte zu erwerben. Wenn es sich um Punktesysteme handelt, bilden diese oftmals einen geschlossenen Wirtschaftskreislauf. In diesem Zusammenhang bedeutet dies, dass die Teilnehmer eines entsprechenden geschlossenen kommunalen Tauschsystems Punkte sammeln können und diese dann für den Erwerb anderer Produkte derselben Subventionierungskategorie wieder ausgeben können. Somit sollen außerdem die oben genannten Ziele durch den Effekt einer Art positiven Aufwärtsspirale weiter bekräftigt werden.

Der Rotterdamer „NU Spaarpas" ist ein „glocales" Pionierprojekt.

Während der Jahre 2000 und 2002 führten die lokale Regierung der holländischen Stadt Rotterdam sowie die Geschäftsbank Rabobank und die Stiftung Quoin, die anfangs unter dem Projektnamen Barataria lief, den Rotterdamer „NU Spaarpas" ein. Bei diesem Komplementärwährungssystem handelt es sich um ein elektronisches Punktekartensystem, das auch „NOW-incentive card" genannt wird. Der Rotterdamer „NU Spaarpas" kann als Pionierprojekt für zukünftige Strategien bei der Lösung internationaler Herausforderungen auf lokaler Ebene angesehen werden. Es handelt sich dabei um eine Art „glocal" (think global, act local) Projekt. Diese Komplementärwährungen sind jedoch relativ kostenintensiv und benötigen recht hohe Summen an Startkapital. Deshalb werden sie nicht nur lokal subventioniert, sondern auch beispielsweise durch den EFRE und andere regionale Förderprogramme der Europäischen Union unterstützt.

Beim „NU Spaarpas" handelt es sich um ein Anreizsystem, um die Bewohner Rotterdams zu einem nachhaltigeren Konsumverhalten zu motivieren. Die dahinterliegende Idee ist relativ neu und fundiert sich auch auf den wachsenden Problemen einer globalisierten Welt, wie Umweltausbeutung, Klimaerwärmung oder menschenunwürdige Arbeitsbedingungen. Das Verhalten der Menschen soll in eine bestimmte Richtung gelenkt werden, aber die Produktionssysteme aller Güter und Dienstleistungen sollen dabei keinerlei Veränderungen erfahren. Verändert werden sollen nur die Bewegungen bzw. Konsumentscheidungen innerhalb des bestehenden Wirtschaftskreislaufs. Das heißt nicht, dass die Produzenten und Produktanbieter aufgefordert werden, ihre Herstellungsverfahren zu ändern. Vielmehr sollen die Konsumenten ihre Einkaufsmöglichkeiten so ausrichten, dass ihre Entscheidungen vermehrt ethische und umweltbewusste Produkte oder Dienstleistungen stärken.

Das Projekt lief erfolgreich an und schon zu Beginn sammelten mehr als 10.000 Einwohner Rotterdams Punkte auf ihren Karten. Das Punktesammeln erfolgte vor allem über die Trennung von Müll und das Einkaufen und Konsumieren in den über 100 teilnehmenden lokalen Geschäften, die bestimmte ethisch produzierte und „Fair Trade" gehandelte Produkte anbieten. Die auf der „NOW-incentive card" gesammelten Punkte können später wiederum als Zahlungsmittel für andere Angebote und Dienste eingesetzt werden. Beispielsweise können die Teilnehmer ihre Punkte verwenden, um kostenfrei den lokalen Nahverkehr zu nutzen, Kino- und Museumskarten zu erwerben oder wiederum andere nachhaltige Güter und Dienstleistungen vollständig oder mit Preisnachlässen in den teilnehmenden Betrieben einzukaufen.

„NU Spaarpas" schafft Ausgleich zwischen ethischem und nicht ethischem Konsum.

Ein zentrales Rechnungssystem sowie das E-Kartensystem ermöglichen die technische Abwicklung dieses kommunalen Währungskonzeptes. Indirekt wird durch diese Komplementärwährung durch seine hohe Akzeptanz in der Bevölkerung auch die regionale Wirtschaft gefördert. Durch den „NU Spaarpas" wird ein Ausgleich zu den konventionellen, billigen und nach keinen ethischen Richtlinien hergestellten Produkten geschaffen. Zwar ist dieser Ausgleich durch öffentliche Mittel subventioniert und folgt nicht der freien Marktwirtschaft, aber die öffentliche Finanzierung dieses Projektes kann als Investition angesehen werden, die Menschen leichteren Zugang zu den ausgewählten Produkten und Dienstleistungen ermöglicht.

Eine Brücke schlagen zwischen Marktwirtschaft, öffentlichem Sektor und Gesellschaft

Insofern ist dies eine reine Intervention im Marktprozess durch neue Vorschriften oder Gesetze. Die Projekte mit kommunalen Wertmarken sind als gesellschaftliche Gestaltungsmaßnahmen zu verstehen, die in einem sich selber bestärkenden System integriert sind. Der Erfolg dieser Projekte hängt dabei maßgeblich von der freiwilligen Teilnahme der lokalen Bevölkerung ab. Der „NU Spaarpas" spannt also eine Brücke zwischen den drei volkswirtschaftlichen Kräften aus Marktwirtschaft, öffentlichem Sektor und der Gesellschaft. Die Hauptzielgruppen sind demnach Mainstream-Konsumenten, lokale KMUs und staatliche Einrichtungen.

Nachdem der „NU Spaarpas" von der städtischen Bevölkerung starke Akzeptanz fand und sich erfolgreich entwickeln konnte, wurde das Konzept ebenfalls in der Hauptstadt Belgiens eingeführt. Die Umweltbehörde der Stadtverwaltung in Brüssel lancierte im Jahr 2012, aufbauend auf den Erfolgen in Rotterdam, ein ähnlich konzipiertes Währungsprojekt. Da Menschen überall an die Punktesysteme gewerblicher Unternehmen gewöhnt sind, wurde auch das Projekt „eco iris“ mit einem elektronischen Kartensystem konzipiert und eingeführt. Diese kommunale Währung zielt ebenfalls darauf ab, Menschen zu einem Konsumverhalten zu bewegen, das ethisch vertretbar ist und den Schutz der Umwelt in den Vordergrund stellt. Nach der Fertigstellung des Finanzierungsplans und Überprüfung der Funktionsweise des Systems wurde es erstmal als Pilotprojekt in zwei Stadtregionen Brüssels eingeführt. Im Jahr 2014 wurde die Komplementärwährung dann auf weitere Gebiete ausgeweitet. Je nach zukünftiger Akzeptanz in der Bevölkerung könnte das kommunal initiierte Währungsprojekt dann auch landesweite Verbreitung finden. Die grundlegende Strategie und Konzeption lehnen sich dabei stark an das bereits etablierte System in Rotterdam an.

Brasilien: Soziale und ökologische Probleme durch Komplementärwährung lösen

Ein weiteres sehr eindrückliches Beispiel, wie mithilfe eines kommunalen Komplementärwährungssystems soziale Probleme gelöst werden können, liefert die brasilianische Großstadt Curitiba im Bundesstaat Paraná. Anfang der 1970er Jahre fand sich der damalige Bürgermeister dieser Millionenstadt, *Jaime Lerner*, vor gewaltigen sozialen und ökologischen Problemen. *Lerner* ist außerdem dafür bekannt zu argumentieren, dass Städte nicht das Problem, sondern die Lösung zur globalen Erwärmung sind. Anfang der 1970er Jahre wuchsen also die Müllberge in den sogenannten Favelas, den Elends- oder Armutsvierteln am Stadtrand, ins schier Grenzenlose. Zusätzlich stiegen auch die Einwohnerzahlen der Favelas auf unkontrollierbare Art und Weise weiter. Da diese Stadtviertel oftmals nur mangelnde oder gar keine Infrastruktur besaßen, war es beispielsweise den Müllabfuhrwägen ab einem bestimmten Punkt nicht mehr möglich, in die Wohngebiete weiter einzudringen, um den Müll dort zu entsorgen. Folglich türmten sich die Müllberge dramatisch auf. In diesen Müllbergen entwickelten sich Krankheitserreger, die folglich das soziale und gesundheitliche Klima der

Menschen schwer beeinträchtigten. Obwohl *Lerner* bei der Lösung dieser Probleme damals sicherlich weniger an nachhaltige und ökologische Problemlösungen im globalen Stil, getreu dem „glocal" Motto, dachte und mehr aus Not und Verzweiflung heraus motiviert war, kam er auf eine Idee, die später viele andere kommunale Währungsprojekte inspirierte.

Positive Anreize schaffen: Busfahrscheine für die Mülltrennung

An die Straßenränder vor den Favelas wurden große Müllcontainer aus Metall aufgestellt. Diese waren durch Inschriften wie Plastik, Glas und Papier sowie nach entsprechenden Farbmarkierungen gekennzeichnet. Die Idee ist im Nachhinein betrachtet sehr einfach, hatte aber eine geniale Wirkung. *Lerner* konzipierte die Idee als positives Anreizsystem und löste dadurch die erheblichen sozialen und gesundheitlichen Missstände der entsprechenden Stadtviertel relativ schnell und auf unkomplizierte Art und Weise auf. Die Müllcontainer dienten als Sammelstelle für den getrennten Müll und wurden überall dort angebracht, wo die städtische Müllabfuhr keinen Zugang mehr fand. Für alle dort abgelieferten und vorsortierten Abfälle bekamen die Menschen zur Belohnung Busfahrscheine von der Stadt geschenkt. Es dauerte nicht lange, da beschäftigten sich vor allem Kinder auf den Straßen der Slums mit dem Einsammeln und Trennen von gefundenem Müll. Sie tauschten den Abfall an den Müllstationen gegen die Freifahrscheine ein und gaben diese meistens an Familienmitglieder weiter. Die Erwachsenen nutzten dann die Buskarten, um kostenfrei in die Stadt zu gelangen und ihrer Arbeit nachzugehen. Außerdem wurden die Busfahrscheine auch innerhalb der Favelas als lokales Tauschmittel für andere Güter eingesetzt.

Im zweiten Schritt wurde ein zusätzliches Programm aufgesetzt, das auf demselben Verhaltensprinzip der positiven Verstärkung basierte. Jetzt wurde das erfolgreiche System zur Mülltrennung und Schaffung von Ordnung und Gesundheit in über hundert Schulen der Stadt eingeführt. Die Schulen lieferten ihren getrennten Müll bei den dafür vorgesehenen Stationen ab und bekamen im Gegenzug dafür freie Schulhefte. So wurde auch das Müllproblem innerhalb der Schulen gelöst, die Kinder gewöhnten sich daran, Abfälle zu sortieren bzw. sorgfältig zu entsorgen, und die freien Schulhefte kamen den Schulen und Kindern zugute.

Die positiven Effekte dieser einfachen Problemlösung waren erstaunlich: Einerseits wurden die Herausforderungen mit dem Müll in den Favelas sowie die daraus entstandenen Gesundheitsprobleme relativ schnell gelöst und anderseits nahm auch die Arbeitslosigkeit in den Favelas dank der Gratis-Busfahrscheine stark ab. Das Programm der damaligen Regionalregierung unter *Jaime Lerner* nannte sich „Müll, der kein Müll ist“ und sorgte auch auf nationaler Ebene in Brasilien für großes Aufsehen. Die „Industria, Comercio e Turismo Gestao Rafael Creca“ rechnete beispielsweise aus, dass in den Jahren zwischen 1993 und 1995 das Bruttosozialprodukt (BSP) von Curitiba um rund 70 Prozent stärker wuchs als das im gesamten Rest Brasiliens. Ob dies allein auf die Erfolge der Müllkampagne zurückzuführen ist, wird aus den Zahlen aber nicht deutlich. Trotzdem wurden bei diesen Programmen sicherlich auch nachhaltig wirkende positive externe Effekte und Veränderungen, zumindest in Teilen der Gesellschaft und der Wirtschaft, bezweckt.

Die Experten für alternative und komplementäre Währungssysteme *Margrit Kennedy* und *Bernard A. Lietaer* erläutern ebenfalls, dass nach der Einführung des innovativen Müllprogramms in Curitiba die Durchschnittseinkommen 3,3-mal höher wurden als die im Rest Brasiliens. Zusätzlich könnten dabei aber die Realeinkommen der Menschen um weitere 30 Prozent erhöht werden, weil die öffentlichen Zusatzleistungen wie eine gratis Essensvergabe, subventionierte Kulturangebote oder freie Weiterbildungsmöglichkeiten in den offiziellen Statistiken nicht mit eingerechnet werden.

Neben den lokalen, regionalen und kommunalen Wert- und Geldsystemen hat sich in den letzten Jahren ein regelrechter Boom zum Realtausch entwickelt. Sowohl der direkte Warenaustausch zwischen Unternehmen oder Privatpersonen als auch lokale Warenbörsen oder internationale Online-Tauschsysteme sind vielfach entstanden. Beispiele dieser lokalen Tauschsysteme werden im Folgenden vorgestellt.

3.8 Lokale Tauschsysteme

Der Name LETS steht für „Local Exchange Trading System". Dabei handelt es sich meistens um lokale, räumlich begrenzte Tauschkreise oder auch regional basierte Tauschringe. Diese Arten der Komplementärwährungen stützen sich hauptsächlich auf die Tauschmittelfunktion des Geldes und sind weder für Wertaufbewahrungszwecke noch als Wertmaßstab geeignet. LETS funktionieren ohne die Verwendung des gesetzlichen Zahlungsmittels und die Nutzer dieser Systeme tauschen dabei vorrangig Dienstleistungen miteinander aus, können aber je nach Bedarf und Systemgestaltung auch Güter miteinander austauschen. Die Mitglieder der LETS-Tauschsysteme erzeugen dabei durch wechselseitige Kreditschöpfung ihr eigenes Tauschmittel.

Das erste moderne Tauschsystem wurde im Jahr 1983 von *Michael Linton* in Kanada ins Leben gerufen. Als die wirtschaftliche Lage in Comox Valley immer schlechter wurde, führte er eine Tauschzentrale ein, die den bereits aufblühenden Tauschhandel vereinfachte. Laut dem Erfinder der modernen Tauschsysteme müssen sieben Kriterien erfüllt sein, damit bei diesen wirklich von einem LETS-Netzwerk gesprochen werden kann. Allerdings sind diese Kriterien keine zwingenden Voraussetzungen für die Implementierung eines erfolgreichen Tauschsystems, sondern sollten eher als Leitlinien betrachtet werden. Nach *Linton* sollen die lokalen Tauschsysteme nicht profitorientiert, sondern gemeinnützig ausgerichtet sein. Neue Mitglieder sollen in einem LETS ein Konto bekommen, das zu Beginn ihrer Handelsaktivitäten bei null anfängt. Das System basiert auf gegenseitiger Freiwilligkeit und somit gibt es keinen Kauf- oder Verkaufszwang. Umsatzvolumen sowie Kontostand jedes Mitglieds werden transparent verwaltet und sind für alle Teilnehmer einsehbar und abrufbar. Das System soll bargeldlos installiert werden und möglichst Zeit als Recheneinheit nutzen. Zinskosten oder Zinsgewinne kommen in LETS-Netzwerken nicht vor. Der Wertmaßstab der verwendeten Verrechnungseinheit wird an die gesetzliche Währung gebunden. Eine Tauschzentrale ist sowohl für die Verwaltung der Mitgliederkonten als auch die Sammlung und Publikation von Mitgliederangeboten und -nachfragen verantwortlich.

Anreizmechanismen bringen Wirtschaftskreislauf in Schwung.

Diese Vorgaben für moderne Tauschsysteme werden je nach Systemgestaltung mit verschiedenen Variationen umgesetzt. Manche Systeme erlauben für das Bezahlen von Gütern und Dienstleistungen eine Mischung aus gesetzlicher und der komplementären Währung. Wobei eine Umtauschbarkeit der LETS-Verrechnungseinheiten in die Landeswährung meistens nicht möglich ist. Andere Systeme benutzen Anreizmechanismen wie die Vergabe eines Initialsaldos für Neukunden oder bieten ihren Mitgliedern die Möglichkeit, ihre Konten ins Negative überziehen zu können. Diese Anreizmechanismen sollen den Wirtschaftskreislauf in Schwung bringen, haben aber auch ihre Schattenseiten. In manchen LETS-Netzwerken gibt es parasitäre Nutzer, die sich im System eine unbestimmte Zeit lang verschulden und dann mangels juristischer Verantwortlichkeit den Tauschkreis ungestraft einfach wieder verlassen.

Überregionale Verrechnungsstellen bieten neue Möglichkeiten.

Viele Tauschkreise verstehen sich als systematisierte Nachbarschaftshilfen. LETS-Netzwerke können aber auch durch angepasste Verrechnungssysteme überregionale Verbreitung finden. Die bekannteste Verrechnungsstelle für überregionale Tauschaktionen in Deutschland ist der „Ressourcen-Tauschring“ (RTR). Überregionale Verrechnungsstellen bieten Mitgliedern von lokalen Tauschringen die Möglichkeit, Angebote wahrzunehmen, die nicht im eigenen System angeboten werden. Um Menschen, die an keinen lokalen Tauschring angeschlossen sind, ebenfalls Tauschmöglichkeiten zu eröffnen, können sie über offene Onlineplattformen wie „AcrossLETS“ Güter und Dienstleistungen handeln. Für die Verwaltung von Mitgliederkonten und deren Angebote ist prinzipiell keine Verrechnungssoftware notwendig. Allerdings sind speziell für Tauschringe angepasste Buchhaltungsprogramme sehr hilfreich, um die Verwaltung eines Tauschsystems zu erleichtern und eine effektivere Ordnung in der Verwaltung des Systems zu schaffen.

Die Onlineplattform „Tauschen ohne Geld" ist eine kostenlose Tauschbörse und für das Zusammentreffen von Angebot und Nachfrage in ganz Deutschland verantwortlich. Ein regionales Netzwerk für die Nachbarschaftshilfe stellt das „Tauschnetz Elbtal" dar. Dieses onlinebasierte System ist ein Zusammenschluss aus acht lokalen Tauschringen der Region Dresden und ermöglicht allen Menschen, die daran teilhaben wollen, durch ein einfaches Punktesystem oder monatliche Treffen, nicht mehr benötigte Güter oder Dienstleistungen ohne den Einsatz gesetzlicher Währungen miteinander auszutauschen. Die „Cyclos-Datenbank" ist eine Open-Source-Bankensoftware, die speziell auf die Bedürfnisse von Tauschringen angepasst ist. Diese Software ermöglicht auch über die Plattform „za:rt", dass sich lokale Tauschkreise aus der Schweiz, Österreich und Deutschland miteinander vernetzen und über das „3-Länder-Clearing-System" einem internationalen Tauschkreis anschließen können.

Tauschen über soziale Netzwerke wie Facebook und Twitter

Weniger professionalisierte Methoden der modernen Tauschnetzwerke, die vorwiegend von jüngeren Menschen genutzt werden, funktionieren auch über soziale Netzwerke wie „Facebook" oder „Twitter". Im Sinne der Nachbarschaftshilfe, Nachhaltigkeit und Stärkung der Gemeinschaft werden über diese Kanäle unbürokratische Verschenkgruppen für Lebensmittel, Möbel, Kleider und andere Gegenstände gebildet. Zusätzlich gibt es auch jenseits konventioneller LETS diverse Internetplattformen, wo sich Menschen zu unterschiedlichen Bedürfnissen einfach vernetzen können. Die internetbasierte Mitfahrzentrale „BlaBlaCar" ist eine kostenfreie Onlineplattform, auf der sich Suchende oder Anbietende untereinander austauschen und finden können, um an kostengünstige und interessante Mitfahrgelegenheiten auf einfache Art und Weise zu gelangen. Andere Onlineplattformen wie die Gastfreundschaftsnetzwerke „CouchSurfing" oder „Airbnb" erlauben es Menschen, einzigartige Unterkunftsmöglichkeiten in fast allen Ländern der Welt von lokalen Gastgebern kostenfrei oder zu sehr günstigen Konditionen zu beziehen. Dadurch können unbezahlbar wertvolle Kulturerlebnisse ermöglicht und manchmal neue Freundschaften überall auf der Welt geschlossen werden, die ohne diese Systeme nicht zustande gekommen wären. Diese sind zwar keine LETS im klassischen Sinne nach *Linton*, erfüllen aber dennoch als kostenfreie Tausch- oder Vermittlungsnetzwerke einige der LETS-Kriterien und können somit auch in die Rubrik der lokalen Tauschsysteme eingeordnet werden.

Echte LETS-Netzwerke bilden neben der bestehenden Wirtschaftsordnung eine Art Parallelstruktur, die den Austausch von Gütern und Dienstleistungen ohne die Notwendigkeit der gesetzlichen Zahlungsmittel ermöglicht. Dabei werden oftmals auch solche Güter und Dienstleistungen getauscht, die für viele Teilnehmer über konventionelle Märkte nur schwierig zu beziehen sind oder die sie sich bei üblichen Marktbedingungen nicht leisten könnten.

Zeitbörsen: Die Zeit als Geldeinheit hat Nachteile.

Viele Tauschsysteme lehnen auch die Ankopplung der Verrechnungseinheit an die gesetzliche Währung komplett ab und verwenden lieber Arbeitsstunden oder Arbeitszeit als Richtwerte für den Tausch. Natürlich hat die Verwendung von Zeit als Geldeinheit und allgemeiner Wertmaßstab auch diverse Nachteile. So wird beispielsweise in vielen Systemen nicht zwischen dem Wert einer Arbeitsstunde eines IT-Spezialisten und dem Wert der Arbeitsstunde eines Malers differenziert. Fachwissen, Bildungsgrad oder notwendige Qualifikationen werden bei einfacher Zeitverrechnung nicht in Betracht gezogen. Diese Methode jedoch verdeutlicht den gemeinnützigen Charakter der LETS-Netzwerke und zeigt, dass es primär nicht um den optimierten persönlichen Profit, sondern die Solidarität und gemeinschaftliche Unterstützung geht.

Leistungsbörsen im B2B-Bereich

Neben der Zeitbörse (→ Kapitel 3.10), die in vielen LETS vor allem wegen ihrer einfachen Handhabung sehr weit verbreitet ist, gibt es zwei weitere Arten, die Arbeit zu bewerten. Eine Methode, die vorwiegend zwischen gewerblichen Unternehmen, also im Business-to-Business-Bereich (B2B), angewendet wird, ist die Leistungsbörse. Hierbei wird die Bewertung der Arbeit in zwei Gruppen aufgeteilt und in „höher" und „einfach" qualifizierte Tätigkeiten eingestuft. Wegen des gemeinnützigen Charakters von LETS wird aber darauf geachtet, dass die Bewertungsspanne zwischen den Tätigkeiten unter der marktüblichen Differenzierung liegt. Diese Verrechnungsart ist jedoch bei vielen Teilnehmern wegen ihrem strengen Vorgabecharakter eher unbeliebt. Sehr üblich dagegen ist das freie Aushandeln von Preisen. In diesem System gibt es keine Vorgaben vom Tauschring, wie die Arbeit bewertet werden soll, und die Teilnehmer handeln den Wert ihrer Güter oder Dienstleistungen selber aus. Die LETS-Tauschnetzwerke sind offen für Menschen allen Alters, mit jeder Art von beruflicher Ausbildung, professioneller Qualifikation oder sozialem Status. Die starke lokale Verankerung dieser komplementären Währungssysteme stärkt die Beziehungen zwischen den teilnehmenden Menschen im Speziellen und somit auch den gesellschaftlichen Zusammenhalt im Allgemeinen.

Steuern und Abgaben können nicht beglichen werden.

Die Nachteile der LETS-Tauschsysteme jedoch sind, dass Steuern und Abgaben nicht in den verwendeten Verrechnungseinheiten beglichen werden können. Trotzdem können viele Transaktionen gerade wegen der komplementären Verrechnungseinheit steuerfrei abgewickelt werden. Ein möglicher Vorschlag, um die Verbreitung und gesellschaftliche Akzeptanz eines LETS zu erhöhen, wäre, wenn lokale oder kommunale Behörden den Bürgern die Möglichkeit geben würden, Teile ihrer steuerlichen Abgaben in der komplementären Währung zu begleichen. Somit würden diese Systemergänzungen an Vertrauenswürdigkeit und Attraktivität gewinnen. Mehr Menschen würden sich von einem LETS angezogen fühlen, wenn sie wüssten, dass dieses komplementäre Tauschsystem von offizieller Seite unterstützt wird. Demnach könnten LETS auch ihre Stütz- und Stabilisierungsfunktionen für die Volkswirtschaft besser ausüben. Meistens sind es auch gerade ökonomisch schwächere Menschen, die stark abhängig von den angebotenen Gütern und Dienstleistungen des Tauschsystems sind. Finanziell unabhängigere Menschen dagegen haben jederzeit die Freiheit, sich für oder gegen die Nutzung dieser Komplementärsysteme zu entscheiden, wodurch ein ungleiches Abhängigkeitsverhältnis zwischen den Teilnehmern entstehen kann. Die systemergänzende Funktion eines LETS-Netzwerkes kann also erst bei tiefer Integration in einer Gemeinschaft und genügend Diversität bei Mitgliedern und Angeboten zu einer einflussnehmenden Entfaltung kommen.

Das erste moderne LETS-Netzwerk, das 1983 von *Michael Linton* gegründet wurde, hatte vor allem die Funktion, finanziell schwächere Menschen zu unterstützen. Obwohl dieser Gedanke auch in vielen anderen komplementären Tauschsystemen getragen wird, verlieren sie oftmals diese Hilfs- und Unterstützungsfunktion wegen ihrer relativ geringen Reichweite und hoher Mitgliederintimität. Ein LETS-Netzwerk ist zwar dafür konzipiert, gesellschaftliche Netzwerke zu stärken, kann sich aber auch schnell in einen exklusiven Tauschkreis von Freunden und Verwandten verwandeln. Inwiefern Größe und Wachstum Prioritäten eines Tauschsystems sind, ist letztlich den Initiatoren und Teilnehmern der Netzwerke überlassen. Jedoch braucht es eine relativ hohe Teilnehmeranzahl mit einer breitgefächerten Diversität an Produkt- und Dienstleistungsangeboten, damit das System überhaupt eine spürbar positive Wirkung ausüben kann. Wenn ein LETS wächst, besteht natürlich auch immer das Risiko, einen Teil der Intimität und persönlichen Verbundenheit zwischen den Mitgliedern zu verlieren, aber größere Kreise schaffen ein attraktiveres und nützlicheres System, was zugleich mehr Menschen dienen kann.

LETS-Netzwerke stabilisieren Gesellschaft und Wirtschaft.

Zwar gibt es weltweit Tausende von LETS-Netzwerken, aber ihr positiver Einfluss auf die lokale Wirtschaft und die Gemeinschaft ist meistens stark eingeschränkt. Viele Tauschsysteme beginnen mit großem Elan und großer Begeisterung, scheitern dann aber oft aus ganz praktischen Gründen wie fehlender Kompetenz der Organisatoren oder einem Mangel an Ressourcen für die notwendige Steuerung. Andernfalls können LETS auch wegen zu starker Gutgläubigkeit und fehlenden Sanktionierungsmaßnahmen schnell auseinanderfallen. Es bleibt also umstritten, ob LETS-Netzwerke ihr Potenzial entfalten und tatsächlich eine stabilisierende Funktion in einer Gesellschaft und in ihrer zugehörigen Wirtschaft einnehmen können.

Während Tauschsysteme meist individuell organisiert sind, können rechtlich als Genossenschaften verwaltete Gemeinschaften den Handel unter den Mitgliedern professionalisiert abwickeln und eine größere Reichweite entwickeln. Dies zeigt das weltweit bekannte Beispiel der WIR Bank Genossenschaft in der Schweiz. Außergewöhnlich an diesem Beispiel ist, dass die WIR Bank neben ihren üblichen Bankgeschäften das WIR-Verrechnungssystem betreibt. Ausgestattet mit einer Vollbanklizenz kann die WIR Bank ihr eigenes Geld herausgeben und dieses dazu benutzen, um das Verrechnungssystem zu betreiben. Das WIR-Verrechnungssystem funktioniert mit dem WIR Franken, der im Jahr 2004 den dreistelligen ISO-Code CHW bekam.

3.9 Geldsysteme als Genossenschaft

Die WIR Bank Genossenschaft entstand während der ersten Weltwirtschaftskrise im Jahr 1934 als sogenannte Selbsthilfeorganisation. Ursprünglich als WIR Wirtschaftsring Genossenschaft gegründet, hatte die Hilfe-zur-Selbsthilfe-Organisation ein ähnliches Ziel wie die lokale Initiative beim österreichischen „Wunder von Wörgl". Die knappe Liquidität während der Weltwirtschaftskrise sollte durch einen genossenschaftlichen Wirtschaftsring mit komplementärem Schwundgeld überwunden werden. Die Rechtsform der Genossenschaft hat vor allem in der Schweiz eine lange Tradition: Viele Gemeinden, Landwirte und große Unternehmen sind als Genossenschaften zusammengeschlossen. Anders als Aktiengesellschaften haben Genossenschaften Mitglieder und keine Kapitalgeber. Im internationalen Finanzsystem sind vor allem die Volksbank eG und die Raiffeisen Bankengruppe als genossenschaftliche Finanzdienstleister bekannt. Ein Beispiel für eine derartige Genossenschaft im Geldwesen ist die sogenannte WIR Bank in der Schweiz.

Von der Selbsthilfeorganisation zu einem der weltweit erfolgreichsten Tauschsysteme

Die WIR Bank hat weltweit eines der erfolgreichsten komplementären Tauschsysteme hervorgebracht. Wie viele andere regionale Komplementärwährungen bietet auch die WIR Bank mit ihrem Geldsystem keine Alternative zum gesetzlichen Zahlungsmittel, sondern eine systemergänzende Option. Die im Jahr 1934 als Selbsthilfeorganisation gegründete WIR Wirtschaftsring-Genossenschaft hat sich seitdem zu einer eigenständigen Bank entwickelt, die im Gegensatz zu vielen anderen Komplementärwährungen ihr eigenes staatlich anerkanntes Geld emittieren darf. Die Währung der WIR Bank wird im internationalen Kontext unter dem Kürzel CHW geführt. Die WIR Bank, mit Hauptsitz in Basel, ist eine Schweizer Mittelstandsbank mit mehreren Filialen in der ganzen Schweiz und versteht sich als ein Partnerunternehmen für Tausende KMU in der ganzen Schweiz. Ziel der genossenschaftlichen WIR Bank ist es auch, die KMUs der Schweiz zu fördern und mit ihrem systemergänzenden Tauschsystem zu unterstützen. Sie bietet ihren Kunden außerdem Bankprodukte und Dienstleistungen zu außergewöhnlich attraktiven Konditionen an. Im Jahr 2014 wies die WIR Bank eine Bilanzsumme von über 4 Milliarden Schweizer Franken aus. Von dieser Summe entfielen WIR-Kredite in Höhe von mehr als 850 Millionen CHW und Schweizer-Franken-Kredite in Höhe von mehr als 2,5 Milliarden CHF. Der CHW weist für eine Komplementärwährung einen relativ hohen Umlauf auf, ist aber im Vergleich zu vielen anderen Regionalwährungen nicht umlaufgesichert. Im Verhältnis zur CHF-Geldmenge M1 spielt aber der CHW mit nur rund 0,3 Prozent keine allzu bedeutende Rolle für die Schweizer Volkswirtschaft im Ganzen.

WIR-Netzwerk unterstützt Schweizer KMUs: Es fördert Investitionsvorhaben und hilft bei der Erschließung neuer Absatzmärkte.

In den Statuten des Handelsregisters der WIR Bank Genossenschaft wird der Zweck der WIR Bank als das Organisieren und Betreiben des einzigartigen WIR-Systems für die Hilfe zur Selbsthilfe von Handels-, Gewerbe- und Dienstleistungsbetrieben des Mittelstandes beschrieben. Die WIR Bank ist die einzige Bank in der Schweiz, die ein eigenes offiziell anerkanntes Geldsystem aufgebaut hat und dieses in ihrem WIR-Netzwerk verbreitet. Das WIR-Netzwerk ist ein geschlossenes Verrechnungssystem und bietet den Schweizer KMUs Unterstützung und Förderung bei Investitionsvorhaben und zur Erschließung neuer Absatzmärkte. Darüber hinaus bietet die Mitgliedschaft bei der WIR Bank auch diverse Marketingvorteile gegenüber Unternehmen, die diesem Netzwerk nicht angeschlossen sind. Neben anderen Bankgeschäften und attraktiven Finanzierungsmöglichkeiten betreibt die WIR Bank vor allem die Organisation und Entwicklung des WIR-Verrechnungsverkehrs, um den Kunden und Teilnehmern größtmögliche wirtschaftliche Vorteile zu ermöglichen.

Gründung während der Weltwirtschaftskrise

Nach dem Anfang der Weltwirtschaftskrise, die an der New Yorker Börse im Jahr 1929 ausgelöst wurde, erreichten deren katastrophale Auswirkungen mit etwas Zeitverzögerung auch die Schweiz. Den Höhepunkt der Krise erlebte die Schweiz im Jahr 1934, dem Gründungsjahr der Selbsthilfeorganisation WIR Wirtschaftsring Genossenschaft. Die Weltwirtschaftskrise löste in der Schweiz Massenarbeitslosigkeit, wirtschaftliche Zusammenbrüche und große Vertrauensverluste in der Bevölkerung aus. Politiker waren orientierungslos und viele Staaten versuchten die negativen Auswirkungen der Krise durch Abschottung vom Weltmarkt zu verhindern, um so ihre nationalen Binnenwirtschaften zu schützen. Aus Furcht und Unsicherheit schotteten sich Länder ab und das Horten größerer Geldmengen breitete sich aus und erzeugte flächendeckende Liquiditätsengpässe in vielen europäischen Ländern. Dies löste auch Kreditklemmen aus und der internationale Handel stagnierte, während die Märkte zusätzlich an Dynamik verloren. Mit einer gewissen Zeitverzögerung geriet auch die Schweiz in eine Rezession.

Der damaligen Schweizer Staatsführung gelang es nicht, sich in dieser Zeit des Umbruchs auf eine eindeutige Krisenbewältigungsstrategie festzulegen, und so wurden verschiedenste Interessen von Kleinstgruppierungen relativ willkürlich gefördert. Die meisten zukunftsorientierten Initiativen beruhten auf privatem Engagement. In diesem Umfeld entstand auch die WIR Wirtschaftsring-Genossenschaft durch *Werner Zimmermann, Paul Enz* und 14 weitere Personen. Dabei bildete die Freigeldtheorie von *Silvio Gesell* (→ Kapitel 3.1.4) die ideologische Grundlage des Wirtschaftsrings. Die Ideen dieser Lehre spiegeln sich vor allem in der Zinsfreiheit des CHW-Verrechnungssystems wieder. Seit seiner Gründung wachsen die CHW-Guthaben nicht durch Verzinsung, indem sie einfach auf den Bankkonten liegen bleiben. Anfangs wurde das Geldsystem auch mit einer Umlaufsicherung ausgestattet, indem die WIR Bank von ihren Teilnehmern für Geld auf Konten eine Rückhaltegebühr verlangte. Dieser Anreizmechanismus, um das Geld möglichst schnell zirkulieren zu lassen, wurde aber nach relativ kurzer Zeit wegen seiner Untauglichkeit in konjunkturell ruhigeren Lagen wieder aufgegeben.

In der Schweiz zählen rund 99,6 Prozent aller Unternehmen zur Größenklasse KMU. Diese stellen auch die Zielgruppe der WIR Bank dar. Da die WIR Bank nur innerhalb der Landesgrenze arbeitet, hängt ihre Stabilität von den teilnehmenden Unternehmen im Binnenmarkt sowie von der Vielfalt der vertretenen Branchen ab. Angeschlossen im WIR-Netzwerk, finden sich Unternehmen aus verschiedenen Wirtschaftsbereichen. Die umsatzstärkste Branche macht dabei die Baubranche aus. Nachfolgend reihen sich Unternehmen aus dem Handel, Dienstleistungsbetriebe, Unternehmen aus der Fabrikation und neben diversen anderen arbeiten letztendlich auch viele Betriebe aus der Gastronomie mit dem Schweizer WIR Franken. Das WIR-Verrechnungssystem bekommt seine Stärke durch die hohe Anzahl an diversen Teilnehmern, denn je breiter das

Spektrum der Einkaufsmöglichkeiten mit dem CHW ist, desto attraktiver wird es für seine Mitglieder. In Zeitungen finden sich Anzeigen von unterschiedlichsten Waren- und Dienstleistungsangeboten, bei deren Kauf teilweise oder komplett mit CHW bezahlt werden kann. Auch sieht man an den Eingangstüren vieler Geschäfte, Hotels und Restaurants das WIR-Markenemblem als Symbol der CHW-Zahlungsakzeptanz.

Das WIR-System ermöglicht KMUs neue Zugänge zu zahlreichen Gütern und Dienstleistungen ohne die Verwendung der gesetzlichen Währung. Die WIR Bank arbeitet nach einem dualen System und wächst somit auf zwei Hauptstandbeinen: Auf dem einen Bein benutzt sie das Geschäftsfeld des CHF und auf dem anderen den CHW.

Somit erhalten die WIR Bank und ihre Kunden zwei Optionen, die sie je nach Bedarf und Konjunkturlage einsetzen können. Dieses duale System verleiht der Geschäftsbank mehr Stabilität. Der Nachteil eines Arbeitens mit zwei Standbeinen ist, dass eine hundertprozentig optimierte Lage beider Geschäftsfelder nur schwer zu erreichen ist.

Für Mitglieder im WIR-Netzwerk ist es relativ kompliziert, sich in zwei Geldmärkten gleichzeitig zu bewegen. Denn sie müssen zwei Budgets machen und zwei Buchhaltungen führen. Somit ist das WIR-Verrechnungssystem für Teilnehmer während einer profitablen Konjunkturlage mit vermeidbarem Zusatzaufwand verbunden. In Zeiten der Hochkonjunktur verliert das CHW-System also an Dynamik, da die Teilnehmer es vorziehen, mit CHF zu arbeiten. Jedoch entfaltet der WIR Franken vor allem in Phasen wirtschaftlicher Abschwünge seine systemergänzende Stärke. Die ersten Lücken in den Auftragsbüchern veranlassen die Mitglieder, nach neuen Einnahmequellen zu suchen, und so engagieren sie sich vermehrt innerhalb des WIR-Netzwerkes.

Durch den Einsatz des WIR-Geldes können die teilnehmenden Betriebe ihre Umsätze in schwächelnden Konjunkturlagen besser auslasten. Durch das duale System verhält sich also das System der WIR Bank antizyklisch: In konjunkturellen Wachstumslagen benutzen die Teilnehmer überwiegend die gesetzliche Währung, während in Zeiten des Abschwungs die Unternehmen vermehrt nach Absatzmöglichkeiten in CHW Ausschau halten. Durch die Teilnahme in diesem Tauschring können viele Unternehmen höhere Umsätze und mehr Gewinne erzielen.

WIR-Franken können nicht in Schweizer Franken getauscht werden.

Der Schweizer WIR-Franken ist ein bargeldloses und diebstahlsicheres Zahlungsmittel. Er ist dabei weder durch die gesetzliche Währung einkaufbar noch kann er in diese zurückgetauscht werden. Es handelt sich also um einen geschlossenen Währungskreislauf, wobei die Währung durch Aufträge oder per Kreditvergabe generiert wird. Der Wert eines CHW ist mit einem CHF gleichgesetzt, allerdings wird der CHW auf dem Markt als weniger wertvoll betrachtet. Um die Funktionsweise des WIR-Systems nicht in Gefahr zu bringen, ist es den Teilnehmern jedoch unter Ausschluss aus dem Netzwerk und gesetzlicher Strafverfolgung verboten, den CHW mit anderen Teilnehmern nach eigenem Ermessen gegen CHF zu handeln. Im hypothetischen Fall einer Umstellung auf eine Free-Banking-Geldordnung (→ Kapitel 3.14), in der alle Marktteilnehmer ihr eigenes Geld anbieten dürften und es kein einziges gesetzlich vorgegebenes Zahlungsmittel mehr gibt, wäre zu erwarten, dass der Wert des CHW gegenüber Währungen, die international einsetzbar und nicht zweckgebunden sind, stark abgewertet werden würde. Trotzdem hätte die WIR Bank durch ihre langjährige Erfahrung mit dem Umgang und der Steuerung einer eigenen Geldmenge sowie der notwendigen Infrastruktur und den bereits vorhandenen Mitgliederpool einen Vorsprung gegenüber Neuanfängern.

Die Geldschöpfung des CHW erfolgt ähnlich wie bei einer Zentralbank: Durch das Standbein des eigenen WIR-Geldes hat die WIR Bank auch gegenüber anderen Geschäftsbanken einen entscheidenden Vorteil. Sie kann unbeschränkt CHW-Kredite schöpfen, ohne dafür einer anderen Institution Zinszahlungen leisten zu müssen. Demnach kann sie ihren Mitgliedern CHW-Kredite zu sehr günstigen Konditionen anbieten. Dies stellt vor allem in Zeiten hoher

Leitzinsen der Zentralbank, wenn diese die Kreditvergabe im Markt abbremsen will, für die WIR Bank und ihre Mitglieder einen entscheidenden Vorteil dar. Damit ein Unternehmen ein Geschäftskonto mit WIR-Geld eröffnen kann, muss es entweder ein Initialgeschäft mit einem anderen Teilnehmer abschließen oder einen Kredit bei der WIR Bank aufnehmen, denn der Umtausch von gesetzlichen Währungen in CHW und umgekehrt ist nicht möglich. Rund 50.000 KMU nehmen am WIR-System teil. Dies entspricht knapp einem Viertel aller Schweizer KMUs, wobei sich die meisten dieser Unternehmen in der Kategorie Mikro- bis Kleinunternehmen befinden. Auch über 10.000 Arbeitnehmer von teilnehmenden Unternehmen haben ein Konto bei der WIR Bank und können sich somit Teile ihrer Löhne in CHW auszahlen lassen und Angebote innerhalb des Wirtschaftsrings wahrnehmen.

WIR Bank steht nicht unter Wachstumszwang.

Durch ihre genossenschaftliche Struktur und ihren historisch tief verwurzelten Gemeinschaftsauftrag unterliegt die WIR Bank aber keinem Wachstumszwang. Die WIR Bank hat keinen Shareholderdruck, der sie zu einer Maximierung des Profits treibt, und so kann sie nach eigenem Ermessen dem Prinzip der Profitoptimierung folgen. Obwohl nur knapp jedes vierte KMU in der Schweiz zu ihrem Netzwerk zählt, ist es allerdings nicht ihr Ziel, die restlichen KMUs in das System miteinzubeziehen. Analysen der WIR Bank haben ergeben, dass die optimale Größenordnung für das WIR-System in der Schweiz bei rund 60.000 KMUs liegt. Das System könnte mit einer jährlichen Fluktuationsrate von rund 4.000 bis 5.000 Unternehmen also optimal ausgelastet werden. Anstatt auf reines Wachstum zu setzen, richtet die WIR Bank ihre Ziele auf die Vereinfachung und Verbesserung des Systems aus.

Die Bezahlung in WIR Franken ist in vielen Restaurants und Hotels und im Einzelhandel möglich.

Trotz der fehlenden Eigenschaft des frei umlaufenden Bargeldes in Form von Münzen oder Noten können Teilnehmer mit einem scheckartigen WIR-Zahlungsschein oder einer elektronischen Karte Zahlungen in CHW tätigen. Sie können auch Zahlungsaufträge online via Internet Banking oder als Buchungsaufträge wie im üblichen Bankgeschäft tätigen. Die elektronische WIR-Karte findet vor allem in Restaurants, Hotels und im Einzelhandel Anwendung. So können Kunden erworbene Waren und Dienstleistungen entweder vollständig in CHW oder aus einer Mischung zwischen WIR und Schweizer Franken bezahlen. Der WIR-Marktplatz stellt eine Onlineplattform für alle Mitglieder und ihre Angebote dar. Neben diesem Weg, gibt es auch die Möglichkeit, Inserate in den gedruckten Publikationen der WIR Bank einzustellen, um so Angebote publik zu machen. Als zusätzliches Verkaufs- und Marketingportal werden jährlich in der Schweiz vier Verkaufsmessen von der WIR Bank angeboten.

Nutzung ist nur im Schweizer Binnenmarkt möglich.

Nachteile bei der Nutzung des WIR-Systems sind zum einen die fehlende Möglichkeit, Leistungen aus dem öffentlichen Sektor mit CHW zu bezahlen, und zum anderen, dass Steuern und gesetzliche Abgaben ausschließlich in der gesetzlichen Währung ausgeglichen werden müssen. Die Verwendung des WIR-Geldes ist außerdem auch nur im Schweizer Binnenmarkt möglich. Dies bedeutet, dass Einkäufe aus dem Ausland nicht mit CHW bezahlt werden können. Allerdings ist es möglich, importierte Güter im Inland gegen CHW zu erwerben. Somit gibt es keine Einschränkung der Zahlungsmöglichkeit auf Güter, die ausschließlich im Inland produziert oder vom Ausland durch ein Schweizer Unternehmen importiert worden sind.

Wie bereits angeführt, versteht sich die WIR Bank nicht als Alternative, sondern als Bereitsteller eines komplementären Währungssystems. Praktisch ist es auch aus zweierlei Gründen gar nicht möglich, nur in CHW zu wirtschaften: Einerseits ist das Netzwerk zu klein, um alle unternehmerischen oder privaten Bedürfnisse abzudecken, und anderseits müssen Steuern sowie gesetzliche Abgaben in der gesetzlichen Landeswährung entrichtet werden.

WIR Bank schützt Unternehmen in Krisenzeiten vor dem Konkurs.

Ein Interesse, sich von der Leitwährung des CHF abzulösen, hat die WIR Bank nicht, denn das Funktionieren des Systems, der Wert des CHW und auch die Mitglieder sind von der staatlichen Währung abhängig. Für viele KMU macht es jedoch Sinn, mit beiden Geldsystemen parallel zu arbeiten. Durch die Nutzungsvorteile beider Währungen bekommt das System auch seine Attraktivität und Dynamik im Markt. Obwohl die WIR Bank auf der volkswirtschaftlichen Ebene eine relativ unbedeutende Größe einnimmt, zeigen Erfahrungswerte, dass während einer Rezession zwischen 2.000 und 3.000 KMU in der Schweiz nicht in Konkurs geraten, weil sie auf das WIR-System zurückgreifen können. Zwar ist dies gesamtwirtschaftlich gesehen eine relativ kleine Zahl, jedoch können durch das komplementäre Geldsystem auch in Zeiten der Rezession viele Unternehmen und Familien produktiv weiterleben.

Wegen der beinahe optimal ausgelasteten Mitgliedszahlen der WIR Bank werden hauptsächlich Verfeinerungen und Vereinfachungen im System vorgenommen. Eine gemäßigte Vergrößerung der Vielfalt im Branchenspektrum verschafft den Teilnehmern des WIR-Netzwerks auch in der Zukunft mehr Stabilität und Erfolg. Das WIR-System entwickelt dabei seine Dynamik am stärksten, wenn die Teilnehmer aktiv das WIR-Geld nutzen. Die WIR Bank bringt ihre Kunden lediglich in die eigene Verantwortung und behauptet dabei auch nicht, „den Weg frei machen" zu können oder „das Geld für sie arbeiten zu lassen". Vielmehr bietet sie den teilnehmenden KMUs eine Option an, neue Wege gehen zu können, die auf eigener Verantwortung und einem bereits vorhandenem Netzwerk beruhen. Dies wird durch ihren eindeutigen Werbeslogan verdeutlicht – „Meine Chance – WIR Bank".

3.10 Geldsysteme ohne Geld

Während bei realen Tauschgeschäften Waren und Dienstleistungen real getauscht werden, bieten sogenannte Zeitbanken den Tausch eben von Zeit an. Unter der Annahme, dass eine Stunde Zeit heute auch eine Stunde Zeit später ist, kann diese Form des Tausches nicht nur Geld ersetzen, sondern auch auf Zinsen verzichten, sofern die beteiligten Personen der Zeiteinheit heute die gleiche Wertigkeit zumessen als der Zeiteinheit später. Die Redensart „Zeit ist Geld" bekommt hier eine ganz besondere Bedeutung.

Zeitbanken sind, da steuerbefreit, in den USA sehr beliebt.

Erfunden wurde das moderne Zeitbankensystem von *Edgar S. Cahn*, einem amerikanischen Anwalt und Redenschreiber von *Robert F. Kennedy*. Er gründete im Jahr 1995 die Non-Profit-Organisation „TimeBanks USA". Gegenwärtig benutzen Hunderte von lokalen Gemeinschaften in den USA dieses komplementäre Geldsystem. Außerdem wird es auch von vielen Bundesstaaten gefördert, um gesellschaftlichen Herausforderungen wie Armut, Arbeitslosigkeit oder dem gesellschaftlichen Zerfall entgegenzuwirken. Die Anwendungsmöglichkeiten der Zeitbanken sind sehr vielfältig und beschränken sich nicht nur auf ihre Ursprungsgebiete des Gesundheits- und Bildungssektors. Darüber hinaus machen die hohe Benutzerfreundlichkeit und die Steuerbefreiung in den USA dieses System sehr beliebt.

Die Vereinigung „TimeBanks USA" möchte die fünf Ziele erreichen, die sie als vermeintliche Grundsätze aller Zeitbanken beschreiben. Dabei sind diese fünf Grundsätze eher als ideologischer Überbau eben dieser speziellen Zeitbankform zu verstehen: Als erster Grundsatz gilt, dass jeder Mensch mit seiner Einzigartigkeit und seinen speziellen Fähigkeiten ein Gewinn für das System sei. Als zweiter Grundsatz gilt, dass Arbeit neu definiert und vor allem besser wertgeschätzt werden soll.

Eben diese Wertschätzung würde dadurch am besten ausgedrückt, wenn jede Arbeit gleichwertig definiert würde. Vermeintlich höherwertige Arbeiten, die durch höhere Bildungsstufen oder Fachkenntnisse erbracht werden können, seien Talenten und Glück zuzuweisen. Ein Banker, der also eine Stunde Vermögensberatung gegen eine Stunde Hemdenbügeln eintauscht, habe eben einfach Glück gehabt, eine gute Ausbildung zu genießen oder privilegiert aufzuwachsen. Dass in der Realität auch Fleiß und Eigeninitiative zu höheren Arbeitseffizienzen führen kann, wird in diesen Grundsätzen der TimeBanks nicht thematisiert. Schlussendlich werden auch die Grundsätze der Gegenseitigkeit bzw. der Effekt von Win-

win-Situationen, die Wichtigkeit starker sozialer Netzwerke und die Gewährleistung von Respekt gegenüber allen Mitgliedern hervorgehoben. Auch wenn die Idee der Achtung vor jeglicher Arbeit nachvollziehbar ist, wird die sozialistische und gleichschaltende Tendenz der Bewegung deutlich sichtbar. Zeitbanken eignen sich als Währungssysteme nicht dazu, um die Marktmechanismen frei wirken zu lassen, und verzerren diese Kräfte eher durch ihre gleichschaltende Funktionsweise.

Soziale und altruistische Menschen beteiligen sich an Zeitbanken.

Die Motivationen, warum Menschen sich in einem Zeitbankennetzwerk beteiligen, sind sehr vielfältig, beinhalten aber meistens soziale und altruistische Beweggründe. Andere Aspekte können auch die geteilten Wertvorstellungen, gesellschaftliche Entwicklungswünsche oder ökonomische Vorteile sein. Bislang werden Zeitbanken häufig von sozial schwächeren oder arbeitslosen Menschen benutzt. Nicht zuletzt auch weil sie durch die undifferenzierte Wertmaßstabeinheit der Zeit stärker profitieren und ihre Qualifizierungsnachteile somit kompensieren können. Im Vergleich zu den LETS-Netzwerken, die nicht ausschließlich Zeit als ihre Geldeinheit benutzen, haben Zeitbanken eine hohe Inklusionskraft für weniger ausgebildete Menschen, die vor allem nur weniger qualifizierte Aufgaben anbieten können. Die Preise bilden sich demnach nicht über eine Verhandlung der Angebot- und Nachfragestruktur, wie häufig in LETS-Netzwerken, sondern rein über die aufgebrauchte Zeit.

Wertaufbewahrungsfunktion macht in der Altenpflege Sinn.

Ziel der Zeitbanken ist es somit, auch finanziell schwächere und sozial ausgegrenzte Bevölkerungsgruppen zu begünstigen. Vor allem können Ältere, Kranke, Arbeitslose und auch Kinder von diesem System profitieren. Lokale Behörden und Regierungen sehen häufig die sozialpolitischen Vorteile dieser Systeme und unterstützen sie oder helfen auch bei ihrer Gründung. In Großbritannien und den USA werden in den Zeitbanken generierte Umsätze aufgrund ihres gemeinnützigen Charakters von der Steuerpflicht befreit.

Obwohl die Geldschöpfung der Zeitbanken in erster Linie als Recheneinheit dient und den Tauschhandel zwischen den Mitgliedern nur ermöglicht, gibt es bei manchen Zeitbanken aber auch die Möglichkeit, Zeitguthaben anzusparen und erst in der Zukunft einzufordern. Diese Wertaufbewahrungsfunktion macht vor allem in der Altenpflege Sinn. Zeitbankensysteme finden sich in Seniorengenossenschaften und anderen Projekten im Bereich der Altenpflege. Durch heute geleistete Pflegedienste erhalten die Mitglieder einen Anspruch auf dieselben Leistungen in der Zukunft. Der Einsatz in solchen Programmen ist sozusagen eine Investition in die eigene Zukunft.

Japan: Zeitbank hilft jungen Menschen bei Altersvorsorge

Eine der bekanntesten Zeitbankensysteme im Gesundheitswesen stellt die japanische „Fureai Kippu"-Komplementärwährung dar. Übersetzt bedeutet dies so viel wie ein Ticket für den gegenseitigen Kontakt. Die erbrachten Arbeitsstunden für ältere und hilfsbedürftige Menschen werden den aushelfenden Pflegekräften auf ein Zeitkonto gutgeschrieben. Es sind vor allem viele junge Menschen, die sich so um ihre Altersversorgung kümmern und gleichzeitig einer Art ehrenamtlichen Arbeit nachgehen. Die Teilnehmer können später die gesammelten Zeiteinheiten selber benutzen oder sie auch an Freunde, Bekannte oder andere hilfsbedürftige Menschen verschenken. Auch geschieht es nicht selten, dass Menschen, die in Einrichtungen arbeiten, die dem „Fureai Kippu"-System angeschlossen sind, ihre Bezahlungen häufig in Zeiteinheiten anstelle der gesetzlichen Währung bevorzugen. Ein Grund dafür ist, dass eine Stunde auch in 50 Jahren noch eine Stunde bleibt, wohingegen die gesetzliche Währung unerwartet schnell an Wert verlieren kann.

Bei Zeitbanken werden die erbrachten Leistungen auf den Konten der Mitglieder verwaltet. Wenn ein Mitglied eine Leistung erbringt, bekommt es die entsprechende Zeit auf sein Konto gutgeschrieben. Wenn jemand eine Leistung in Anspruch nimmt, wird dessen Konto entsprechend negativ belastet. Um den Kontostand zu erhöhen, müssen Dienste an anderen Mitgliedern erbracht werden. Prinzipiell ist es nicht das Ziel, sein Zeitkonto möglichst groß werden zu lassen, sondern es in einem ausgeglichenen Zustand zu halten. So kann gewährleistet werden, dass der Wirtschaftskreislauf auch nachhaltig in Schwung bleibt. Da die meisten Zeitbanken gemeinsam mit lokalen Institutionen wie Schulen, Seniorenheimen oder Krankenhäusern arbeiten, finden sich auch dort ihre Büros. In anderen Fällen können auch lokale Läden und Büros aus der Gegend als Zentrale für die Verwaltungsaufgaben der Zeitbanken dienen.

Die Organisation von Zeitbanken ist zeitaufwändig.

Die Organisation von Zeitbanken ist im Vergleich zu anderen Tauschsystemen selbst relativ zeitaufwändig und bedarf deshalb nicht selten bezahlten Personals oder sehr engagierter Mitarbeiter, um es aufrecht zu halten. Diese müssen sich um Datenbankpflege, Mitgliederrekrutierung und die Organisation verschiedener Veranstaltungen kümmern. Prinzipiell bauen alle Zeitbanken auf denselben Organisationsstrukturen auf, jedoch unterscheiden sie sich maßgeblich in deren individueller Ausgestaltung, Zusammensetzung und Angeboten. Um die stattgefundenen Tauschleistungen aufzulisten und zu dokumentieren, benutzen Zeitbanken oftmals Open-Source-Online-Software wie „Community Weaver" oder „Community Forge". Eine Onlinepräsenz ist heutzutage außerdem ein Standardmerkmal vieler Zeitbanken: Dabei kann es sich neben einer eigenen Webseite allerdings auch einfach um eine Gruppe in einem sozialen Netzwerk wie Facebook handeln.

Jede Zeitbank basiert auf vorher festgesetzten Regeln und einem funktionalen Informationsfluss. Ob dies nun per Internet oder in ausgedruckter Form durch Faltblätter geschieht, entscheiden die Organisatoren jeder Zeitbank selber. Die grundlegenden Ideen der Zeitbanken sind dabei sehr einfach verständlich und allen Menschen leicht zugänglich. Es geht um die Ermöglichung eines Austauschsystems für ein gerechtes, unterstützendes und eigenständiges Geben und Nehmen zwischen Menschen mit unterschiedlichen Fähigkeiten und Qualifikationen. So können Zeitbanken beispielsweise als gemeinschaftsstärkende Elemente verwendet werden, um Angebote sowohl in handwerklichen Bereichen, bei der Kinderbetreuung oder Sprach-, Schreib- und Fahrschulung als auch in der Rechts- und Unternehmensberatung zu machen.

Die erfolgreiche Verbreitung von Zeitwährungen ist aber auch mit Schwierigkeiten verbunden: Einerseits dient Zeit als Währung nur begrenzt dafür, um den Informationsfluss der Märkte effizient widerzuspiegeln. Grund für diesen Zustand sind die fehlenden Differenzierungsmöglichkeiten verschiedener Arbeiten. Anderseits haben die Initiatoren von Zeitwährungen oft auch Schwierigkeiten, die Vorteile ihrer Komplementärgeldsysteme zu kommunizieren. Viele Menschen betrachten Zeitbanken als Systeme, um ehrenamtliche Arbeiten in der Gemeinschaft zu vollbringen, und sehen dabei nicht die Unterschiede zur klassischen Freiwilligenarbeit. Als System, das eine Währung benutzt, um sowohl den Tausch von Leistungen zwischen Menschen zu ermöglichen als auch erbrachte Dienste in Form von Zeit aufbewahren zu können, haben Zeitbanken zwar den Charakter von ehrenamtlichen Beteiligungssystemen, sind aber mit diesen nicht gleichzusetzen.

Die Effektivität einer Zeitbank hängt, wie bei Wirtschaftsringen und anderen Tauschsystemen auch, vorrangig von der Anzahl und Diversität der Mitglieder und ihren Angeboten ab. Eine Zeitbank mit breit gefächerten Leistungsangeboten hat größere Chancen, von Menschen verwendet zu werden, als wenn die Auswahl der Dienste nur sehr eingeschränkt ist. Inwiefern eine Zeitbank es schafft, das Angebotsspektrum zu erweitern und attraktiver zu machen, hängt dabei maßgeblich von der Größe und dem Zustand der Gemeinschaft, in der sie tätig ist, ab. Außerdem spielt es für den Erfolg von Zeitbanken auch eine wesentliche Rolle, in welchen Höhen sich die Verwaltungskosten bewegen und inwiefern entsprechende Geldmittel bereitgestellt und langfristig garantiert werden können.

Zeitbanken stärken die Gemeinschaft in Krisensituationen.

Zeitbanken gewinnen gerade wegen ihrem gemeinschaftsstärkenden Charakter vor allem in wirtschaftlich schwierigen Lagen mit hoher gesellschaftlicher Arbeitslosigkeit an Beliebtheit. So wachsen Zeitbanken nicht nur in wirtschaftlich stärkeren Ländern, sondern auch in wirtschaftlich weniger entwickelten Ländern mit wachsenden gesellschaftlichen Herausforderungen.

Eine Straßenbank für die unteren Gesellschaftsschichten

In Tunesien beispielsweise will die nationale Regierung die Armutsprobleme durch den Einsatz von Zeitbanken auf der lokalen Ebene angehen. Die speziell zu diesem Zweck eingerichtete „Nabta Bank" definiert sich als eine Straßenbank für die unteren Gesellschaftsschichten und soll als Plattform dazu dienen, Menschen die Möglichkeit zu geben, ihre Fähigkeiten durch Güter und Dienstleistungen mittels der Währung Zeit miteinander zu tauschen. Das Konzept beinhaltet auch die Eröffnung von Läden, in denen Lebensmittel gegen vorher erwirtschaftete Zeiteinheiten getauscht werden können. Somit sollen Menschen dazu motiviert werden, sich in der Gesellschaft zu engagieren, die Arbeitslosigkeit zu bekämpfen und ihre Gemeinschaftsbände zu stärken.

Weitere Geldsysteme, die ohne traditionelle Geldmittel arbeiten, werden im Folgenden thematisiert. Dabei werden sowohl die älteste Form des Tauschhandels, das sogenannte Bartering, als auch moderne Geldsysteme vorgestellt, die mit Punkten oder Kundengeldern arbeiten.

3.11 Punktesysteme, Bartering und Kundengeld

Rabattsysteme von Unternehmen stellen eine weitere Form von Geldsurrogaten dar. Bekannte Beispiele sind Payback und die Deutschlandcard im Einzelhandel sowie das Miles & More-Vielfliegerprogramm der Lufthansa. Die meisten dieser Punktesysteme sind Kundenbindungsprogramme. Sie wurden aus reinen Marketingüberlegungen entwickelt. Aufgrund der hohen Verbreitung und des zunehmenden Umfanges der Programme und Prämienangebote wird aber deutlich, dass es sich dabei auch um Geldersatzmittel handelt.

Für die Miles & More-Punkte können Kunden beispielsweise Hotelübernachtungen, Mietautos oder Konsumartikel erwerben, die mit dem Kerngeschäft der Fluggesellschaft nichts zu tun haben. Da Kunden mit solchen Punkten also direkt andere Güter oder Dienstleistungen kaufen können oder Rabatte auf weitere Einkäufe erhalten, haben diese ursprünglichen Kundenbindungsprogramme den Status von Geldsurrogaten erreicht – ohne dabei die Marketingaspekte für die Unternehmen zu verlieren.

Faktische Geldschöpfung durch Unternehmen

Unternehmen schöpfen faktisch mit ihren Punkten Geld, indem sie die Punkte beim Kauf anderer Güter oder Leistungen emittieren. Das ist vergleichbar mit den kommunalen Komplementärwährungsprojekten (→ Kapitel 3.7) in verschiedenen Großstädten, die von NGOs und lokalen Regierungen aufgesetzt werden.

Die von Unternehmen ausgegebenen Punkte übernehmen im Rahmen ihrer Einsatzmöglichkeiten auch verschiedene Geldfunktionen. Sie können einerseits als Tauschmittel entweder vollständig oder in Rabattform gegen andere Güter und Dienstleistungen eingesetzt werden. Die Kaufkraft der Punkte variiert dabei zwischen den Unternehmen und kann von diesen frei festgesetzt werden. Ein Supermarkt kann beispielsweise festlegen, dass die Kunden einen Punkt für jeden ausgegebenen Euro erhalten, umgekehrt beim Einkaufen mit den Punkten aber einhundert Punkte brauchen, um den Wert von einem Euro zu erreichen. Anderseits können die geldähnlichen Punkte auch oftmals über Jahre hinweg gesammelt bzw. aufbewahrt werden und übernehmen somit auch die Wertaufbewahrungsfunktion des Geldes.

Unternehmen übernehmen eine Art Bankfunktion.

Diese Geldsurrogate haben je nach Ermittlung ihrer Kaufkraft unterschiedliche Möglichkeiten, als Recheneinheit zu dienen. Zwar funktionieren diese Punktesysteme meistens nur unter Verwendung einer gesetzlichen Landeswährung, die den Kunden den Einstieg in das Punktesammeln überhaupt erst ermöglicht, aber durch Kooperationen zwischen den Unternehmen und vielerorts einsetzbare Punktesysteme steigen auch ihre Nutzungsmöglichkeiten. Wenn

Unternehmen Bonuspunkte akzeptieren, die von anderen Unternehmen emittiert worden sind, dann übernehmen diese Unternehmen eine Art Bankfunktion. Diese Punktesysteme können somit eine nicht zu unterschätzende Alternative, vor allem bei entsprechender Systemumstellung, zum konventionellen Geldsystem darstellen. Kunden, die Gebrauch von gewerblichen Punktesystemen machen, bekommen zwar eine relativ eingeschränkte aber dennoch real spürbare Unabhängigkeit zum gesetzlichen Zahlungsmittel.

Die steigende Nutzung dieser häufig bargeldlosen Zahlungsmittel erlaubt Unternehmen, ihre Kooperationen mit anderen Unternehmen zu verbessern, indem sie auch Punkte von anderen Emittenten akzeptieren und somit durch erweiterte Einkaufsmöglichkeiten ihre Kundenattraktivität erhöhen. Das Internet und seine ständig wachsenden technischen Möglichkeiten geben solchen Komplementärwährungen, die durch Punktesysteme emittiert werden, einen Aufschwung.

Tauschen und Schenken voneinander unterscheiden

Beim Bartering handelt es sich um ein Tauschsystem. Güter oder Dienstleistungen werden hier direkt und ohne das indirekte Tauschmittel Geld miteinander gehandelt. Das System unterscheidet sich klar von klassischen Schenkökonomien, da es sich um kommerzielle und profitorientierte Leistungen handelt, die in einer wechselseitigen Beziehung stattfinden.

So können in diesem System beispielsweise ein Tag Aufsichtsratstätigkeit gegen ein Kilo Schwein oder im größeren Stil eine Millionen Schweinehälften gegen x Liter Öl eingetauscht werden. Bartering unterscheidet sich auch von anderen Tauschkreisen, Wirtschaftsringen und lokalen Tauschsystemen insofern, dass der Austausch meistens sofort stattfindet und nicht durch ein Medium mit Wertaufbewahrungsfunktion gelagert bzw. in die Zukunft verschoben wird.

Tauschen meist auf bilateraler Ebene

Der direkte Tausch findet meist auf bilateraler Ebene, also nur zwischen zwei Parteien, bargeldlos über entsprechende Verrechnungssysteme statt. Größere und vor allem internationale Geschäfte werden multilateral von speziell dafür eingerichteten Clearinghäusern und internationalen Barternetzwerken verrechnet.

USA: über 500 kommerzielle Bartersysteme

Es gibt verschiedene Arten von Bartergeschäften, die sich je nach Art der Waren, Dienstleistungen oder Tauschformen unterscheiden. Auf globaler Ebene findet diese Tauschform relativ große Verwendung. Alleine in den USA gibt es mittlerweile über 500 verschiedene kommerzielle Bartersysteme. Diese schließen sich oftmals zu Verbandsorganisationen zusammen und erleichtern dadurch den Handel zwischen Unternehmen auf der ganzen Welt. Die Non-Profit-Organisation „International Reciprocal Trade Association" (IRTA), die internationale Bartergeschäfte fördert, schätzt das Umsatzvolumen der globalen Bartergeschäfte auf mehrere Milliarden US-Dollar. Allein im Jahr 2014 konnten weltweit über 400.000 Mitgliederunternehmen von IRTA ihre Kapazitätsüberschüsse dazu verwenden, um mithilfe moderner Handels- und Bartersysteme rund 12 Milliarden US-Dollar zu verdienen. Beim Bartering handelt es sich um komplementäre Zahlungssysteme. Diese Geschäfte werden ohne den Austausch von Währungen bzw. indirekten Tauschmitteln durchgeführt.

Warentausch ist älteste Form des menschlichen Tauschhandels.

Unternehmen möchten durch Bartersysteme den Handel mit anderen Unternehmen und Staaten sowie den Zahlungsverkehr mit eigenen Tochtergesellschaften vereinfachen. Im Grunde handelt es sich beim direkten Warentausch um die älteste Form des menschlichen Tauschhandels. Allerdings haben die modernen technologischen Fortschritte die Möglichkeiten des traditionellen bilateralen Tauschhandels um ein Vielfaches erweitert: Unternehmen überall auf der Welt haben sich die Potenziale dieser alten Tauschform auf moderne Art und Weise wieder erschlossen und können dadurch nicht nur Kapazitätsüberschüsse ausgleichen, sondern auch neue Absatzmöglichkeiten für ihre Produkte und Dienstleistungen finden. Die fortschrittlichsten dieser komplementären Währungssysteme arbeiten mit Clearingsystemen, die mit oder ohne Warendeckungen arbeiten und es Unternehmen ermöglichen, die Handelsbeziehungen besser auszuschöpfen und gegenseitiges Vertrauen langfristig aufzubauen.

Weltweit haben Bartergeschäfte ein Umsatzvolumen von mehreren Milliarden US-Dollar.

Internationale Konzerne benutzen innovative und intelligente Verrechnungssysteme in Form von weltweiten Bartergeschäften. Diese Verrechnungssysteme erlauben es internationalen Unternehmen ebenfalls, Win-win-Situationen mit devisenarmen Staaten zu erzeugen. In diesen Tauschgeschäften können beispielsweise vorhandene Rohstoffe gegen hochspezialisierte Baumaschinen ausgetauscht werden. Das Barterwesen hat bereits seit Längerem internationale Anerkennung gefunden und das weltweite Tauschhandelsvolumen hat inzwischen einen Gegenwert von mehreren Hundert Milliarden US-Dollar angenommen. Weltweit sind Hunderttausende von Unternehmen Mitglieder in speziell eingerichteten Barter-Club-Verrechnungssystemen. Viele Großkonzerne betreiben auch ihre eigenen Verrechnungssysteme, um Leistungen zu verbuchen, und binden Kunden und Lieferanten in diese mit ein.

Bartergeschäfte eignen sich besonders gut als Ergänzungssysteme für Unternehmen.

Die Nutzung von Bartergeschäften ist vor allem im Einkaufsrahmen für die Aufnahme zinsloser Kredite sehr attraktiv. Des Weiteren eröffnen diese Komplementärwährungssysteme nicht nur neue Absatzmärkte, sondern erschließen auch alternative Möglichkeiten für zusätzliche Umsatzquellen. Beim Bartering handelt es sich um geschlossene Tauschsysteme, die den Wert der Waren und Dienstleistungen vollständig bei den Teilnehmern aufbewahren. Dadurch generieren die Unternehmen eine hohe Umlaufgeschwindigkeit und steigende Umsätze in ihren Geschäften. Bartergeschäfte eignen sich als Ergänzungssysteme vor allem für Unternehmen, die mit konjunkturell oder saisonal abhängigen Kapazitätsauslastungen umgehen müssen und hohe Bereitschaftskosten haben.

Freizeitgelder als beliebte Komplementärwährung

Eine weitere beliebte Komplementärwährung stellen Freizeitgelder wie die Schweizer

Reka-Checks dar. Bei diesen Ergänzungen zur gesetzlichen Währung handelt es sich um zweckgebundene Geldsurrogate, die ähnlich wie die Punktesysteme von gewerblichen Unternehmen nur in vorher definierten Absatzmärkten verwendet werden können.

Die Schweizer Reisekasse (Reka) ist in der Rechtsform einer Genossenschaft konzipiert und eine der führenden Anbieter von Ferienwohnungen, Hotels und Resort-Unterkünften in der Schweiz und im Ausland. Reka ist eine gemeinnützige Organisation und zählt zu den bedeutendsten Sozialtourismusunternehmen des Landes. Das bekannte Freizeitgeld Reka-Checks wird von rund zwei Millionen Menschen in der Schweiz benutzt – also knapp einem Viertel der Bevölkerung. Das Unternehmen ist mit 2.800 Ferienwohnungen und eigenen Familien-Feriendörfern der zweitgrößte Anbieter von Ferienangeboten auf dem Schweizer Markt. Viele bedeutende Unternehmen der Schweizer Wirtschaft tragen außerdem durch Kooperationen, Spenden oder anderweitige Unterstützung zum Erfolg des Non-Profit-Unternehmens bei. Ihren Gewinn setzt die Reka Genossenschaft für sozialtouristische Zwecke ein. Familien mit geringen Einkommen bekommen dadurch eine attraktive Möglichkeit, vergünstigte Ferien- und Freizeitangebote im In- und Ausland wahrzunehmen.

4.100 Schweizer Unternehmen zahlen Teile der Löhne in Reka-Checks – diese sind steuerbefreit.

Die Reka-Checks sind ein weitverbreitetes Zahlungsmittel in der Schweiz. Dieses Komplementärgeld ist zwar zweckgebunden, lässt sich aber in rund 9.000 verschiedenen Stellen einlösen. Die Einlösemöglichkeiten sind sehr vielfältig und erstrecken sich über eine breite Palette von Ferien-, Freizeit- und Reiseangeboten im kulturellen, sportlichen und familiären Bereich. Darunter befinden sich Hotels, Restaurants, Ferienanlangen und Reisebüros, aber auch öffentliche Verkehrsdienste, Tankstellen, Museen, Zoos oder Zirkusveranstaltungen. Außerdem lassen sich die Reka-Checks auch in Freizeitparks, Sport- und Fitnesszentren sowie vielen weiteren Ausflugsorten einsetzen. Über 4.100 Arbeitgeber zahlen ihren Mitarbeitern einen Teil ihrer Löhne in Reka-Checks.

Mit dem Freizeitgeld haben Arbeitgeber die Möglichkeit, ihre Mitarbeiter kostengünstig zu motivieren, weil es sich um steuerbefreite Lohnnebenleistungen, sogenannte „Fringe Benefits", handelt. Ebenfalls können die vergleichsweise kostengünstigen Reka-Checks auch für Bonuszahlungen oder als Geschenke an Mitarbeiter vergeben werden. Arbeitgeber haben außerdem die Möglichkeit, ihre Mitarbeiter mit der Lohnnebenleistung „Reka-Lunch" zu bezahlen. Dieses elektronische System bietet eine Möglichkeit, die Arbeitnehmer vergünstigt mit Essen, Getränken und Snacks zu verpflegen. Die Zweckgebundenheit der Reka-Checks garantiert zusätzlich, dass die Ausgabe des Geldes für Freizeit und Ferienangebote verwendet wird. Somit wird sichergestellt, dass sich die Arbeitnehmer mit dem Erhalt der Komplementärwährung in Freizeitangeboten erholen und so regenerieren.

Das Freizeitgeld Reka-Check schafft somit Win-win-Situationen für Arbeitgeber, Mitarbeiter und die Freizeitwirtschaft im Allgemeinen. Eine Studie der Schweizer Reisekasse Reka ergab, dass zusätzliches Geld für Ferien und Erholung fast immer ganz oben auf der Wunschliste der Arbeitnehmer steht. Dieses Bedürfnis kann durch den Einsatz der gemeinnützigen und privatwirtschaftlich erzeugten Komplementärwährung optimal bedient werden.

Freizeitgelder sind streng zweckgebunden.

Freizeitgelder funktionieren als systemergänzende Komplementärwährungen zu einer gesetzlichen Landeswährung. Im Vergleich zu anderen Systemergänzungen wie Regionalgeldern, kommunalen Wertmarken oder genossenschaftlichen Wirtschaftsringen sind auch Freizeitgelder zweckgebunden und nur in spezifischen Märkten oder Netzwerken einlösbar. Dieser Zustand ist ein Hauptmerkmal vieler Komplementärwährungen und spiegelt auch ihren Charakter und Daseinszweck wider. Systemergänzende Komplementärgelder wie Freizeitgelder oder gewerbliche Punktesysteme haben in einem monopolisierten Geldsystem mit gesetzlicher Einheitswährung weder die Möglichkeit noch das Ziel, eine grundsätzliche Alternative zur offiziellen Währung darzustellen. Vielmehr bauen sie ihr System auf dessen Grundlage auf und nutzen die Kaufkraft der gesetzlichen Währung, um ihren komplementären Tauschsystemen einen Wert zu geben. Die Komplementärwährungen erzielen durch eine bestimmte Zweckgebundenheit, dass ihre Kunden das Geld in vorab definierten Märkten ausgeben und so mit diversen Auswirkungen einen bestimmten Wirtschaftskreislauf füttern.

Im Folgenden werden digitale Währungen am Beispiel der bekannten Bitcoins vorgestellt. Der Bitcoin ist keine Komplementärwährung im traditionellen Sinn, weil er zum einen nicht das Ziel hat, das gesetzliche Währungssystem in irgendeiner Weise zu ergänzen, und zum anderen auch nicht auf die Kaufkraft einer bestimmten Landeswährung angewiesen ist, um dem Geld einen Wert zu geben. Trotzdem bieten Bitcoins keine Alternative zum gesetzlichen Zahlungsmittel, sondern sind eher Werteinheiten, die mit Devisen vergleichbar sind. Sie sind deshalb im Rahmen eines monopolisierten Geldsystems in die Kategorie der Komplementärgelder einzureihen. In einer Free-Banking-Geldordnung (→ Kapitel 3.14) jedoch hätten private dezentrale Zahlungssysteme wie der Bitcoin mehr Möglichkeiten, sich als alternative Zahlungsmittel zu verbreiten.

3.12 Digitale Währungen am Beispiel Bitcoin

Digitale Währungen oder sogenannte Kryptowährungen sind Zahlungsmittel, die ausschließlich in digitaler Form existieren. Wie bei dem gesetzlichen Zentralbankgeld handelt es sich bei den digitalen Währungen um Fiatgelder. Sie sind intrinsisch wertlos und bekommen ihren Wert bzw. ihre Kaufkraft nur über ihre Akzeptanz im Markt. Kryptowährungen emittieren kein Bargeld und benutzen an dessen Stelle kryptologische Schlüssel, um den Tauschwert der digitalen Geldeinheiten darzustellen. Seit der Bitcoin im Jahr 2009 als erste öffentlich gehandelte Kryptowährung online ging, haben sich weltweit rund 700 weitere digitale Währungen entwickelt. Die Spannweite des Gesamtwertes der zehn größten Kryptowährungen reicht von über 10 Millionen bis rund 5 Milliarden US-Dollar. Die Konzeption der Systeme und die darin enthaltene Geldschöpfung erfolgt anders als bei vielen Komplementärwährungen nicht mithilfe öffentlicher Unterstützung oder in Anlehnung an die gesetzliche Währung, sondern rein durch privatwirtschaftlich geführte Unternehmen innerhalb der Marktprozesse.

Es gibt keine Banken bei digitalen Währungen.

Im Gegensatz zu gesetzlichen und anderen komplementären Währungen kann die Geldproduktion der meisten Kryptowährungen weder künstlich beschleunigt noch abgebremst werden. Bei den digitalen Währungssystemen gibt es keine Banken, die mittels des Teilreservesystems Kreditgeldmengen eigenständig vermehren könnten. Es gibt auch keine Zentralbank als oberste Geldausgabestelle oder Organ, um diese Währungen zu regulieren. Die digitalen Währungen werden durch dezentrale Verfahren innerhalb des gesamten Systems gemeinsam geschöpft und unterliegen einer vorher definierten und öffentlich zugänglichen Deckelgröße. Somit unterliegen die Kryptowährungen von Beginn an einer Art eingebauter Inflationsbremse und können sich so vor Missbrauch schützen. Dies ist allerdings nur zu gewährleisten, wenn die Emissionsrechte für neue Geldschöpfung gleichmäßig auf alle Nutzer verteilt sind und nicht mit großer Mehrheit in den Händen einzelner Unternehmensinhaber liegen.

Bitcoin ist die größte digitale Währung weltweit. Die Geldschöpfung unterliegt den Gesetzen der Mathematik.

Gemessen an seiner Marktkapitalisierung ist der Bitcoin die größte aller digitalen Währungen. Das Tauschmittel Bitcoin existiert wie alle Kryptowährungen in rein digitaler Form ohne jegliches Bargeld oder Kontrolle einer Zentralbank und liefert somit ein anschauliches Beispiel einer digitalen Währung, die auf privater Basis emittiert wird.

Im Vergleich zu den aktuellen gesetzlichen Währungen, die zum Großteil auch nur aus virtuellem Geldvermögen bestehen, ist die Virtualität des Geldes keine Innovation. Bitcoins werden nicht durch eine menschlich verwaltete Institution geschöpft, sondern innerhalb eines dezentralen Zahlungssystems, das den Gesetzen der Mathematik unterliegt. Auch Zentralbanken zeigen ein wachsendes Interesse an der Technologie der Kryptowährungen. Die Währung bietet den Nutzern dabei vor allem günstige Voraussetzungen für Kleinstzahlungen durch prozentuale Aufteilung eines ganzen Bitcoins sowie vorteilhafte Rahmenbedingungen für anonyme Zahlungsvorgänge. Die perfekte Teilbarkeit wird durch die komplette Virtualität der Währung gewährleistet. Nutzer können ihre Bitcoins in Einheiten bis zu acht Stellen nach dem Komma aufteilen und so je nach Bedarf für Zahlungen aller Größenordnungen verwenden.

Damit diese rein virtuelle Währung, deren Gebrauch in vielen Ländern sehr umstritten ist und auch von der US-Steuerbehörde nicht als Währung anerkannt bzw. in China sogar verboten ist, als Zahlungsmittel dienen kann, muss sie von den Nutzern als wertvoll eingestuft werden. Der Wert bzw. die Kaufkraft von digitalen Währungen ermittelt sich im Zeitablauf und im Vergleich zu anderen Währungen, nachdem Handelspartner sich freiwillig dazu entschieden haben, in diese Währung zu investieren. Es braucht Unternehmen, die diese Währung akzeptieren, und Menschen, die sie als Tauschmittel beziehen möchten. Beide Parteien müssen die Währung als wertvoll betrachten und bereit sein, die digitalen Bitcoins entweder mittels gesetzlicher Währungen zu kaufen oder gegen Güter und Dienstleistungen einzutauschen. Die Tauschmittelfunktion der Bitcoins steigt also mit zunehmender Zahl von Produkt- und Dienstleistungsanbietern in diesem Netzwerk.

Durch das „Mining" können Bitcoins selbst hergestellt werden.

Die Geldeinheiten der Bitcoins werden in einem dezentralen Verfahren über ein PC-Netzwerk hergestellt, verwaltet und berechnet. Dieser Vorgang stellt eine Innovation im Vergleich zu den üblichen gesetzlichen und zentralverwalteten Währungen dar. Es ist möglich, durch einen Computer mit genügend Rechenleistung durch das sogenannte Mining Bitcoins selber herzustellen. Das gesamte Geldsystem ist durch eine maximale Obergrenze von 21 Millionen Bitcoins gedeckelt. Durch diese Geldmengenbegrenzung sollte die Währung theoretisch zu einem inflationssicheren Geldmittel werden.

Für viele Menschen dienen die Bitcoins auch als spekulatives Wertaufbewahrungsmittel, wobei der Wert der Bitcoins bis zur vollständigen Reife des Systems immer noch größeren Schwankungen unterworfen ist. So bietet der Bitcoin aber durch seine unbürokratischen Transaktionsvorgänge, vor allem in Krisensituationen wie beispielsweise bei der Zypernkrise im Jahr 2013, eine interessante Möglichkeit für Spekulanten, ihr Vermögen schnellstmöglich und ungesehen in eine andere Währung umzutauschen bzw. problemlos aus dem Land zu transferieren.

Bitcoins als anonymes Zahlungsmittel auch auf Schwarzmärkten beliebt.

Als dezentrales Zahlungsmittel ohne gesetzliche Aufsichtsbehörde und mit der Möglichkeit, bei Zahlungsvorgängen anonym bleiben zu können, reizt dieses Geldsystem aber auch die Händler der Schwarzmärkte. Nicht nur wirtschaftspolitische Eingriffe, sondern auch juristische und polizeiliche Überwachung sind innerhalb dieses Systems relativ schwierig zu handhaben. Da sich Bitcoins als anonymes Zahlungsmittel bewiesen haben und Zahlungsvorgänge für Käufer und Anbieter außerdem gebührenfrei sind, entwickelten sich sehr schnell Handelsplattformen für Geschäfte mit illegalen Waffen, Drogen oder Medikamenten. Die Transaktionen erfolgen weltweit und sind unumkehrbar. Die öffentliche Transaktionsgeschichte jedes Bitcoins erlaubt zwar eine Rückverfolgung des Verlaufs der einzelnen Bitcoins, aber die Nutzer hinter den Geldeinheiten und ihren Adressen bleiben unsichtbar.

Bitcoins sind Zielscheibe von Hackern.

Teilnehmer am Bitcoin-Zahlungssystem müssen nur ein bestimmtes Minimum ihrer Identität, wie beispielsweise ihre Bankverbindungsdaten, angeben, wenn sie ihre Bitcoins auf einem virtuellen Umschlagplatz in eine andere Währung umtauschen möchten. In der Aufbauphase des Systems gab es zudem Berichte von Kunden, denen Bitcoins im Wert von mehreren Hunderttausend US-Dollar gestohlen wurden. Da Bitcoins eine rein elektronische Währung sind, werden ihre Handelsplattformen nicht selten auch zur Zielscheibe von Hackerangriffen, um dort deponierte Bitcoins zu stehlen. Als private und in vielen Ländern nicht anerkannte Währung bleiben Gewinne und Verluste, die durch Bitcoins entstehen, in der vollen Verantwortung seiner Nutzer.

Bitcoins haben kein physisches Äquivalent.

Das Zahlungssystem des Bitcoin funktioniert nach dem gewöhnlichen Buchhaltungsprinzip. Es gibt kein physisches Äquivalent zu dieser Währung, und eine unbegrenzte Anzahl an Teilnehmern kann an diesem System teilnehmen. Die Nutzer generieren öffentliche und private Schlüssel, die als Grundlage für die Adressen der Bitcoins dienen. Diese Informationen werden in einem virtuellen Geldbeutel gespeichert und gleichen dabei einem Bund mit verschiedenen Schlüsseln. Die Adressen sind dabei wie elektronische Bankschließfächer zu betrachten. Zwar können auch alle Nutzer in die Schließfächer hineinschauen bzw. dort Bitcoins hineinlegen, aber die Identität der Inhaber der Schließfächer ist geheim und nur die Schlüsselbesitzer haben Zugang zum Inhalt der Schließfächer.

Die Anonymität im Bitcoin-Zahlungssystem wird außerdem durch die unbeschränkte Anzahl von Schließfächern garantiert. Benutzer können beliebig viele Schließfächer generieren und dort ihr Vermögen in beliebigen Mengen speichern. Jede Bitcoin-Transaktion wird mit einer digitalen Signatur vermerkt und in einer Datenbank gespeichert. Trotzdem können sie zwischen den Teilnehmern anonym gehandelt werden und unterliegen auch keiner personenbezogenen Rückverfolgbarkeit.

Bankgebühren fallen bei Transaktionen weg.

Ein wesentlicher Vorteil von Bitcoins ist, dass es durch den direkten Handel zwischen den Nutzern keine Banken als Intermediäre gibt und somit auch alle überflüssigen Bankgebühren wegfallen. Gebühren für Transaktionen innerhalb des Netzwerkes sind zwar von der Menge der überwiesenen Beträge abhängig, aber stets viel niedriger als herkömmliche Bankkontogebühren.

Im Vergleich zu anderen Komplementärwährungen, wie etwa den Regionalgeldsystemen, haben Kryptowährungen wie der Bitcoin durch die Ermittlung ihrer Werthaltigkeit im Marktprozess und ohne Ankopplung an gesetzliche Währungen die Möglichkeit, sich von einer Komplementärwährung in eine eigenständige Währungsalternative zu verwandeln. Dies könnte allerdings nur unter entsprechenden Reformen, wie der Zulassung eines wettbewerblichen Geldsystems (→ Kapitel 3.3.1), erfolgen. Die Einsetzbarkeit der digitalen Währungen ist international und der Wert dieses Geldes entwickelt sich eigenständig und ist dabei an keine andere Währung gekoppelt. Das Vertrauen der Nutzer der Kryptowährungen entscheidet letztlich darüber, welche Rolle Bitcoin und ähnliche elektronische Währungen spielen werden.

Nachdem wir zahlreiche systemergänzende Möglichkeiten für Geld erfahren haben, soll nun noch ein Exkurs zu dem sogenannten Handy-Banking in Afrika erfolgen. Diese Form des Geldsystems macht vor allem im Osten Afrikas, insbesondere aktuell in Kenia, einen Großteil des Geldtransfers aus. In Europa hingegen ist diese Form eines Handy-Zahlungssystems kaum vorhanden und bietet daher neue und interessante Perspektiven.

3.13 Exkurs – Handy-Banking in Afrika

In Europa sind es vor allem Münzen und Papiergeld, die eine lange Geschichte und Tradition haben. Trotzdem steigt die Nutzung von Kreditkarten und bargeldlosen Zahlungsmitteln stark an. Das System der bargeldlosen Geldüberweisung per SMS jedoch ist in europäischen Ländern im Vergleich zu Kenia kaum vorhanden – obwohl Handys so gut wie flächendeckend verbreitet sind. Dies hängt nicht zuletzt damit zusammen, dass die Infrastruktur der meisten europäischen Länder, im Vergleich zu vielen afrikanischen Gegenden, bereits mit stark etablierten Banken- und elektronischen Zahlsystemen vorhanden ist.

Beim Handy-Banking in Afrika handelt es sich um ein bargeldloses Transfersystem. Kenia nimmt dabei eine weltweite Vorreiterrolle ein. Innerhalb weniger Jahre wurde von privaten Telekommunikationsunternehmen ein flächendeckendes Handy-Bezahlungssystem eingeführt. Ausgangslage für die Einführung dieser Zahlungsmethode war eine riesige Landfläche mit über 40 Millionen Einwohnern, aber einem entsprechend schlecht entwickelten Netz an Bankautomaten.

Handy-Banking bietet Vorteile bei mangelnder Infrastruktur im Geldsystem.

Das Handy-Banking per SMS stellt eine innovative und einfache Lösung für das Problem mangelnder Infrastruktur im Geldsystem dar und bietet somit der gesamten Bevölkerung die Möglichkeit, mehr Sicherheit und Freiheit im Alltag erfahren zu können. Zusätzlich werden dabei auch Armutsprobleme gelöst. Gehälter können direkt als Guthaben auf die Handy-Konten der Angestellten bezahlt werden und Handy-Besitzer können auch in verschiedenen Läden ihr elektronisches Guthaben mit Bargeld aufladen. Durch das bargeldlose Zahlungssystem können Mobilnutzer Überweisungen an Supermärkte, Unternehmen oder auch andere Handy-Besitzer per SMS tätigen. Um dieses System zu benutzen, braucht es auch kein Bankkonto, sondern nur ein Handy, und da über die Hälfte der kenianischen Bevölkerung im Besitz eines Handys ist, hat dieses System also ein sehr großes Verbreitungspotenzial.

Handy-Banking ist in Kenia sehr beliebt.

Von allen üblichen Zahlungsformen ist Handy-Banking dabei die gängigste Variante in Kenia. Jährlich werden so per SMS umgerechnet rund 10 Milliarden Euro umgesetzt, was bei einem Bruttoinlandsprodukt (BIP) von rund 55 Milliarden US-Dollar eine beträchtliche Größe ist. Durch diese einfache und überall einsetzbare Zahlungsweise ist Handy-Banking ein starkes Instrument, nicht nur, um Armut zu bekämpfen, sondern auch um die Wirtschaft anzukurbeln. Vor allem Menschen, die in ländlichen Gebieten tätig sind, bekommen durch dieses bargeldlose Zahlungssystem mehr Sicherheit und erhöhte Unabhängigkeit von den wenigen Automaten der Geschäftsbanken. Dadurch wird einerseits das Alltagsleben Tausender Menschen deutlich erleichtert und anderseits bekommen sie auch neue Möglichkeiten, Geschäfte zu machen.

Mobilfunkgesellschaften entwickeln sich zu Banken.

Zwar sind die regionalen, kulturellen und gesellschaftlichen Umstände in Europa oder den USA nicht unbedingt mit denen in Kenia zu vergleichen, aber dennoch bietet das bargeldlose Zahlungssystem auch für die entwickelten westlichen Märkte, vor allem bei steigender Handy-Nutzung, interessante Geschäftsmöglichkeiten und neue Zukunftsperspektiven. Nicht nur Supermärkte, Läden oder Privatpersonen, sondern auch öffentliche Verkehrsdienste, kulturelle Einrichtungen und Freizeitveranstalter könnten von den Vorteilen eines Handy-Bankingsystems profitieren. Da in modernen Gesellschaften Handys zur selbstverständlichen Grundausstattung der Menschen gehören, stellt das bargeldlose Zahlungssystem via SMS eine zeitgemäße Option für den Großteil der Bevölkerung dar. Des Weiteren bieten Geldüberweisungen per Handy, mit denen sich Mobilfunkgesellschaften zu einer Art Bank entwickeln, auch eine sehr einfache, flexible und kostenreduzierte Alternative zu den konventionellen Zahlungssystemen der Geschäftsbanken und Finanzdienstleister.

Systemrevolution: das Geldsystem neu denken

Im Folgenden werden die wichtigsten Reformvorschläge vorgestellt, die die Abschaffung von zentralgesteuerten Geldschöpfungsmonopolen fordern und eine radikale Neuordnung des Geldsystems im marktwirtschaftlichen Sinne vorschlagen. Ein wesentliches Merkmal bei diesen Alternativen ist, dass die Ausgabe und Annahme von Geld allen Marktteilnehmern frei und offen steht.

Dieser letzte Teil des Buches beinhaltet also kontroverse Vorschläge, wie das aktuelle Fiatgeldsystem mit Zentralbanken als Geldmonopolisten, einer gesetzlichen Einheitswährung und Geschäftsbanken als Schöpfer des gesetzlichen Kreditgeldes vollständig abgeschafft werden könnte. Es werden hier anhand der Ideen und Reformvorschläge der Free-Banking-Geldordnung und der Ecology-of-Money-Bewegung grundlegende Veränderungsmöglichkeiten für unser Geldwesen aufgezeigt. Somit stellen diese Reformen keine Ergänzungen oder Optimierungen des bestehenden Systems dar, sondern bieten wurzeltiefe Alternativen zur bestehenden Form von zentralgesteuerten Monopolgeldsystemen.

Dabei wird der Leserin und dem Leser empfohlen, sich gedanklich weit über die bereits erwähnten und bekannten Systemreformen hinweg zu bewegen und Raum zu schaffen für die Möglichkeit eines völlig neuartigen Geldsystems.

3.14 Free Banking

Der Begriff Free Banking bezeichnet eine marktwirtschaftliche Geldproduktion. Diese Art der Geldordnung ist kein neues Konzept, sondern existierte schon vor Hunderten von Jahren an unterschiedlichen Orten der Welt in diversen Formen und Ausprägungen. Die freie Geldproduktion beschreibt in diesem Zusammenhang ein Geldwesen, dessen Produktion und Verwaltung gänzlich unter der Verantwortung von Unternehmen und Marktteilnehmern steht. Staaten nehmen dabei lediglich die Funktion von Gesetzesgebern ein und erlassen Gesetze, um Rahmen aufzustellen, die den Wettbewerb zwischen den verschiedenen Geldanbietern ermöglichen und fördern. Eingriffe in das Geldwesen, wie die Verschuldung mithilfe einer Zentralbank bzw. eines monopolistischen Geldsystems, sind somit Regierungen im Free Banking nicht möglich. Free Banking fordert im Gegensatz zu den oben dargestellten Geldreformkonzepten keine Stärkung einer zentralen Instanz bzw. irgendeine Form von monopolisierten Steuerungsorganen, sondern die komplette Abkehr von genau diesen.

Da es keine einzige gesetzlich vorgeschriebene Währung im Free Banking gibt, sollen die privaten Geldanbieter einerseits durch die vorgegebenen Gesetze und andererseits durch einen konstruktiven wettbewerblichen Druck dazu angeregt werden, Gelder anzubieten, die in ihrer Quantität und Qualität den Bedürfnissen der Abnehmer optimal entsprechen.

Free Banking als pluralistisches Geldsystem ohne Zentralbank

Free Banking ist dem Zentralbanksystem und den Ideen der Befürworter einer Steuerungsfähigkeit der Märkte demnach diametral entgegengesetzt. Geld wird im Free Banking als reines Marktgut angesehen und seine Eigenschaft als geläufigstes Tauschmittel der Wirtschaft wird dabei nicht über die anderen Produkte gestellt. In monopolisierter Form stellt Geld ein sehr mächtiges Instrument dar, um Volkswirtschaften zu beeinflussen, und genau diese Macht wollen Befürworter des Free Banking dezentralisieren und unter die allgemeinen Marktregeln stellen. Die Geldordnung des Free Banking basiert auf der Vorstellung, dass Märkte von Natur aus effektiv sind und genügend Kapazitäten besitzen, um eine optimale Menge verschiedener Geldarten für unterschiedliche Bedürfnisse hervorzubringen. Der Reformansatz des Free Bankings basiert also auch auf der Ansicht, dass es keinerlei Notwendigkeit gibt, eine zentrale Steuerungsinstitution, wie eine Zentralbank, zu etablieren, um für ein Land oder eine Währungszone Geld in ausreichender Menge und Qualität bereitzustellen. Die Befürworter der Free-Banking-Idee sind davon überzeugt, dass Geld, das durch den marktwirtschaftlichen Prozess hergestellt wird, alle Geldfunktionen besser erfüllen kann, als dies durch ein Zentralbanksystem jemals geschehen könnte.

Free Banking: Politik hat auf das Geldsystem hier keinen Einfluss.

Das Hauptziel der Reformbefürworter des Free-Banking-Ansatzes ist es, durch die marktwirtschaftliche Geldproduktion die Entwicklung von langfristiger und nachhaltiger Geldwertstabilität zu verbessern. Da das Zentralbankgeld uneingeschränkt als Mittel eingesetzt werden kann, um politische Ziele zu erreichen oder zu schützen, wie Krisenstaaten oder überschuldete Banken mit Liquidität zu versorgen, wird in diesem Zusammenhang auch von einer Politisierung des Geldes gesprochen. Free Banking möchte das Geld und die Beeinflussung des Geldwertes den Sphären der Politik entziehen und vollständig in die Prozesse einer freien Marktwirtschaft eingliedern.

Geld wie ein Steuerungsinstrument zu verwenden, um Märkte zu lenken oder Staaten aus schwierigen Lagen zu retten, bedarf oftmals sehr großer Geldmengen bzw. einer starken Ausweitung der vorhandenen Geldmenge. Solche inflationären Eingriffe wirken sich mittel- bis langfristig negativ auf den Wert des Geldes aus und daher ist es den Vertretern des Free Banking auch ein wichtiges Anliegen, dass den Menschen zumindest die Option auf ein Geld zur Verfügung gestellt wird, das seinen Wert auch langfristig stabil halten kann. Der theoretische Hintergrund baut dabei auf der Vorstellung auf, dass zwar auch intrinsisch wertlose Fiatgeldsysteme in einer Free-Banking-Geldordnung bestehen und angeboten werden können, diese aber im Vergleich zu vollständig oder teilgedeckten Währungsarten eher weniger Verbreitung und Abnehmer finden würden. Somit erklären Befürworter des Free Banking, dass sich langfristig hauptsächlich vollständig oder teilgedeckte Geldarten, basierend auf realen Werten, in dieser Geldordnung herauskristallisieren würden.

Es gibt eine Vielzahl von Zahlungsmitteln, das spiegelt die Diversität der Gesellschaft wider.

Ein einziges gesetzliches Zahlungsmittel gibt es im Free Banking nicht und da es auch keine nationalen oder internationalen Zentralbanken mit Monopolanspruch auf eine gesetzlich vorgeschriebene Währung gibt, würde sich eine große Vielzahl unterschiedlicher Geldarten auf den Märkten entfalten. Diese Geldordnung würde somit auch die Diversität einer Gesellschaft mit ihren unterschiedlichen Menschen und vielfältigen Bedürfnissen, Wertanschauungen und Ökonomien besser widerspiegeln.

Geldwechselstabilität ist ein entscheidendes Kriterium im Free Banking.

Nach den Ansichten *Friedrich A. von Hayeks*, einem der bekanntesten Vertreter des Systems einer marktwirtschaftlichen Geldordnung, ist das wichtigste Merkmal einer Währung seine Kaufkraft. Im aktuellen Zentralbanksystem können Geschäftsbanken zwar elektronisches Kreditgeld selber herstellen, aber sie haben keinerlei Kontrolle über den Wert dieses Geldes bzw. dessen Kaufkraft. Im Free Banking wäre dies insofern anders, da jede Bank ihre eigene Währung emittieren oder sich in gemeinschaftlichen Verbünden mit anderen Banken zusammenschließen müsste. So würden geldemittierende Unternehmen in die Eigenverantwortung für den Wert, die Stabilität und dadurch auch die Kaufkraft ihres Geldes gezogen werden. Privatpersonen oder zivilgesellschaftliche Vereinigungen können ihre eigenen Währungen auf dem Markt anbieten.

Das Geldwesen des Free Banking ist um viele Jahrhunderte älter als das Zentralbanksystem. Die Geschichte zeigt verschiedene Beispiele, wie Geldordnungen im Stil des Free Banking an unterschiedlichen Orten der Welt schon vor über tausend Jahren mehr oder weniger erfolgreich umgesetzt wurden und teilweise auch längerfristig in funktionierende Wirtschaftssysteme integriert waren. Der US-Ökonom *Kurt Schuler* zeigt zur Geschichte des Free-Banking Beispiele von etwa 60 Ländern auf, in deren Wirtschaftssystemen marktwirtschaftliche Geldordnungen etabliert waren.

Free Banking war bereits in kleineren und größeren Ländern erfolgreich.

Vor allem kleinere Länder wie Belgien, Schottland, Schweden oder die Schweiz hatten erfolgreiche Epochen in der Anwendung von Free-Banking-Geldkonzeptionen. Aber auch größere und wirtschaftlich stärkere Nationen wie die USA, Großbritannien, Australien, Kanada, Brasilien, Chile oder China benutzten und hatten Erfolg mit unterschiedlichen Formen der marktwirtschaftlichen Geldproduktion. Die verschiedenen Zeitalter des Free Bankings weisen überall auf der Welt unterschiedliche Erfolgsbeispiele und Tendenzen auf, wurden aber nicht selten von Diktatoren verboten oder durch staatliche Gewalt untersagt und mit einheitlichen Geldsystemen ersetzt.

Kurz vor Beginn des imperialistischen Zeitalters von Großbritannien wurde in London die „Bank of England" (BoE) gegründet. Diese Zentralbank übernahm schrittweise immer mehr Funktionen der nationalen Geldpolitik und gewann schließlich durch Beendigung der vormals marktwirtschaftlichen Geldordnung auch immer stärkeren Einfluss im Bereich der Wirtschaft. Interessanterweise aber erklärt der britische Ökonom und Verfechter des Zentralbanksystems, *Walter Bagehot* (1826–1877), dass ein Free-Banking-Geldwesen durchaus viele Vorteile für den Erfolg einer funktionierenden Volkswirtschaft hervorbringen kann. Obwohl laut *Bagehot* also das Zentralbanksystem per se nicht besser für eine Volkswirtschaft geeignet ist als das Free Banking, wurde die Kardinalfunktion der Bank of England bereits nach wenigen Jahren ihrer Einführung als so wichtig betrachtet, dass sich viele Menschen eine gerechte, effektive und funktionierende Wirtschaft ohne Zentralbank kaum noch vorzustellen vermochten.

Das Moral-Hazard-Problem bei Zentralbanksystemen

Ein häufig auftretendes Argument, warum Free Banking besser geeignet sei, um langfristige Geldwertstabilität zu gewährleisten, als dies durch ein monopolisiertes Zentralbanksystem jemals möglich sei, wird durch das Phänomen des sogenannten „Moral Hazard" erklärt. Ein „Moral Hazard" beschreibt in diesem Zusammenhang die moralische Versuchung bzw. das subjektive Risiko, das beispielsweise die Leitung einer Zentralbank hat, um mithilfe ihres Geldmonopols Staaten oder Großbanken zu retten. Somit stellt alleine die Existenz einer Institution mit Geldmonopol ein „Moral Hazard" dar, weil sie dadurch leicht dem Glauben verfallen, dass sie als systemrelevante Organisationen durch den Geldmonopolisten in Zeiten der Not Unterstützung bekommen werden.

Dieser Logik zufolge werden Banken auch schneller risikoreiche Spekulationen eingehen und Staaten zu einer übermäßigen Haushaltsverschuldung tendieren, weil sie sich durch die Existenz eines Geldmonopolisten beschützt fühlen. Selbst wenn eine Zentralbank konsequent eine solide Geldpolitik betreiben möchte und strikt gegen eine Politik des billigen Geldes ist, reicht eventuell allein schon die Möglichkeit, Geld uneingeschränkt aus Geld herstellen zu können, um dieser Versuchung nicht zu widerstehen. Das Beispiel der enormen Geldproduktion unter dem Zentralbankchef *Mario Draghi* kann hier genügen.

Ein Geldsystem kann nur durch Wettbewerb privater Anbieter dauerhaft stabil sein.

Ein Geldsystem kann nach *von Hayek* also nur durch Wettbewerb privater Anbieter stabil sein. *Von Hayek* mahnt dazu in seinem geldpolitischen Standardwerk „Denationalisation of Money: The Argument Refined" (1978), dass sich ein stabiles Geldwesen der Zukunft nicht durch öffentliche Institutionen, sondern nur durch den Wettbewerb privater Anbieter auf freien Märkten entwickeln würde. Laut *von Hayek* ist das Geschäft, eigenes Geld auf dem freien Markt anzubieten, zwar einerseits äußerst lukrativ, aber anderseits zwingt es auch die Anbieter, eine konsequente Disziplin zu bewahren, die von keiner Regierung oder marktübergeordneten Instanz mittel- bis langfristig jemals aufgebracht werden könnte. Außerdem glaubt *von Hayek* auch nicht an die Möglichkeit einer Rückkehr zu einem zentralisierten Goldstandard, wie er in der Geschichte immer wieder auf unterschiedliche Art und Weise vorkam. Der Grund: Regierungen befinden sich weltweit im Paradigma der keynesianischen Lehren. Diese gibt ihnen die Werkzeuge und Argumente, dass Märkte über monetäre Interventionen gesteuert werden können und es oftmals auch Eingriffe braucht, um bestimmte Ziele zu erreichen. So würden vorher festgelegte Regeln für die Stabilisierung eines Wirtschafts- oder Währungssystems, auch unter dem Diktat eines allgemeinen Goldstandards, früher oder später sowieso neu angepasst bzw. gebrochen werden.

Von Hayek sieht daher die beste Lösung für ein nachhaltiges und langfristig wertstabiles Geldwesen in der Entmonopolisierung bzw. der Denationalisierung des Geldes und in der Öffnung der Märkte für private Geldanbieter. Diese müssten sich im Wettbewerb täglich mit anderen Anbietern beweisen und wären der ständigen Möglichkeit ausgeliefert, bei Überschuldung oder falschen Spekulationen insolvent gehen zu können. Geldanbieter bekämen als private Unternehmen keinen Schutz vor Pleiten und müssten auch permanent darauf achten, den Wert ihrer Währungen so stabil zu halten, dass ihr Kundenstamm sich nicht für ein besseres Geld entscheidet und abwandert. Da auch Kunden im Free Banking keine Garantie oder Schutz ihres Vermögens durch den Staat bekommen, würden sie sich tendenziell auch besser bei der Wahl ihres Geldanbieters informieren und sich nur für solche Anbieter entscheiden, die ihr Vertrauen wecken und ihnen Transparenz entgegenbringen. Auch die direkte Haftungsfähigkeit der Geldanbieter würde, so *von Hayek*, zu erhöhter Geldwertstabilität in dem System des Geldwettbewerbs führen.

Eigenverantwortung und persönliche Haftungsfähigkeit der Geldanbieter und -nutzer soll zu erhöhter Geldwertstabilität führen.

Kritiker des Free Banking erklären allerdings, dass die Überlebenschancen privater Geldanbieter einfach zu kurz seien, um auf Dauer lange genug im Markt bestehen zu können und ausreichendes Vertrauen bei den Menschen aufzubauen. Somit könnten private Geldanbieter nur schwerlich gegen die Gelder von längerfristigen Organisationen wie Staaten konkurrieren. Auch gibt es hierzu zwei unterschiedliche Argumentationslinien:

Einerseits erklären Befürworter des Free Banking, dass es nicht im Aufgabenbereich eines Staates liegen kann, sich in das Geldwesen einer Volkswirtschaft einzumischen, und anderseits wird postuliert, dass auch ein Staat im Free Banking sein eigenes Geld emittieren könnte.

Um diese Zweifel gegen die Funktionsfähigkeit einer Free-Banking-Geldordnung zu bestätigen oder zu widerlegen, könnte ein relativ einfaches Experiment diese Kritik ohne größere Umstände auf die Probe stellen.

Idee: konkurrierende Privatwährungen „einfach" zulassen

Der ehemalige Bundestagsabgeordnete *Frank Schäffler* und sein wissenschaftlicher Mitarbeiter *Norbert Tofall* haben bereits 2011 genau diese Idee verfolgt und dessen Umsetzbarkeit in einem evolutionären Verfahren dargelegt. Der Staat müsste hierbei ein gesetzliches Rahmenwerk bereitstellen, um ein marktwirtschaftliches Geldsystem zu ermöglichen, und dann ab einem bestimmten Zeitpunkt im Jahr den privaten Währungswettbewerb zulassen.

Das evolutionäre Verfahren beginnt also mit der einfachen Erlaubnis konkurrierender Privatwährungen parallel zur vormals einzigen gesetzlich erlaubten Währung. Wie lange es dabei dauert, bis sich ausreichende Alternativwährungen neben dem vormals einzigen gesetzlichen Geld etablieren, um wirklich von einer Free-Banking-Geldordnung sprechen zu können, kann nicht vorausgesagt werden. Eine zeitliche Begrenzung wäre hier wenig hilfreich, da die Unternehmen und Verbraucher eine unbestimmbare Zeit brauchen würden, um sich an die neuen Umstände anzupassen und die neuen Währungen auszuprobieren. Dieser Prozess ist vergleichbar mit den verschiedenen Phasen des Produktlebenszyklus (Einführung, Wachstum, Reife, Rückgang) bei Marktlancierung von neuen Produkten. Es gibt keine exakten Vorhersagen, wann ein Produkt welche Stufe erreicht und wie lange es auf welcher Stufe verweilen wird.

Der Umstellungsprozess wird deshalb als evolutionäres Verfahren definiert. Demnach würde sich die marktwirtschaftliche Geldordnung nach dieser Reformkonzeption zum Teil schritt- und manchmal auch sprungweise entwickeln. Durch die Akzeptanz für neue Währungen, die sich vor allem auf der Basis von Qualität und Reputation weiterentwickeln, wird es möglich, dass die Prozesse des Marktes ihre kreativen Innovationskräfte entfalten. Ein Erfolg dieses Systems ist jedoch nicht zu garantieren, weil im Gegensatz zu anderen Geldreformvorschlägen vorab weder definiert wird, wer noch was für Geldarten angeboten oder verwendet werden. Auch müssten die Menschen durch ihr Recht der freien Entscheidung keine der neuen Geldarten akzeptieren und könnten wie gewohnt mit der alten, ihnen bekannten gesetzlichen Währung weiterarbeiten.

Panikartige Flucht in alternative Währungen ist ausgeschlossen.

Nachdem also der Währungswettbewerb zugelassen wird, braucht es immer noch eine unbestimmte Zeitspanne, bis sich Unternehmen und Konsumenten auf die neuen Geldarten einstellen und diese überhaupt bereitgestellt werden können. Somit wäre es anzunehmen, dass die Verbreitung der neuen Gelder nur relativ langsam voranschreiten würde. Durch eine marktregulierte Implementierung der neuen Währungen bei gleichzeitiger Existenz der vormals einzigen gesetzlichen Währung wäre also auch das Risiko einer panikartigen Flucht in alternative Währungen weitgehend ausgeschlossen.

Demzufolge wird aber auch ersichtlich, dass sich Reformvorschläge des Geldsystems mit monopolisierten Zentralbanksystemen viel einfacher in eine Wirtschaft einführen lassen als ein funktionierendes Free-Banking-Geldwesen. Dieser Umstand folgt allerdings der Erkenntnis, dass ausgereifte Marktwirtschaften nicht per Gesetz etabliert werden können, sondern sich während einer unbestimmbaren Zeitspanne mit einer vorteilhaften Rechtsordnung und Institutionen erst entwickeln müssen.

Genauso wenig wie eine entwickelte und effektive Marktwirtschaft nicht per Befehl oder Plan kreiert werden kann, beruht auch der Erfolg im Free Banking auf den milliardenfachen und dezentralen Kooperationen einzelner Menschen. Die Hauptfaktoren für dessen Erfolg werden dabei die direkten und indirekten Handlungen oder Entscheidungen aller teilnehmenden Menschen und Unternehmen des Marktes sein.

Nehmen wir also an, ab dem ersten Januar nächsten Jahres würde ein Gesetz vom Staat erlassen werden, das das Geldmonopol auflöst und den Währungswettbewerb zulässt. Eine panikartige Flucht aus der alten gesetzlichen Währung ist ein unwahrscheinliches Szenario, da sich alternative Geldarten im Markt erst etablieren müssen und die Menschen auch Zeit brauchen, um Informationen zu sammeln und Vertrauen gegenüber den neuen Währungen aufzubauen. Der Wert der neuen Währungen wäre entweder bei reinen Fiatgeldern an den der vormals gesetzlichen und bereits etablierten Währung gekoppelt oder würde sich durch eine werthaltige Voll- oder Teildeckung ergeben. Um ihre Währungen werthaltig zu machen, könnten die Geldanbieter einen Warenkorb definieren, der der Währung als Deckungsgrundlage dienen würde.

Produkte hätten, je nach Währung, unterschiedliche Preise.

Die auf dem Markt angebotenen Produkte und Dienstleistungen würden demnach auch nicht mehr in nur einer Währung ausgeschrieben werden, sondern bekämen unterschiedliche Preise in mehreren Geldarten. Dies wäre vergleichbar wie bei Restaurants und Läden, die an Währungsgrenzen liegen, wo die Bezahlung in verschiedenen Geldern möglich ist.

Der einfachste Weg, wie Menschen in die neuen Währungen hineinkommen könnten, wäre, wenn sie zu Beginn der Free-Banking-

Geldreform beispielsweise bei einem Geldanbieter einer warengedeckten Währung ihre immer noch wertvollen und überall akzeptierten Euros gegen die neuen Alternativwährungen eintauschen. Wichtig, bevor Menschen in neue Währungen einsteigen, wäre natürlich zu wissen, wo diese Währungen im Markt überhaupt akzeptiert werden und was damit alles gekauft werden kann bzw. wie hoch die Kaufkraft der neuen Währung im Vergleich zur alten und anderen Alternativen ist.

Verschiedene Geldanbieter würden mit ihren Geldarten auch unterschiedliche Kunden ansprechen. Banken, die viele Handelsunternehmen als Kunden haben, könnten beispielsweise eine Wechselbriefwährung emittieren, die immer dann geschöpft wird, wenn ein Tauschhandel zwischen zwei Unternehmen stattfindet. Geldanbieter, die eine Regionalwährung herausgeben, wären eher nur für die Menschen und Unternehmen geeignet, die auch in den entsprechenden regionalen Wirkungskreisen ansässig sind. Ob die neuen Währungen als ungedeckte Papiergelder, Schwundgelder oder gedeckt durch reale Werte geschöpft werden, ist dabei immer den Anbietern selber überlassen. Da Menschen und Unternehmen aber generell stabile Preise bevorzugen, wäre es zu erwarten, dass diese auch eher die Währungen akzeptieren und nutzen würden, deren Wert bzw. Kaufkraft auch über längere Zeit relativ stabil bleiben kann. Dadurch würden die Preise für Produkte und Dienste, ausgeschrieben in diesen Währungen, auch weniger Schwankungen unterliegen und mehr Vertrauen auf dem Markt schaffen. Somit wäre eine logische Konsequenz, dass Geldemittenten eher dazu tendieren würden, wertgedeckte oder zumindest teilgedeckte Währungen herzustellen. Ein werthaltiges Geld, dessen Fokus auf Geldwertstabilität liegt, würde sich so im Markt gegenüber wertlosem und instabilem Geld durchsetzen können.

Fiatgelder hätten im Vergleich zu werthaltigen Währungen das Nachsehen.

Ungedeckte Fiatgelder hätten demnach im Wettbewerb zu werthaltigen Währungen größere Durchsetzungsschwierigkeiten und müssten, um weiterhin überleben zu können, sehr viel Vertrauen bei ihren Kunden besitzen oder sich durch andere Angebote, wie beispielsweise eine sehr günstige Kreditvergabe, bei den Kunden attraktiv machen. Während des evolutionären Verfahrens hin zu einer marktwirtschaftlichen Geldordnung wäre es also zu erwarten, dass sich ein langsames Austreten aus der alten gesetzlichen und intrinsisch wertlosen Währung einstellen würde, insofern diese später nicht auch durch reale Werte gedeckt wird, während gleichzeitig ein langsames Eintreten in die neuen und wertstabilen Alternativgelder stattfinden würde.

Das Teilreservesystem würde in einem Markt mit verschiedenen konkurrierenden, realwertgedeckten Währungen größere Beschränkungen vorfinden als in einem Monopolsystem. In einem Geldsystem mit Währungswettbewerb würden Geldanbieter, die ihre Währung durch ungedeckte Kreditvermehrung inflationieren, gegenüber stabilen Währungen an Attraktivität verlieren. Eine Möglichkeit, das Geschäft der Kreditvergabe weiterzuführen, den Wert der herausgegebenen Währung aber nicht zu gefährden, wäre demnach die Trennung dieser Geschäftszweige. Es könnten sich somit im Free Banking zwei Arten von Banken herausbilden: Einerseits könnten Depositenbanken kreiert werden, die Girokonten führen, Zahlungsvorgänge ermöglichen und Kundeneinlagen annehmen und aufbewahren. Anderseits könnten sich Investitionsbanken herausbilden, die nicht für die Bereitstellung von allgemein nützlichen Zahlungsmitteln zuständig wären, sondern nur Sparer und Kapitalsucher vermitteln.

In einer wettbewerblichen Geldordnung ist es im Vergleich zu einem Monopolgeldsystem wahrscheinlicher, dass Kredite nicht einfach ungedeckt bzw. durch ein Teilreservesystem geschöpft und gegen Zinsen verliehen werden, sondern durch vorher eingenommene Investitionseinlagen von Sparern gedeckt sind und nur mit deren Einverständniserklärung bzw. voller Risikoverantwortung weiterverliehen werden.

Natürlich könnte es auch Unternehmen im Free Banking geben, die mit einem Teilreservesystem arbeiten, aber inwieweit die Kundentoleranz hierfür offen wäre, müsste durch Experimentieren im Laufe der Zeit herausgefunden werden. Da es jedoch keine Zentralbanken gibt, die Geschäftsbanken retten und somit auch Kunden vor Verlusten schützen könnten, wäre es zu erwarten, dass sowohl Kunden als auch Unternehmen sehr vorsichtig mit der Kreditvergabe nicht vorhandener Gelder umgehen würden.

Geldanbieter haben den Anreiz, Geld verantwortungsvoll zu emittieren.

Im Free Banking haben Kunden theoretisch auch jederzeit die Möglichkeit, Geldarten zu verlassen und in andere, ihrer Meinung nach bessere Währungen zu wechseln. Diese Freiheit und Flexibilität der Kunden dürfte für Geldanbieter einen Anreiz darstellen, um ihr Geld verantwortungsvoll zu emittieren. Das heißt, den Wert ihrer Währung möglichst stabil zu halten und auch nach außen hin möglichst viel Transparenz den Kunden gegenüber zu zeigen, um somit das Vertrauen des alten Kundenstamms sowie potenzieller Neukunden zu stärken. Allein der marktübliche Wettbewerb sowie die Macht der Kunden durch ihre Wahlmöglichkeiten sollen so im pluralistischen Free Banking, vergleichbar mit den Bankenreglementierungen der Basler Regularien im Monopolsystem, als Sicherungsmechanismus dienen, um Stabilität im Finanzsystem zu gewährleisten.

Damit die Kaufkraft eines Geldes nachhaltig stabil bleibt, braucht es aber nicht unbedingt durch knappe Edelmetalle, wie Gold und Silber, gedeckt zu werden. Als Beispiel soll hier die Schweizer Privatbank Reichmuth & Co. aufgeführt werden. Diese Bank verkauft bereits heute Anteile an ihrem Fonds, dem RealUnit, wobei diese Anteile gezielt für Anleger mit weniger Kapital ausgelegt sind. Das heißt ein Anteil an dem RealUnit Fonds kostet nicht wie üblicherweise mehrere tausend Euro, sondern nur rund 100 Euro. Somit haben auch Menschen ohne größeres Vermögen die Möglichkeit, Finanzprodukte zu erwerben, deren Anlageziel eine langfristige Wertsteigerung des Vermögens darstellt.

Die Struktur realwertgedeckter Fondsanteile kann sich an der Struktur des BIP anlehnen.

Realwertgedeckte Fondsanteile stellen eine potenzielle Alternativwährung für eine Free-Banking-Geldordnung dar. Die Deckung bezieht sich dabei nicht auf physische Güter, sondern eben auf reale, wirtschaftsnahe Werte. Die Fondsanteile des RealUnit beispielsweise referieren auf ein Bündel aus Aktien, Anleihen, Rohstoffen, Immobilien, Währungen und anderen Bausteinen. In ihre Struktur sind die Fondsanteile an die Struktur des nationalen Bruttoinlandsprodukts (BIP) angelehnt. Somit wird versucht, langfristig eine Wertsteigerung des Fonds in Anlehnung an die nominellen Veränderungen des BIP des entsprechenden Landes zu erzielen.

In einem Free-Banking-System besteht also keinerlei Notwendigkeit, Währungen mit physischen Gütern zu decken, um Stabilität und Werthaltigkeit zu erreichen. Die ständig präsente Konkurrenz, die Veränderungen der Marktlage und die Möglichkeit für Kunden, zwischen den Geldanbietern zu wechseln, bedeutet für Geldanbieter, dass die Deckungsgrundlage bzw. die Geldwertstabilität ihrer Währungen ständig überarbeitet und verbessert werden muss. Der RealUnit bietet also ein bereits in Deutschland und der Schweiz existierendes Beispiel eines vollständig gedeckten Wertpapieres, das mithilfe der modernen Technologie auch problemlos in eine Alltagswährung umgewandelt werden könnte.

Um als Währung zu funktionieren, könnten ganze Fondsanteile mittels elektronischer Bezahlmöglichkeiten auch für den Kauf von Alltagsgütern verwendet werden. Ein ganzer Fondsanteil könnte in verschiedene Größen bzw. Prozentteile zurechtgeschnitten werden, wenn Kunden diesen für den Kauf von Produkten wie Schokolade, Käse oder Zeitungen verwenden und mittels einer elektronischen Karte, analog zur Kredit- oder Maestro-Karte, die Bezahlung abwickeln. Dieses Aufteilen eines ganzen Fonds in Bruchstücke ähnelt der Verwendungsmöglichkeit von Geldeinheiten bei Kryptowährungen wie dem Bitcoin.

Free Banking auch mit Handy und Plastikkarten

Im Free Banking sind zwar alle Formen des Geldes erlaubt, aber es wäre dennoch unwahrscheinlich, dass Menschen Geldarten verwenden würden, die aus rein physischen Werten bestehen. Allein schon aus praktischen Gründen spricht einiges dagegen, dass Menschen mit werthaltigen Münzen in Supermärkten, Läden oder Restaurants ihre Rechnungen bezahlen würden. Viel wahrscheinlicher würden sich bargeldlose Bezahlungssysteme, entweder per Handy oder mit Plastikkarten, aber auch verschiedene Papierscheinwährungen durchsetzen. Wie die Währungen dann letztendlich gedeckt werden bzw. wodurch sie ihre Kaufkraft und ihren Wert erhalten, würde sich dabei von Währung zu Währung unterscheiden.

Geldproduzenten, die trotzdem mit physischen Waren arbeiten, könnten Depositenbanken gründen, worin sie ihre Deckungswaren lagern und diese den Kunden jederzeit gegen emittierte Papierscheine oder virtuell gegen Kontobuchungen auszahlen könnten. Daneben könnten sich auch Unternehmen entwickeln, die, wie in einem Wirtschaftsring, ihre Währungen durch Handelswechsel decken. Produktive Unternehmen könnten auch, wie beispielsweise Tabakfirmen, ihre eigenen Währungen anbieten und diese durch ihre Zigaretten decken. Bäckereien könnten Brotwährungen anbieten, die wiederum durch ihre Waren gedeckt sind, und Kaufhäuser oder Supermärkte könnten Punktekarten verwenden, wie dies auch aktuell schon geläufig ist, um eigene Währungen zu emittieren. Somit könnten Geldanbieter warengedeckte Währungen benutzen, um Gelder anzubieten, die ihre Kaufkraft aus den dahinterstehenden Produkten ziehen.

Weites Spektrum bei Wertgenerierung eines Geldsystems im Free Banking

Auch Dienstleistungsunternehmen aller Art könnten eigene Währungen anbieten und diese durch die Garantie ihrer Leistungen decken. Des Weiteren könnten auch andere bereits existierende Geldsubstitute, wie Kundengelder oder Bonuskarten, von Kreditkartenanbietern, Fluggesellschaften oder Tankstellen ausgebaut, verändert und so angepasst werden, dass sie als Geld in einer Free-Banking-Geldordnung Verwendung finden könnten. Das Spektrum zur Wertgenerierung eines Geldsystems ist im Free Banking nur durch die Grenzen der menschlichen Kreativität und der technischen Möglichkeiten beschränkt.

Wenn ein Staat die Öffnung des Geldmonopols und die damit verbundenen Veränderungen akzeptiert, dann müsste er theoretisch auch alle marktgängigen Zahlungsmittel akzeptieren. Er müsste die Bürger darüber informieren, welche Währungen sich für die Begleichung von Steuern und öffentlichen Abgaben anbieten. Eine einfache Lösung wäre, dass die Regierung eine von Zeit zu Zeit aktualisierte Liste aller akzeptierten Währungen für die Bezahlung von Steuern und Abgaben veröffentlicht. Wichtig wäre dabei, dass keine Fixierung auf bestimmte Währungen oder eine gesetzlich bevorzugte Privilegierung weniger Geldanbieter vorliegt.

Qualitätskriterien definieren und einen TÜV für Währungen schaffen

Um diesem Risiko vorzubeugen, könnten auch nicht staatliche Institutionen als Kontrollinstanzen eingesetzt werden, um die verschiedenen Währungen zu überprüfen und dementsprechend die Steuerabgabelisten für Regierungen herzustellen. Das wichtigste Kriterium, das auch als Vergleichsmedium dient, um zu ermitteln, ob eine Währung zur Bezahlung von Steuern und Abgaben tauglich ist, wäre nach wie vor die Geldwertstabilität bzw. die Kaufkraft der entsprechenden Währung. Dieser Vorgang wäre beispielsweise vergleichbar mit dem technischen Überwachungsverein TÜV, der Kontrollen bei Kraftfahrzeugen durchführt, den Produkttestfirmen und ihren kritischen Zeitschriften oder den Verbraucherschutzorganisationen, die Lebensmittelkontrollen durchführen und so den Konsumenten oder Regierungen ihre Ergebnisse präsentieren.

Ähnliches gibt es auch in Form von Ratingagenturen für Staats- und Unternehmensanleihen. Diese unabhängigen Kontrollinstanzen könnten Qualitätskriterien für Gelder aufstellen und im Rahmen der vorgegebenen Gesetze überprüfen. Eine Regierung müsste somit einfach den Wert aller im Markt verwendeten Währungen in eine gemeinsame Recheneinheit umwandeln und könnte so feststellen, wie hoch die Steuern und Abgaben in verschiedenen Währungen sind.

Wenn beispielsweise der Goldpreis als Standard für eine gemeinsame Recheneinheit verwendet werden würde, dann könnten die Steuerbescheide der Finanzämter die zu zahlenden Beträge jeweils in Goldeinheiten aufführen. Die zu bezahlende Steuer, ausgedrückt in diesem Beispiel durch den Goldpreis, müsste dann einfach zum entsprechenden Fälligkeitszeitpunkt von den Steuerzahlern in die Währungen, die sie verwenden bzw. halten, umgerechnet und dadurch bezahlt werden. Somit ist es folglich auch durchaus möglich, das Steuerwesen mit einer marktwirtschaftlichen Geldordnung zu vereinbaren.

Free Banking will Funktionalität der Marktwirtschaft fördern.

Free Banking zielt darauf ab, ein Geldwesen mit einer großen Vielfalt von vorwiegend wertstabilen Währungen hervorzubringen, und versucht dadurch, die Funktionalität der freien Marktwirtschaft zu unterstützen und zu fördern. Erhöhter Währungswettbewerb, weniger staatliche Regulierungen und praktisch keine Eingriffe in die Märkte mittels monetärer Interventionen sollen die langfristige Geldwertstabilität sicherstellen. Dieser Ansatz steht dem vorherrschenden Paradigma von mehr Gesetzen, Auflagen und Regulierungen in der Wirtschaft bzw. dem Geldwesen stark entgegen und wird somit als sehr radikales Geldreformkonzept angesehen.

Befürworter der Free-Banking-Geldordnung erklären jedoch, dass Geldwertstabilität nicht durch strengere Regulierungen in einem monopolisierten Geldsystem erreicht werden kann, weil diese bei Bedarf früher oder später angepasst bzw. gebrochen werden können. Deshalb fordern sie die Umkehr von genau dieser Tendenz und appellieren für mehr Freiheit und Wettbewerb im Geldwesen. Im Free Banking würden sich allerdings zwei unterschiedliche Arten des Geldwettbewerbs entwickeln: Zum einen würde ein Wettbewerb zwischen den privaten Geldanbietern entstehen, die versuchen, das bestmögliche Geld für ihre Kunden bereitzustellen. Zum anderen würde ein Wettbewerb um den Wertmaßstab stattfinden, der als allgemein akzeptierter Recheneinheitsstandard dienen würde.

Ein geeigneter Recheneinheitsstandard ist für eine Free-Banking-Geldordnung essenziell.

Wie bereits im Robinson-Crusoe-Beispiel dargestellt, braucht jedes funktionale Währungssystem auch eine Recheneinheit, um praktisch überhaupt verwendbar zu werden. Der erste Wettbewerb findet also zwischen den verschiedenen Geldanbietern und ihren Währungen statt. Die zweite Auseinandersetzung entsteht zwischen den verschiedenen Einrichtungen, die sich darum bemühen, einen funktionierenden Recheneinheitsstandard zu definieren und sowohl für die Geldanbieter, -abnehmer und Regierung auszulegen.

Verschiedene Güter könnten dazu verwendet werden, um im Free Banking als gemeinsame Recheneinheit zu fungieren. Sowohl Edelmetalle wie Gold und Silber, aber auch etablierte, internationale und wertgedeckte Währungen könnten als Referenz für andere Geldarten dienen und somit die Recheneinheitsfunktion für andere Währungen übernehmen. Obwohl Gold nicht selten als das bevorzugte Metall für eine gemeinsame Recheneinheit angepriesen wird, räumt *von Hayek* dem Edelmetall nicht den Stellenwert des bevorzugten Recheneinheitsstandards ein. *Von Hayek* ist skeptisch, ob Gold jemals tauglich sein könnte, um als stabiler, berechenbarer und verlässlicher Recheneinheitsstandard fungieren zu können.

Gold ist aufgrund des schwankenden Preises keine ideale Referenz für wertgedeckte Währungen.

Der Goldpreis ist relativ anfällig für Schwankungen, und sobald das Zentralbankmonopol bei der Zulassung konkurrierender Privatwährungen aufgelöst werden würde, bekämen Sachwerte und Edelmetalle wie beispielsweise Gold einen überdurchschnittlich hohen Wert und ihre Preise würden sich eventuell nur langsam stabilisieren. Die ungleiche Verteilung von Goldvorkommen in der Erde sowie die Möglichkeiten, durch größere An- und Verkäufe von Goldbeständen oder Goldzertifikaten auf den Börsenmärkten unberechenbare Schwankungen des Goldpreises zu verursachen, sprechen nicht unbedingt dafür, dass Gold das beste Wertobjekt für einen relativ neutralen und stabilen Recheneinheitsstandard ist. Trotzdem muss dieser Standard im System der marktwirtschaftlichen Geldproduktion durch die Marktprozesse und den offenen Wettbewerb selber gefunden und weiterentwickelt werden.

Abschließend soll zu all den aufgezeigten Alternativen von Geld- und Währungssystemen noch ein Exkurs zu einem Denkansatz vorgestellt werden, der den heutzutage viel gebrauchten Begriff der Nachhaltigkeit in den Fokus stellt.

3.15 Exkurs: Ecology of Money

„Ecology of Money" steht für Ökologie des Geldes und bezeichnet ein naturähnliches Gleichgewicht, das entstehen soll, wenn verschiedene Geldsysteme analog zu einer landwirtschaftlichen Polykultur nebeneinander existieren, unterschiedliche Funktionen des Geldes ausüben und sich gegenseitig unterstützen bzw. komplementieren. Bei diesem Geldsystem handelt es sich, ähnlich wie beim Free Banking, um ein pluralistisches Geldsystem und stellt somit einen Gegenentwurf zu zentralisierten Monopolgeldsystemen dar. Die Ecology-of-Money-Bewegung begrüßt einen allgemeinen Währungswettbewerb, wobei die Menschen und Unternehmen in dieser Geldordnung auf verschiedenen Stufen von lokaler, regionaler, nationaler bis internationaler Ebene unterschiedliche Geldsysteme verwenden, aber dennoch Entscheidungsfreiheit über deren Akzeptanz behalten dürfen.

Monokulturen sind anfällig für Krankheiten und Schädlinge.

Ein bekannter Verfechter dieses Geldsystems ist *Bernard A. Lietaer*. Er benutzt die anschauliche Analogie zu natürlichen Systemen, um die Vorteile der Ecology-of-Money-Konzeption zu verdeutlichen. Dabei wird ein biologisches System aus der Landwirtschaft mit einem menschengemachten Geldsystem verglichen. Wenn wir eine Monokultur einer einzigen Pflanzensorte anbauen, bietet dies zwar gewisse Ertragsvorteile, aber das gesamte System ist für Schädlinge sehr anfällig. Deshalb brauchen Monokulturen auch einen starken Einsatz von Pestiziden und aufwändigen biotechnischen Veränderungen der Pflanzen, um ihre Anfälligkeit gegen Krankheitserreger zu reduzieren. Das Monokultursystem kann bei kleinsten unvorhergesehenen Veränderungen des Klimas oder der Krankheitserreger sehr schnell ins Schwanken geraten. Falls es in diesem System zu einem unwahrscheinlichen Ereignis, wie dem plötzlichen Auftauchen eines vorher unbekannten Schädlings, kommen würde, könnte es passieren, dass nicht nur ein kleiner Teil, sondern das gesamte Monokultursystem in einem Super-GAU-ähnlichen Zusammenbruch eingeht.

Die Finanzkrise als Beispiel für einen „Schwarzen Schwan"

Der philosophische Publizist und Börsenexperte *Nassim Nicholas Taleb* erklärt in seinem Buch „The Black Swan: The Impact of the Highly Improbable" (2008), wie komplett unerwartete Ereignisse, die höchst unwahrscheinlich sind, überraschend schnell eintreten können und für großes Aufsehen sorgen, während sie aber im Rückblick relativ leicht erklärbar sind. Die letzte globale Finanz- und Bankenkrise, angefangen im Jahr 2007 mit der US-Immobilienkrise, ist ein gutes Beispiel für einen „Black Swan". Zwar warnten Ökonomen bereits vor Ausbruch der Krise vor der anschwellenden Immobilienblase in den USA, vor allem aus den Kreisen der Österreichischen Schule, aber für die breite Öffentlichkeit und viele Mainstream-Ökonomen trat dieses Ereignis völlig überraschend ein. Nach dieser Krise wurde die Verbundenheit unseres Geldsystems allgemein bekannt. Die letzte Finanzkrise unterstrich aber auch umso deutlicher, wie instabil und in seiner gesamten Funktionsfähigkeit abhängig das monopolisierte Geldsystem von nationalen Ereignissen geworden ist. Das gesamte Fiatgeldsystem könnte also durch ein einziges extrem unwahrscheinliches Ereignis, wie beispielsweise eine Naturkatastrophe, ein nationaler Stromausfall, die Bankrotterklärung eines Staates, eine Nuklearkatastrophe oder eine Epidemie, zum Sturz gebracht werden.

Um bei *Lietaers* Beispiel der natürlichen Systeme zu bleiben, ist es interessant zu beobachten, dass Mischkulturen dagegen in einem System der sich gegenseitig ergänzenden Diversität funktionieren. Dies wäre mit einem Geldsystem aus verschiedenen, sich komplementierenden Währungsarten vergleichbar. Auch als Polykulturen bekannt, wollen diese Systeme die natürlichen Stabilisierungsmöglichkeiten vollständig ausnutzen, um an Stärke zu gewinnen. Die Produktionskosten sind dabei oftmals geringer als bei Monokulturen und das System ist generell stabiler, weil es sich ergänzt und bei Problemen in einem Teil nicht sofort das gesamte System ansteckt. Trotzdem lassen sich die Ertragsraten nicht auf die gleiche Art und Weise maximieren wie bei Monokulturen. Diversifizierte Mischkulturen arbeiten mit verschiedenen Etagen und bewegen sich auf unterschiedlichen Standbeinen. Dadurch erhalten sie eine verflochtene Komplexität und somit auch größere Stabilität. Oftmals werden multidimensionale Systeme im Vergleich zu monodimensionalen auch als ganzheitlich beschrieben. So schlagen Anhänger der Ecology-of-Money-Bewegung ein Geldsystem vor, das auf verschiedenen Ebenen funktioniert und sich wie ein Getriebe aus Rädern mit verschiedenen Größen komplementiert und stützt.

Die Vielfalt an Geldarten kann im Geldsystem zu einer Symbiose führen.

In diesem System sollen lokale, regionale und nationale Währungen nebeneinander und miteinander arbeiten. Sie können entweder staatlich oder auch von Unternehmen und Privatpersonen herausgegeben werden. Grundsätzlich ist es dabei jedem Menschen gestattet, sein eigenes Geld zu entwickeln und auf dem Markt anzubieten. Durch die Vielfalt der Geldarten, ihre unterschiedlichen Größen und Funktionsweisen unterstützen sie sich gegenseitig und erzeugen somit ein symbiotisches Konzert größtmöglicher Harmonie. Die verschiedenen Geldarten sollen dabei jeweils unterschiedliche Geldfunktionen ausüben. Manche Gelder nehmen primär die Tauschmittelfunktion ein, während andere sich in erster Linie als Wertaufbewahrungsmittel eignen. Wiederum andere Währungen würden in diesem multidimensionalen System die Recheneinheitsfunktion übernehmen. Bei der Mischung aus verschiedenen Geldarten mit unterschiedlichen Funktionen haben die Menschen dabei stets die Wahlfreiheit, welche Gelder sie benutzen möchten bzw. welche ihren Bedürfnissen am besten entsprechen. Durch eine große Vielfalt unterschiedlicher Geldarten und Geldfunktionen soll im Gesamtsystem erhöhte Stabilität, Effizienz und Gerechtigkeit gewährleistet werden.

Vierstufiges Konzept für ein in sich geschlossenes und sich ergänzendes Geldsystem

Der britische Ökonom und Umweltschützer *Richard Douthwaite* hat im Sinne der Ecology-of-Money-Systemreformen eine vierstufige Konzeption für ein in sich geschlossenes und sich gegenseitig ergänzendes Geldsystem vorgetragen. Die Geldarten erfüllen dabei auf ihren jeweiligen Stufen unterschiedliche Funktionen, haben aber ineinandergreifende Wechselwirkungen.

Auf der obersten Ebene gibt es eine internationale Referenzwährung, die sich „ebcu" nennt. Der Wert des „ebcu" wird auf der Basis von Emissionsquoten ermittelt. Diese internationale Währung übt in erster Linie die Recheneinheitsfunktion des Geldes aus und dient somit allen anderen Währungen als Vergleichsmaßstab und Recheneinheitsstandard. Darüber hinaus soll der „ebcu" als emissionsquotenbasierte Referenzwährung dazu dienen, die globalen Wirtschaftsaktivitäten in eine umweltfreundlichere Richtung zu lenken.

Auf der zweiten Stufe kommen nationale oder staatliche Währungen ins Spiel: Sie sind mit Werten gedeckt und sollen in erster Linie als Tauschmittel dienen, üben aber durch ihre Realwertdeckungen auch die Wertaufbewahrungsfunktion des Geldes aus. Durch welche Werte diese nationalen Währungen gedeckt sind, müsste jedes Land selber entscheiden.

Auf der dritten Ebene soll große Vielfalt herrschen und sie setzt sich aus verschiedenen regionalen Währungssystemen zusammen. Diese üben primär die Tauschmittelfunktion des Geldes aus, werden also als regional begrenzte Gelder verwendet und unterstützen das System durch ihre große Dichte und hohe Vielfalt.

Emittenten dieser Währungen könnten Kommunen, zivilgesellschaftliche Initiativen oder auch regionale Unternehmen sein. Der Wert dieser Währungen stellt sich über den Markt her. Durch die Möglichkeit, Wechselkursschwankungen zu nutzen und dabei die regionalen Währungen an der internationalen Referenzwährung auf- und abzuwerten, könnten sich wirtschaftliche Strukturunterschiede in den Regionen besser ausgleichen, als dies durch eine einzige Währung möglich ist. Die flexiblen Wechselkurse dienen dabei als Mechanismen, um die Wettbewerbsfähigkeit wirtschaftlich schwächerer Regionen aufrechtzuhalten. Vor allem in Krisenzeiten eröffnen sich dadurch mehr Möglichkeiten, regionale Ungleichgewichte auszubalancieren.

Lokale Tauschkreise, Zeitbanken und Wirtschaftsringe runden das System auf der vierten Ebene ab. Diese Währungssysteme dienen ebenfalls als Tauschmittel, hängen aber in ihrer Anzahl und Wirkungskraft stark von der eigenen Initiative der Menschen ab. Zwar ist der wirtschaftliche Einfluss dieser Währungen auf nationaler Ebene relativ unbedeutend, aber dennoch könnte eine hohe Anzahl bzw. starke lokale Vernetzung durch diese Währungen vor allem in wirtschaftlichen Krisensituationen eine antizyklische Wirkungskraft entfalten (→ Kapitel 3.9). Gerade wenn die Konjunkturlage auf höheren Ebenen abschwächt, können Unternehmen auf die vorher ungenutzten Geschäftsmöglichkeiten dieser Ebene zurückgreifen.

Geldsystem nach dem Subsidiaritätsprinzip aufbauen

Es gibt auch andere Vorschläge, wie eine Ecology-of-Money-Konzeption gestaltet werden könnte, wobei sich die meisten ebenfalls an ökologischen Zielen und wirtschaftlicher Nachhaltigkeit orientieren. Die unterschiedlichen Vorschläge plädieren dabei alle für ein Geldsystem, das nach dem Subsidiaritätsprinzip aufgebaut ist. Das heißt, eine Vielzahl an Währungen auf mehreren Ebenen mit unterschiedlichen Funktionen komplementieren und unterstützen sich gegenseitig. Um die bestmöglichen Entscheidungen über Währungsarten, Funktionsweisen und Vernetzungen treffen zu können, wird es als vorteilhaft angesehen, wenn diese so oft wie möglich auf der tiefstmöglichen Entscheidungsstufe im System abgewickelt werden können.

Wie sich die Werthaltigkeit der nationalen und regionalen Währungen in Relation zur internationalen Referenzwährung entwickelt, wird dabei aber trotzdem den Mechanismen der Märkte überlassen. Ob die Gelder dabei vollständig gedeckt, teilgedeckt oder als ungedeckte Fiatgelder emittiert werden, ist den Anbietern ebenfalls überlassen. Die internationale Referenzwährung aber muss durch reale Werte gedeckt sein. Diese könnte sich entweder durch Emissionsquoten, Mischfonds oder andere werthaltige Rohstoffe zusammensetzen.

Appell für ein pluralistisches und dezentrales Geldsystem

Viele Anhänger der Ecology-of-Money-Bewegung sympathisieren auch mit den Ideen des Free Banking. Dies kommt vor allem daher, dass beide Systemreformvorschläge für ein pluralistisches und dezentralisiertes Geldwesen appellieren. Befürworter des Ecology-of-Money-Reformkonzeptes argumentieren, dass die gesetzlich vorgeschriebenen und durch keine Realwerte gedeckten Währungssysteme vor allem lokale Wirtschaftsstrukturen sowie kleine und mittelgroße Betriebe benachteiligen. Einheitliche Monopolgeldsysteme sind vor allem für mächtige zentralisierte Regierungsformen vorteilhaft und begünstigen auch auf der wirtschaftlichen Ebene vor allem internationale Großkonzerne.

Die Ecology-of-Money-Bewegung sieht eine Mischform aus staatlich vorgegebener Struktur und marktwirtschaftlich offenen Handlungsspielräumen im Geldwesen vor. Viele der bereits erwähnten Systemergänzungen, wie Zeitbanken, Regionalgelder oder genossenschaftliche Wirtschaftsringe, sollen dabei feste Bestandteile der Volkswirtschaften werden und das Gesamtsystem so stärken und stabilisieren helfen. Eine internationale Referenzwährung wird als unabdingbar für die Funktionsfähigkeit dieses multidimensionalen Geldsystems vorgeschlagen – diese muss durch reale Werte gedeckt sein. Der Exkurs in die Ecology-of-Money-Bewegung könnte somit als Reformvorschlag angesehen werden, der viele der bereits vorgestellten Systemoptimierungen und stabilisierenden Ergänzungsvorschläge mit einbezieht.

4. Resümee

Unser Fazit soll zunächst mit einem Rückblick in die Geschichte vor 150 Jahren beginnen: Hier entstand die erste europäische Währungsunion, die sogenannte Lateinische Münzunion. Im Dezember 1865 einigten sich in Paris das französische Königreich, das Königreich Belgien sowie Italien und die Schweiz auf einen gemeinsamen Währungsbund. Die Währungen hießen auch danach weiterhin Franc, Franken und Lira, wurden aber in Stückelung und Gold- sowie Silbergehalt einander angeglichen. Es wurde auch die gegenseitige Akzeptanz der Währungen ermöglicht. Das Deutsche Reich existierte noch nicht und ebenso wenig eine deutsche Währung. Dafür schlossen sich kurz nach der Gründung weitere 14 Länder, unter anderem auch Griechenland, dem Münzbund an. Der Zuspruch zu einem einheitlichen und Edelmetall-gedeckten Geld war so groß, dass 1867 auf der Konferenz von Paris gar von einem Weltgeld geträumt wurde. Bereits damals wurde allerdings versäumt zu klären, wer wie viel Geld in seinen Ländern produzieren und in Umlauf geben darf. Es gab keinerlei Sanktion auch bei Missbrauch der Edelmetalldeckung, sodass Frankreich bald zu einer Bimetallwährung, also Gold mit Silber vermischt, überging und Griechenland gar den Goldgehalt auf null reduzierte und stattdessen nur noch günstiges Silber in den Münzen verarbeitete. In Belgien wurde das in Frankreich in großen Mengen abgebaute Silber in so großer Menge zu Fünf-Franc-Münzen verarbeitet, dass diese Münzart in ganz Europa bald als Standardmünze vorkam. Daraufhin dauerte es nicht lange, da fing Italien an, Münzen durch Papiergeld zu ersetzen und so den ausufernden Staatshaushalt zu finanzieren. Der damals in Griechenland regierende deutsche König *Georg der I.* wollte nach 1.500 Jahren wieder Olympische Spiele in seinem Land organisieren und merkte bald, dass die Kosten explodierten und 1896 die Spiele nur noch durch einen inflationären Druck von Münzen mit minderwertigem Silber finanzierbar waren. Papiergeld aus Italien wollte nun keiner mehr akzeptieren und Griechenlands minderwertige Münzen ebenso wenig. In einem Artikel aus dem Jahr 1901 fragt sich der amerikanische Ökonom *Henry Parker Willis (1821 –1901)*, warum man die Griechen der Währungsunion überhaupt 1868 habe beitreten lassen. Das Land sei „von politischen Kämpfen zerrissen, mit einer schwachen Wirtschaft und verrotteten Staatsfinanzen" belastet. Die Geschichte ist bekannt. 1890 ging die britische Bank Barings in Konkurs, die französische Wirtschaft brach zusammen, Griechenland verstrickte sich 1885 und in den Folgejahren in teure und mit Fiatgeld finanzierte Kriege mit der Türkei und ging 1893 bankrott. Der Traum vom Weltgeld oder zumindest der europäischen Münzunion war geplatzt.

Im Jahr 2015 schreibt die Deutsche Bundesbank in ihrem Finanzstabilitätsbericht für das Jahr 2014, dass die niedrigen Zinsen in der Eurozone, die dadurch hohe Risikoneigung von Banken und Investoren zu einem wirtschaftspolitischen Risiko für die gesamte Finanzstabilität führen. Eine nächste Aktien- und Immobilienkrise aufgrund aufgeblasener Kurse und Preise würde nun zwar durch einen Risikobund von Banken und Staaten, der sogenannten Bankenunion, getragen, das strukturelle Systemproblem aber nicht beheben.

Lösungsvorschläge zu Geldreformen oder Systemergänzungen suchen

Wie soll es also weitergehen: Stellt eine Welt ohne Fiatgeld überhaupt eine praktikable Lösung dar? Die Gefahren des aktuellen Geldsystems wurden jedenfalls im → 2. Kapitel des Buches ausführlich erläutert. Die Alternativen, die im → 3. Kapitel genannt sind, können als ergänzend oder ersetzend betrachtet werden. Allerdings kann auch die Frage gestellt werden, ob es erst wieder zu einer Finanzkrise kommen muss, bevor sich Regierungsvertreter ernsthaft mit alternativen Lösungsvorschlägen zu Geldreformen oder Systemergänzungen auseinandersetzen. Bis dahin werden wohl die kostenintensiven und nicht selten gesellschaftsschädigenden Rettungsmaßnahmen stets weiterentwickelt werden, um das System „stabil" zu halten. Der Gedanke an eine Welt ohne Geld bzw. mit einer pluralen und liberalen Geldordnung sollte sich damit nicht erst nach der nächsten Finanzkrise stellen. Ein Blick über den Tellerrand kann hier nicht schaden.

Literatur

Kritische Analysen zum aktuellen Fiatgeldsystem

Altmiks, P. (2010) „Im Schatten der Finanzkrise: Muss das staatliche Zentralbankwesen abgeschafft werden?“

Baader, R. (2005) „Geld, Gold und Gottspieler – am Vorabend der nächsten Weltwirtschaftskrise“

Baader, R. (2010) „Geldsozialismus: Die wirklichen Ursachen der neuen globalen Depression“

Bagus, P. (2011) „Die Tragödie des Euro: Ein System zerstört sich selbst“

Creutz, H. (1993) „Das Geld-Syndrom: Wege zu einer krisenfreien Marktwirtschaft“

Hankel, W., Isaak, R. (2011) „Geldherrschaft: Ist unser Wohlstand noch zu retten?“

Hankel, W., Nölling, W., Schachtschneider, K.A., Spethmann, D., Starbatty, J. (2011) „Das Euro-Abenteuer geht zu Ende: Wie die Währungsunion unsere Lebensgrundlagen zerstört“

Hayek, F.A. (2007) "The Road to Serfdom: Text and Documents – The Definitive Edition"

Hochreiter, G. (2010) „Krankes Geld – kranke Welt: Analyse und Therapie der globalen Depression“

Hülsmann, J.G. (2007) „Die Ethik der Geldproduktion“

Kennedy, M. (2011) „Occupy Money: Damit wir zukünftig ALLE die Gewinner sind“

Leuschel, R., Vogt, C. (2009) „Die Inflationsfalle: Retten Sie Ihr Vermögen!“

Polleit, T. (2011) „Der Fluch des Papiergeldes“

Rothbard, M.N. (2005) „Das Schein-Geld-System: Wie der Staat unser Geld zerstört“

Senf, B. (2014) „Der Nebel um das Geld: Zinsproblematik – Währungssysteme – Wirtschaftskrisen“

Literatur, um alternative Währungskonzepte zu vertiefen

Fisher, I. (2007) „100%-Money“

Gerding, R., Starbatty, J. (1980) „Zur Entnationalisierung des Geldes“

Gesell, S. (1916) „Die natürliche Wirtschaftsordnung durch Freiland und Freigeld“

Hayek, F.A. (1990) “Denationalisation of Money: The Argument Refined”

Huber, J., Robertson, J. (2008) „Geldschöpfung in öffentlicher Hand: Weg zu einer gerechten Geldordnung im Informationszeitalter“

Kennedy, M. (1991) „Geld ohne Zinsen und Inflation: Ein Tauschmittel, das jedem dient“

Lietaer, B.A. (2002) „Das Geld der Zukunft: Über die zerstörerische Wirkung unseres Geldsystems und Alternativen hierzu“

Polleit, T., Prollius, M. (2011) „Geldreform: Vom schlechten Staatsgeld zum guten Marktgeld“

Informative Internetquellen

mises.org
wertewirtschaft.org

Personenverzeichnis

Sachverzeichnis